교사 감정 사전

교사 감정 사전

초판 1쇄 발행 2022년 6월 20일

지은이 김태승
발행인 송진아
편 집 아이핑크
디자인 로프박
제 작 제이오앨엔피
펴낸 곳 푸른칠판
등 록 2018년 10월 10일(제2018-000038호)
팩 스 02-6455-5927
이메일 greenboard1@daum.net
ISBN 979-11-91638-08-0 03370

교사 감정 사전

김태승 지음

상처받는 교사를 위한
마음 챙김 멘토링

푸른칠판

교사,
이제는 감정에 집중해야 할 때

내 감정과 처음 만난 날의 기억

아주 오래전, 전생에 무슨 악연이라도 있었던 것처럼 나를 험담하며 끈질기게 괴롭히던 사람이 있었다. 주변에서는 원래 그런 사람이니 신경 쓰지 말라며 같이 화도 내 주고 토닥토닥 위로해 주어서, 분한 마음도 삭히고 한결 마음이 편해져 나 역시 신경 쓰지 않으려 노력했다. 그러나 문제는 위로의 지속 시간이 짧다는 것이었다. 비슷한 일이 계속 반복되자 힘듦과 지침의 강도는 더 세지고 있었다.

그러다 대학원 석사 과정에 입학하여 '이상심리학abnormal psychology' 강의를 들을 때였다. 이상심리학은 각종 이상행동의 분류, 원인 분석, 진단을 위해 심리를 평가하는 방법이나 치료 전략을 배우는 과목이다. 많은 정신병리학 관련 이론들과 판별 기준 때문에 배우는 이가 이상해진다는 과목이기도 하다. 그 과목에서 유일하게 이해가 되었던 것은 성격장애personality disorder 파트였다. 리포트 주제를 고민하던 차에 '그래, 그 사람을 주제로 쓰자!' 라고 결심하고는 성격장애 판별 기준을 동원하여 그 사람을 분석했다. 나와 그 사람 사이에 있었던 일들을 풀어놓으며 그간의 마음고생을 보상받는 것 같았고, 쾌감까지 느꼈다. 어쩌면 그렇게 성격장애 판별 기준과 정확하게 맞아떨어지는지 속이 다 시원했다. 그런데 다 쓴 리포트를 다시 살펴보니 그 사람이 나를 시기, 질투하고 괴롭혀 왔던 것이 이해되고 오히려 측은지심이 생기면서 그를 용서하기로 했다. 그렇게 문제가 해결되는 것 같았다. 나의 처절한 몸부림이었지만 그때의 후련한 기분은 적어도 주변 사람들이 위로해 줄 때보다는 오래 지속되었다. 더 좋았던 것은 내가 이제는 그 사람을 무시해도 되는 공식적인 허가를 받은 느낌이 들었다는 것이다. 지금 생각해 보면 아무도 모르는 나만의 치기 어린 행동이었다. 이상심리학을 어설프게 접하고 오용한 사례였으며 무지한 행동이었다. 그러나 그때는 그렇게라도 버틸 핑계가 필요했던 시절이었다.

열심히 공부한 내용으로 스스로를 토닥이니 한동안 괜찮은 듯했다. 그런데 또다시 문제가 생겼다. 그 사람이 좀 더 강력한 태클을 걸어온 것이다. 더 이상 참지 못하고 그와 관계를 끊을 작정으로 분노를 터뜨리기 일보 직전에 방학을 맞이했다. 방학 중 2박 3일간의 집단상담에 처음 참여하게 되었는데, 거기서 그 사람의 이야기를 꺼냈다. 오전 세션에서 한참을 이야기하자 참가자들은 다양한 말들로 나를 위로해 주었다. "힘들었겠어요.", "그건 사슴님(나의 집단상담 별칭) 잘못이 아니에요.", "저도 그런 분 때문에 힘든 적 있어요.", "힘내세요.", "억울하셨겠어요.", "저 같아도 분노했을 거예요.", "괜찮아요.", "제가 안아 드려도 될까요?" 심지어 어떤 분은 내가 불쌍했는지, 아니면 자신도 비슷한 아픔이 있었는지 눈물을 훔치고 있었다. 집단상담 참가자들의 위로와 지지에 보답하는 차원에서 나는 억지로 눈물이라도 짜내야 할 것만 같았다. 속으로는 '어차피 해결도 안 되는 문제인데 다른 분이 세션에 나오게 둘 걸 괜히 말했어.'라고 생각하는데, 차분히 날 지켜보던 한 분이 이런 말을 했다.

"혹시 그분과 잘 지내고 싶은 마음에 더 그러신 것 아닌가요?"

벌써 십 수년이 지난 일이지만 당시 이 한마디가 매우 충격적이어서 지금도 뚜렷하게 기억이 난다. 만약 집단상담이 아닌 일반적인 대화를 나누는 자리였다면 '내가? 말도 안 돼! 내가 그 사람 때문에 얼마나 힘들고 억울했는데 잘 지내고 싶다니, 내 이야기를 엉뚱하게 들은 거 아냐?' 라고 생각해서 버럭 화를 냈을지도 모른다. 그런데 화가 나기는커녕 눈물이 핑 돌았다. 갑자기 고개를 푹 숙이며 눈물을 흘리자 다들 숨죽여 나를 살폈다. 들릴 듯 말 듯한 작은 탄성이 귀를 스쳐 가는 것도 같았다. 그동안 나는 그 사람과의 관계에서 오는 불편함, 문제들에서 파생되는 생각이나 감정에만 집중했었다. '그 사람 탓' 아니면 '내 탓'으로만 생각했고, 시간이 갈수록 그 사람 탓이라는 생각이 강해졌다. 불편한 관계가 싫어서 억지로 친절하게 대해 보고 화도 냈다가 냉담하게 굴어 보기도 했지만 별 소용이 없었다. 그런데 집단 상담 참가자의 질문은 나도 몰랐던 내 마음을 짚어 주고 있었다. 내 눈물에는 다양한 감정이 스며 있었다. 바닥에 한 방울씩 뚝뚝 떨어지는 눈물들은 오랫동안 내 마음 밖으로 나오지 못한 케케묵은 감정들 같았다. 억울함, 화남, 분노, 짜증, 덧없음, 서글픔, 속상함, 두려움, 불안함, 후련함 들의 감정이 눈물에 담겨 떨어졌다. 그제야 비로소 내 감정들이 보이기 시작했다. '내가 이런 마음들을 담아 두고 있었구나.' 하는 생각이 들었다. 문제를 해결하는 데에만 급급했지, 정작 내 감정과 마음을 돌보지 못했던 것이 결국 날 더 힘들게 했던 것이다.

'억울함'은 내가 그 사람에게 잘못한 것이 없는데, 왜 날 괴롭히냐는 항변이었고, '분노'는 화가 나서 똑같은 방식으로 복수를 하고 싶은 묵은 화였다. '짜증'은 어떻게든 관계를 정리하고 싶은데 매일 봐야 하니 느껴지는 감정이었고, '덧없음'은 어떤 방법도 통하지 않아서 오는 비자발적 해탈이었다. '서글픔'은 아무도 내가 처한 상황을 모를 거란 생각에 '외로움'과 '슬픔'을 불러왔으며 '속상함'은 내가 시도한 수많은 방법이 다 통하지 않았다는 생각에서 온 것이었다. '두려움'은 이러다 내가 미치거나 분노가 폭발하여 스스로를 망치지 않을까 하는 것이었고, '불안함'은 그와 얼굴을 마주할 때 내 어색함이 들킬까 하는 생각에서 나왔다. 그 당시 나는 많은 의무감에 사로잡혀 있었다. 불편한 사회적 관계를 만들면 안 되고, 어떤 문제든 원만히 해결해야 한다는 비합리적신념과 의무감이 강했다. 생각해 보면 좋은 교사여야 한다는 강박과 이러한 의무감들 때문에 내 감정과 내면을 볼 여유가 없었던 것이다.

짧은 순간이었던 것 같은데 시간이 느리게 갔다. 몇 년간 묵혔던 감정들이 눈물과 함께 분출되자 갑자기 힘이 쭉 빠지고 멍해졌다. 약간의 시간이 지나니 얼떨떨한 기분만 남았고, 불편한 감정들이 빠져나간 자리에는 담담함이 생겼다. '무기력'이나 '포기'와는 다른 느낌이었다. '은은한 당당함'이랄까? 가슴이 말랑말랑하면서도 단단해진 느낌이 들었다. 이것이 내 감정을 처음으로 객관화하여 마주한 날의 기억이다.

내가 '나'를 만난다는 말

'자기 객관화'라는 말이 있다. 자신을 객체object로 보고 타인의 시각에서 자신의 다양한 면을 객관적으로 평가한다는 뜻이다. 사전에는 수록되어 있지 않지만 일상적으로 흔히 쓰인다. 자기 객관화는 관계의 문제에 있어서 타인과 자신의 시각 차이를 이해한다는 맥락으로 자주 활용되는 단어이다. 이와 비슷한 의미로 쓸 수 있는 말로는 '전지적작가시점'을 들 수 있다. 결국 자기 객관화, 전지적작가시점이 인간의 삶에서 문제나 갈등을 해결하는 데 필요하다는 뜻이다. 그럼 어떻게 자기 객관화를 할 수 있을까? '내가 나를 만나는 것'이 그 방법이 될 수 있다. 얼핏 생각해 보면 자기 객관화와 비슷한 것 같지만, 정확히 말하자면 '내가 나를 만나는 것'은 자기 객관화를 가능하게 하는 전략이다. 자기 객관화는 거울로 자신의 얼굴을 들여다보는 것과 같다. 물론 자신의 내면을 보는 것이 거울로 얼굴을 보는 것보다 훨씬 어려운 일이다. 가치관, 신념, 욕구, 감정이 마음속에 복잡하게 얽혀 있기 때문에 스스로 알아차리기가 힘들다. 내면을 살피고 자기 객관화를 하기 위해서는 먼저 감정과 욕구를 살펴봐야 한다. 우리는 감정을 알아차리는 교육이나 훈련을 받은 적이 별로 없다. 감정을 알아차리는 것도 연습이 필요하다. 그래야 자신이 바라는 것을 정확하게 알아차리고 표현할 수 있으며 자기 객관화가 가능하다. 그렇지 않으면 자신의 감정, 욕구를 잘못 이해하여 관계나 상황을 악화시키고 스스로를 힘들게 만드는 결과를 가져올 수 있다.

결국 '내가 나를 만난다'는 말은 그동안 내 안에 복잡하게 엉켜 있던 신념, 생각, 감정, 가치관 등을 차분하게 바라보며 현재의 나를 보다 명확히 이해하고 다각도로 생각하며 궁극적으로는 자신이 가진 모든 것을 수용하는 것을 뜻한다.

과거의 경험에서 나를 오랫동안 괴롭혔던 것은 어쩌면 나 스스로 인정하지 않았던 많은 감정과 욕구, 신념들이었을지도 모른다. 그때의 나는 착한 교사, 좋은 사람이어야 한다는 당위적 신념, 또 그렇게 보이고 싶다는 욕구가 가득했다. 욕구가 강할수록 알 수 없는 불안함이 있었다. 혹시 내가 뭔가 실수했거나 잘못한 건 아닌가 하는 두려움이 있으면서도, 한편으로는 당장이라도 폭발할 것 같은 상대에 대한 분노 등을 꼭꼭 숨기기에 급급했다. 그럴수록 원만한 관계를 맺고 싶다는 근본적인 바람은 희미해지고 관계에서 오는 표면적인 현상,

짜증스러움에만 집중했다. 주변 사람들의 위로가 어느 순간 공허해졌던 것도, 리포트로 소심한 복수(소극적 공격)를 하고 찝찝했던 것도, 더 센 자극에 취약했던 것도 결국 내 안의 감정과 욕구 등의 본질적인 문제를 인식하지 못했기 때문이다.

그런데 집단상담에서의 통찰을 경험한 이후 문제 해결 양상이 달라졌음을 느낀 것이다. 그 변화는 '감정 알아차리기'에서 시작되었다. 기대와 설렘, 긴장이 가득한 집단상담의 첫 세션에서 별칭 짓기와 자기소개 시간까지는 미소와 환대로 분위기가 나쁘지 않았다. 하지만 자기소개를 한 이후 한동안 침묵이 흘렀고, 참가자들은 촉진자가 무엇인가를 해 주길 바랐지만 간간히 주변 사람들을 바라볼 뿐 특별한 이야기가 없어 침묵은 점점 긴장감으로 변해 갔다. '어 뭐지?'하며 불편함이 느껴질 즈음 촉진자(리더)가 한마디했다.

"지금 어떤 마음이신가요? 어떤 감정, 어떤 기분이신지 궁금해요."

그제야 한 참가자가 "어색해요. 뭘 말할지 모르겠어요. 말해도 되나 싶기도 하고 좀 혼란스러운데요?"라고 말하자, "어떻게 해야 되는 건가요? 원래 이런 건가요?"라며 다른 참여자도 동조했다. 답답해 하는 사람, 편안해 하는 사람 등 반응은 제각각이었지만 대부분 불편함의 감정들을 표현했다. 그렇게 시작된 집단상담은 점점 참여자들의 감정을 서로 민감하게 알아차리도록 만들었다. 내가 못 보고 있는 내 감정을 이야기해 주기도 하고 꾹꾹 눌러 놓고 숨겼던 느낌, 생각, 감정, 욕구를 말하기도 했다. 처음에는 어색했지만 시간이 지날수록 참여자들 간에 유대감, 신뢰감 등이 생겨남을 느꼈다.

이렇게 비구조화 집단상담은 촉진자의 안내에 따라 일정한 형식 없이 순간의 감정, 생각, 느낌 등을 자유롭게 나누는 방식으로 진행된다. 첫 번째 참가의 첫 번째 세션이 가장 힘든 이유는 침묵의 불편함 때문이다. 하지만 시간이 지날수록 힘들었던 유년 시절, 부모에게 받은 상처, 학대, 이혼, 낙태, 자살 시도 같은 무거운 주제들로 점차 자연스럽게 이야기가 흘러가고 있었다. 만약 이런 주제를 카페에서 이야기했다면 어땠을까? 듣는 사람의 화들짝 놀란 반응과 조금 과한 위로들이 힘들다고 말하는 사람의 입을 닫게 만들 수도 있을 것이다. 눈물을 흘리자마자 건네는 티슈, 성급한 조언, 충고, 위로의 말들은 말하는 사람으로 하여금 더 이상 자신의 감정에 머무르거나 마주하지 못하게 할 것이다. 이는 감정이 다시 표현되거나 해소되지 못한 채 마음 한구석에서 맴돌게 만들고, 언젠가는 또다시 발현되어 힘들게 만든다. 그러나 집단상담에서는 참여자들의 감정에 민감하게 반응하며 온전히 감정에 집중하도록 조력하기 때문에 자신의 감정에 몰입하여 통찰로 한걸음 나아갈 수 있는 것이다.

나 역시 처음에는 타인의 감정을 온전하게 느끼기 힘들었다. 아무리 경청을 해도 평소에 쓰는 몇 개의 감정으로만 단순하게 인식되었다. 집단상담 중에 자신을 개방하는 사람이 생기면 촉진자가 나서서 질문과 제안을 통해 참가자들의 신체, 감각, 느낌, 생각, 감정, 욕구 등을 스캔하는 작업들을 했다. 그렇게 자신에게 먼저 집중하고 타인의 감정을 보기 시작하자 그전에 보이지 않았던 것들이 보이기 시작했다. 내가 주인공이 아니어도 '나'를 만나는 순간은 타인을 통해 오기도 했다. 그렇게 그때 내 감정을 처음 만났다. 그렇게 내 감정을 처음 인식한 경험 덕분에 집단상담에 300시간 가깝게 계속 참여하게 되었다. 적지 않은 시간과 돈, 마음을 쓰면서까지 집단상담을 했던 이유를 생각해 보면 내 감정을 만나서 오는 통찰에 대한 기억이 내 삶을 변화시켰기 때문이다.

사실 이러한 집단상담은 상담을 전공하거나 다른 사람에게 추천받아 일부러 찾아가지 않으면 쉽게 경험하기는 어렵다. 기본적으로 많은 시간과 돈, 노력이 필요하기 때문이다. 내 감정을 만나고 나 자신을 좀 더 잘 이해하며 통찰을 얻기 위해서 집단상담에 매번 참여할 수도 없는 노릇이다. 그렇다면 일상에서 통찰을 통해 지혜를 구할 방법이 있을까? 그 해답은 바로 내 감정에 대한 관심과 바른 해석에 있다. 이것이 출발점이다. 자신의 감정을 알아차리는 것은 꾸준한 연습이 필요하고, 감정이 말하고 있는 바를 정확하게 해석하는 것에는 약간의 지식과 사유가 필요하다.

감정은 블랙홀 또는 블루오션

"너, 왜 화를 내고 그래? 누군 뭐 화낼 줄 모르니?"

버럭 화내는 소리에 학생들이 모두 화들짝 놀랐다. 시종일관 예의 없는 태도로 내 인내심을 자극하던 학생에게 참다 참다 폭발한 적이 있었다. 아마 교사라면 비슷한 경험을 한 번쯤은 했을 것이다. 그런데, 저 말을 분석해 보면 조금 머쓱해진다. 말하는 순간 이미 화를 내고 있으면서 자신은 화를 참고 있다고 표현하고 있다. 게다가, 화내는 사람을 비난하면서 나 역시 화내겠다고 협박과 동시에 화를 내고 있다. 이렇게 화를 참다 참다 내면 그 이후에 찝찝해지는 경우가 많다. 그 이유는 말의 내용과 감정, 표현과 욕구가 불일치하기 때문이다. 차라리 이렇게 거칠게 화를 내서 속이라도 시원하면 좋은데, 화를 낸 장소를 떠나서도 분이 풀리지 않는 날이면 동료 교사에게 이야기하며 또 화를 내게 된다.

왜 계속 참았을까 하며 후회하던 기억이 있다. 그전에도 학생의 예의 없는 태도에 기분이 상했지만 꾹 참았다. 화내면 왠지 학생에게 지는 것 같고, 화내는 순간 교사로서의 무능함을 들키는 기분도 들었다. 한편으로는 학생과의 관계가 틀어지는 것을 원치 않았던 마음도 분명 있었다. 그러나 그렇게 인내하고 에너지를 비축한 화 감정은 결과적으로 비루하게 표현되었고 후련하지도 않았으며 찝찝함만 더 오래 남았다. 화를 무턱대고 참는 것이 문제였다. 만약 나의 화 감정을 보다 민감하게 알아차렸다면 어땠을까? 교사의 정체성을 흔드는 선 넘는 학생의 행동에서 느껴지는 감정을 섬세하게 알아차려서 그것을 표현했으면 어땠을까? 화 감정이 끓는점까지 오르기 전에 미리 그 감정을 표현했다면 어땠을까? 사실 그 감정이 처음부터 화는 아니었을 수도 있다(당황스러움, 불편함, 불안함일 수도 있다). 자꾸 참다 보니 화로 표현된 것일 수 있다. 그때그때 말하고자 하는 것을 보다 명료하게 표현했다면 학생 입장에서는 본인의 태도를 점검하는 기회가 되고 가장 뜨거워지기 전의 화 표현은 좀 더 품격 있어 보였을 수도 있다. 꾹꾹 참다 낸 화는 결국 나에게 돌아오고 만다.

사실 화 감정은 아무 잘못이 없다. 학생에게 낸 화는 내 인내심이 자극받고 있다는 시그널이다. 화 감정이 느껴졌을 때, 화가 분노가 될 것이라는 점을 인식했다면 내가 원하는 방향으로 상황을 정리할 수 있었을 것이다. 이런 상황이 몇 번 진행되면 교사는 화를 낸 상황에 집착하게 된다. "어떻게 하면 화를 내지 않을 수 있을까?"로 시작한 물음표가 "내가 교사로서 무능력한 것인가!", "요즘 학생들은 다 그래!"와 같은 느낌표로 끝날 수도 있다. 화를 낸 상황을 분석하는 것도 중요하지만, 화 감정을 섬세하게 느끼고 이를 대처 행동의 신호로 받아들이는 것이 더 효과적이다. 불편한 감정을 의도적으로 피하면, 더 큰 불쾌한 상황이 도래하기 마련이다. 불편한 감정은 미해결된 과제가 있음을 나에게 알려 주는 가장 빠르고 분명한 신호다.

이성은 목적에 반응한다. '오늘 학생들과 어떤 활동을 할까?', '앞으로 5년 뒤에 나는 어떤 모습일까?'와 같이 무엇을 계획, 수행할 때 혹은 일상의 삶을 살아갈 때 예상, 판단, 평가를 하는 데 유용하게 쓰인다. 그래서 학교생활을 할 때, 혹은 일상에서 이성이 늘 제대로만 작동한다면 웬만한 문제는 잘 해결될 것이다. 그러나 갑자기 당황스러운 일이 생겨 불안, 두려움, 억울함 등이 느껴지면 일이 목적대로 진행되지 않고 감정적으로 일을 처리하여 문제가 더 커지는 경우가 있다. 실제로 불안한 감정은 메타인지의 정확성을 떨어뜨려 정보를 잘못 해석하게 만들기도 한다. 사실 감정은 이성이 미처 판단하지 못하는 것을 직관적으로 해석하여 빠르게 보호하는 역할을 한다. 그럼에도 불구하고 우리는 감정 그 자체를 문제로 착각하고 감정 정보를 해석하기보다 피하려고 하는 경향이 있다. 이성과 마찬가지로 감정도 내가 목표하는 바를 이루도록 돕는 심리적 자원이다.

감정과 이성은 각각 그 기능이 분명히 다르다. 서로 상호보완적인데, 이성은 처리 속도가 느린 반면 안정적이고 신뢰도가 높다. 반면 감정은 처리 속도가 빠르고 직관적이지만 변화도 다양하여 감정이 가진 역할을 모르거나 인식하지 못하면 활용하기 어렵다. 우리는 이성의 발달을 위해서 지난 수년간 정규교육을 받아 왔고, 일상에서도 이성의 판단에 근거한 수많은 선택과 결정을 하며 실행에 옮긴다. 대부분의 교사는 학교생활에서 이성을 작동시켜서 많은 문제들을 해결한다. 학생의 학습, 생활, 상담, 업무 포털의 공문 처리에서도 교사의 이성은 많은 역할을 한다. 수업을 준비할 때, 학급이나 동아리를 운영할 때, 학교에서 맡은 업무나 행사를 준비할 때도 이성은 업무가 처리될 수 있도록 다양한 절차들을 판단하고 수행한다. 그렇게 아무 일 없으면 교사의 생활은 정말 평탄할 것이다. 그런데, 갑자기 학생이 이렇게 불쑥 내뱉는다. "선생님! 왜 선생님은 아이들을 차별하세요?", "선생님 수업 진짜 지루한 거 아시죠?" 가끔은 무방비 상태로 언어 폭탄을 맞을 때도 있다. "선생님, 해도 해도 너무하는 것 아닙니까? 왜 일을 이렇게 맘대로 하죠?" 심지어는 학생의 보호자에게 막말을 들을 때도 있다. "아니, 교사면 다야? 우리 애가 뭘 잘못했냐고? 언론사에 제보하고 청와대 신문고에 민원 넣어야 정신 차리겠어?" 이런 위기 상황에서도 이성이 냉정하게 작동된다면 참 좋을 텐데, 현실에서는 대부분 그렇지 못하다. 이성으로 처리하기에는 정보를 해석하고 대처하는 데 시간이 너무 많이 걸린다. 그래서 감정이 나를 보호하기 위하여 빠르게 등장한다.

이성만으로는 해결하기가 어려운 학교의 문제 상황은 대부분 관계 문제이다. 학교 내에서의 인간관계라든가 학생, 보호자와의 관계와 관련이 있다. 관계를 철회하거나 끊어 버리면 바로 문제가 해결될 수도 있을 텐데, 직장으로서의 학교는 그런 면에서 유연하지 않다. 한번 담임교사가 정해지면 특별한 일이 없는 이상 1년 동안 유지되고, 한 학교에 발령받으면 최소 3년 이상 있어야 한다. 관계의 문제를 회피하거나 끊어 버리지도 못하는 상황에서 해결되지 않는 문제가 계속 쌓일 때 교사는 심리적으로 위축되거나 효능감, 자존감이 낮아진다. 또, 우울감에 빠지기도 하고 무기력해지거나 불안, 긴장과 같은 스트레스를 심하게 받는다. 이때 토닥임과 같은 무조건적인 위로와 지지도 도움이 되지만 본질적인 문제에 직면하는 데에는 분명 한계가 있다. 이럴 때 가장 효과적인 것은 자신의 감정과 욕구에 대한 민감성을 키우고 이를 활용하는 것이다. 자신의 감정을 알고 어떻게 활용할지 방향을 잡으려면, '감수성훈련'이 필요하다.

감수성훈련은 인본주의 상담가인 칼 로저스Carl Rogers가 제안한 것으로 이를 훈련하는 집단을 '엔카운터 그룹encounter group'이라고 한다. 이는 신체 감각을 스캔하고 자극과 감정, 느낌을 포착하는 것, '지금-여기'에 집중하는 것으로, 게슈탈트 심리치료에서 강조하는 것과도 일치한다. 교사가 자신의 감정을 인식하고 돌보는 것은 학교생활에 대한 효능감과 안녕감에 큰 영향을 미친다. 즉 교사의 감정은 학교교육의 질과 직결되어 있다. 수업할 때 동기유발과 라포rapport 형성이 필요하고, 생활지도나 상담에서도 교사 감정의 유연성은 중요하다. 학생의 감정과 상태를 인지하려면 교사 자신의 내면이 여유로워야 하기 때문이다.

다년간의 학교교육과 더불어 일상에서의 적용으로 이성은 배울 만큼 배워서 잘 적용한다. 그에 비해 감정은 미성숙한 존재로 취급당하며 제대로 알아차리기가 어려웠다. '내 감정의 주인 되기'라는 말은 오래전에 나왔지만 얼마나 '내 감정의 주인 되기'가 어려우면 아직까지도 이 말이 회자될까 싶다. 어떻게 하면 '내 감정의 주인이 되는지' 말하라고 하면 선뜻 대답이 나오지 않을 것이다. 이성적으로는 안다고 해도 자주 활용되지 못하기 때문에 더욱 그렇다. 구체적으로 감정을 알아차리고 활용하는 방법을 잘 모르기 때문이다. 어차피 감정은 자신의 것이다. 비상시에만 더 잘 인식되는, 그래서 더 과장된 형태로 지각되는 경향이 있지만, 감정은 평상시에도 우리와 늘 함께하고 있다. 삶이 바쁘고 고려해야 할 것이 많아서 자신의 감정에 집중할 환경이 되지 않을 뿐이다. 감정은 이미 내 안에서 다양한 일들을 하고 있다. 그러니 오히려 감정의 주인이 되려고 노력할 필요도 없다. 다만 자신의 감정을 인정해 주고 살펴보는 것에 집중해야 한다. 감정이 뛰쳐나간 것이 아니다. 그동안 내 것이 아니라고 생각했던 것이 문제다.

감정에 매몰되면 모든 것을 빨아들이는 블랙홀이 되지만, 감정을 살펴봐 주면 삶을 가꾸는 블루오션이 된다. 교사에게 감정은 마지막 남은 심리 자원이다.

메타인지 수준에 영향을 주는 '감정'

메타인지는 '제2의 지능'이라고 불릴 정도로 다양한 영역에서 연구되는 중요한 개념이다. 플라벨Flavell이 메타인지 개념을 제안한 이후 메타인지의 효용성에 집중하여 많은 연구를 진행하였다. 인지심리학 분야에서도 메타인지는 측정이 어렵고 연구자들 간의 합의된 정의가 없어서 '인지 현상 전반에 대한 지식'을 뜻하는 포괄적인 개념으로 발전하였다. 사실 메타인지는 전혀 새로운 개념이 아니다. 듀이Dewey의 반성적 사고, 스켐프Skemp의 반성적 지능, 피아제Piaget의 자기조절 학습 능력을 가능하게 하는 반성적 사고에서도 살펴볼 수 있듯 이미 인간이 가지고 있는 인지 자원 중 하나다.

흔히 메타인지는 '인지에 대한 인지'로 설명된다. 이는 메타인지의 구성 요소 중에 '모니터링monitoring'을 강조한 것이다. 즉 모니터링을 통해 진행되고 있는 문제 해결 과정이나 지식의 양, 수준을 살펴보는 것이다. 감정은 이 메타인지와 관련이 있다. 감정 및 정서 조절이 메타인지의 수준에 영향을 주고 메타인지 전략은 감정 알아차림과 자기 자각을 돕는다. 즉, 메타인지는 사고의 과정과 내용을 해석하며 감정과 정서의 영향을 받는다. 예를 들어서 불안이나 긴장이 심할 경우 메타인지가 부정확하여 왜곡된 정보를 토대로 문제를 잘못 해결할 수 있다. 반대로 메타인지의 (계획, 평가, 조절, 모니터링 등) 전략들은 끊임없이 의식의 흐름대로 진행되기 때문에 감정, 자기 인식 능력 향상에도 의미 있는 영향을 끼친다.

가령, 보호자와의 전화 통화에서 심하게 긴장하거나 불안해 하면 문제의 진행 과정을 모니터링하는 메타인지가 부정확해져서 문제 해결에 도움이 되지 않을 수 있다. 보호자의 말을 자신의 프레임으로만 해석하여 긴장이 더 심해지거나 불안 혹은 분노가 강해질 수도 있다. 화, 분노, 긴장, 두려움과 같은 불쾌 정서가 심하면 메타인지 활용에 영향을 미치기 때문에 감정을 돌보는 것이 더 중요하다. 결국 그 감정의 특성을 고려하여 대처하는 것이 가장 효과적이다. 메타인지가 적정 수준으로 작동하지 않는 것은 자신의 감정에 매몰된 상황이라는 뜻이다. 이럴 때 단 5분이라도 숨을 고르고 그 감정이 발생한 장소에서 이탈하는 방식으로 감정을 다독이면 효과적이다. 이는 머리로 안다고 되는 것이 아니라 꾸준히 감정을 인식하고 연습을 해야 실제 상황에서 움직일 수 있다.

교사는 학교에서 다양한 상황에 직면한다. 그리고 당면한 문제를 해결해야 한다. 이는 메타인지를 적절히 활용하여 해결해야 한다는 뜻인데, 이것도 감정의 영향을 받는다. 심리 자원 중 지능은 유전적이라 고정된 것이지만, 성격 강점, 메타인지와 더불어 감정과 같은 정서 지능은 노력에 따라 충분히 성장이 가능한 심리적 자원이다.

교사 감정 활용을 위한 7가지 기본 전략

'감정'은 교사가 학교에서 겪는 많은 관계 문제를 해결하는 데 반드시 필요한 자원이다. 또한 부수적으로 문제 해결을 위한 메타인지의 효과성과도 관련이 있다. 그럼 감정을 어떻게 활용하면 좋을까?

첫째, 감정이 어떤 의미를 지녔는지 점검해 보자. 예를 들어 교육과정 회의가 예정된 시간이 지난 후에도 끝나지 않거나 업무 분장에 대한 이견으로 다소 언성이 높아질 때 누군가가 이렇게 말했다고 가정해 보자.

"선생님은 왜 이렇게 감정적이신가요?"

이 말을 듣는 교사는 자신을 미성숙한 존재로 여긴다는 생각에 더 불쾌해질 것이다. 이는 솔직한 감정 표현을 인내심이나 자제력이 부족한 것으로 평가하는 사회적인 분위기 때문이다. 더구나 학생을 교육하는 사회적 책무가 있는 교사이기에 미성숙하다는 평가는 멘털을 흔든다. 그런데, 이는 감정에 대한 무지에서 비롯된 오해다.

감정은 이성과 반대되는 것이 아니다. 감정은 이성과 함께 삶의 목표를 달성하게 해 주고 자신을 보호해 주는 심리 작용임을 기억하자. '감정적'이라는 말의 사회적인 의미는 감정을 효과적으로 표현하지 못해서 오는 불편한 파편들을 뜻하는 것이지 감정 자체가 미성숙하다는 것은 아니다. 자신의 감정에 대해서 잘 모르는 사람이 감정 표현을 잘못하여 미성숙할 수는 있어도 미성숙한 감정은 없다.

둘째, 감정 신호를 파악하여 삶의 방향타로 삼는다. 가령 화 감정은 상대(대상)를 제압하라는 신호가 아니라 상대의 행동이 내 자아를 훼손할 수도 있다는 경고 신호로 해석할 수 있어야 한다. 그래야 화를 품격 있게 표현할 수 있다. 어느 날 퇴근길에 마주한 노을을 보며 갑자기 슬퍼졌다면, 나도 모르는 사이 생활이 힘들었던 건 아닌지 천천히 주변을 돌아봐야 한다. 이런 것이 감정 신호를 삶과 연결하여 감정을 활용하는 것이다. 감정은 시그널이다. 무엇을 판단하라는 신호이지 그 자체가 문제인 것은 아니다. 맥락과 사례 등을 통해 감정이 가진 의미를 이해하는 것이 우선이다. 감정에 대한 습관적인 인식과 관습적인 해석은 변화를 가져올 수 없다. 각각의 감정이 가진 본질적인 특성을 알고 상황에 맞는 해석을 한다면 그 이후에는 이성이 알아서 조율할 것이다.

셋째, 감정을 섬세하게 인식할 수 있도록 연습한다. 바쁜 학사일정, 업무 등을 수행하다 보면 습관적으로 감정을 큰 덩어리로만 생각하고 자세히 살피지 못한다. 얼핏 감정을 인식하고 처리한 것처럼 느끼지만 이는 감정을 이성의 효율성 측면으로만 다룬 것으로 지극히 비효율적이다. 예를 들어 누군가에게 시기와 질투를 받을 때 이것을 단지 '스트레스'로만 인식하면 관련된 정보들, 학교의 맥락이 모두 스트레스의 범주로 확대된다. 따라서 불편한 감정을 정확하게 인식하여 "아! 지금 내가 시기, 질투를 당하는구나?"라고 그 영향력과 인식을 제한하면 학교 맥락으로 스트레스가 확대되는 것을 차단할 수 있다. 또, 불편한 감정의 근본 원인을 정확하게 인식하고 바라볼 수 있다면 반복되는 문제 상황에서 다른 선택을 할 수 있는 용기가 생겨난다. 그러나 일상에서 감정을 정확히 인식하기란 사실 어려울 수 있다. 이 책에 등장하는 기본 감정의 속성을 이해하고 다양한 감정 단어들을 찾아보면서 실생활에서 말과 글로 언급하며 활용해 보자. 그 연습은 타인에게 향해 있는 주의와 관심을 자신의 내면으로 돌리게 하여 감정을 잘 활용할 수 있게 도울 것이다.

넷째, 감정을 누르고 억압하여 표현을 막고 있는지 점검한다. 사회 문화적인 감정 억압 분위기 때문에 자신의 감정을 억압하고 있는 것은 아닌지 살펴본다. 예를 들어 불편한 감정을 그대로 드러내지 못하게 하거나, 수용하지 않는 조직의 분위기가 있다. 또 타인에 의한 감정 차단의 예도 있다. 억울함, 서운함 등의 불편한 감정을 표현했는데, 듣는 사람이 끝까지 듣지 않은 채 섣불리 또는 과하게 위로한다든지, 해결책을 충고하는 경우가 있다. 이 역시 감정을 정확하게 인식하고 탐색하는 것을 방해한다. 한편으로는 습관적으로 사용하는 말들 때문에 감정 표현을 못하게 된다. 예를 들어 "좋아요. 싫어요. 몰라요. 그저 그래요."와 같은 말은 감정 표현이 아니라 현 상황에 대한 인지적인 평가 단어일 뿐이다. 그럼에도 불구하고 어떤 마음인지, 느낌인지, 감정인지에 대해 이런 단어를 습관적으로 쓰며 감정 인식과 표현을 방해한다. 이런 경우에는 감정 단어를 다양하게 살펴보고 학습함으로써 무엇이 좋은지, 싫은지를 표현하는 연습이 효과적이다. 이처럼 감정 인식을 가로막는 난관이 무엇인지 살펴보는 것이 감정을 가꾸는 시작점이다.

다섯째, 나의 감정 패턴을 기록한다. 감정 인식에도 패턴이 있다.

이런 패턴은 불편한 감정을 손쉽게 해결하기 위한 방법 중 하나다. 내가 다루기 어려운 감정, 마주 보기 힘든 감정, 특별히 내가 취약한 감정은 무엇인지 간략하게 기록하면 내 감정 패턴에 대해서 객관적으로 살펴볼 기회가 된다. 감정 단어를 많이 알고 있으면서도 실생활에서 자주 활용하지 못했다면 머릿속으로 인식한 감정 패턴과 실제 기록으로 남긴 감정 패턴이 다를 확률이 높다. 자주 인식되는 감정은 루틴이 생긴다. 이 루틴은 교사의 대인관계 패턴을 만들고 자아^{ego}의 상태에 지속적인 영향을 준다. 왜냐하면 감정은 끊임없이 이성과 교류하며 나를 유지시키기 때문이다. 다음과 같은 형식으로 감정 패턴을 분석해 보는 것이 효과적이다.

나를 흔드는 감정 패턴 분석
• 감정 :
• 촉발 요인(상황) :
• 촉발 요인 속에 숨어 있는 내 생각 :
(예: '나를 무시하나?', '나는 무능력한 것이 분명해.')
• 감정에 따른 나의 행동 :
• 행동 이후의 감정 변화 :
• 촉발 요인이 생기지 않도록 미리 내가 할 수 있는 것 :
• 이 감정을 대체할 감정 3가지를 꼽는다면? :

'나를 흔드는 감정 패턴 분석'은 불편한 감정의 전후를 살펴보고 기록함으로써 내가 자주 활용하는 감정에 대해서 낯설게 보기 위한 것이다. 여기에 있는 세 핵심 전략들을 눈여겨봐야 한다. 먼저 촉발

요인 속에 숨어 있는 내 생각을 찾는 것이다. 감정 중에 화, 분노, 슬픔, 우울, 무기력과 같은 감정은 우리가 가진 생각(사고), 신념, 편견 뒤에 따라온다. 촉발 요인(상황)을 판단하는 나의 생각들('나를 무시하나?', '나는 무능력한 것이 분명해.')이 짧은 순간 스쳐 지나가고 이어서 감정이 따라오는 것이다.(이를 '자동적 사고'라고 한다.) 둘째는 촉발 요인(상황)으로 어떤 감정이 어떻게 발생되었는지 살펴보는 것이다. 그러면 촉발 요인에 도달하지 않도록 미리 피할 수 있고 대체 상황을 유도할 수 있다. 셋째는 나를 흔드는 감정의 대체 감정을 선택하는 것이다. 나를 흔드는 감정은 강도가 가장 강하기 때문에 대체 감정을 떠올리다 보면 표현해도 되는 감정이 선택될 수밖에 없다. 이렇게 감정을 유발하는 촉발 요인 탐색, 자동적 사고(숨어 있는 상황에 대한 역기능적 평가), 대체 감정 선택을 하면서 얻는 효과는 크다. 문제 상황에 대해 스스로 자세히 분석하고 기록하는 동안 자연스럽게 자신의 깊은 감정과 마주하게 되는 효과가 있어 꼭 권하고 싶다. 단, 머릿속으로 생각만 하는 것은 안 하는 것과 같기 때문에 직접 손으로 써 보는 것이 꼭 필요하다. 대체 감정을 살펴보기 어려울 수 있는데, 이때는 감정 단어(272쪽 참조)를 고르는 활동도 효과적이다.

여섯째, 유쾌한 감정을 유지하고, 불편한 감정은 표현한다. 이는 자신의 감정을 삶의 에너지로 변환시키는 핵심적인 전략이다. 언제나 즐겁고 행복한 감정을 느끼고 살면 좋겠지만 아쉽게도 이 감정들은 휘발성이 강하다. 그래서 이런 쾌 감정, 행복한 감정이 오랫동안 기억될 수 있도록 글과 사진으로 남기고 회상하는 것이 좋다. 반면, 두려움, 불안, 화와 같은 감정들은 작은 자극에도 확대되어 반응하는 경향이 있다. 화, 분노 감정은 내가 진심으로 바라는 것을 전달하는 방식으로 표현하는 것이 효과적이다. 두려움, 불안과 같은 감정은 신체를 통한 조절이 필요하다. '공포는 반응이다fear is reaction.'라는 말이 있듯 공포의 순간에 우리 몸은 생존을 위해서 심신의 모든 활동이 살아남는 것에 총력을 다한다. 예를 들어 어두운 밤길에 바스락거리는 소리가 난다면 나도 모르게 갑자기 심장이 쿵쾅쿵쾅 뛰는 것과 같다. 이는 생존을 위한 반응이다. 심장이 빨리 뛰어야 도망가거나 싸우더라도 생존 확률이 높아지기 때문이다. 공포나 긴장 불안이 심하다면 신체 활동을 통해 감정이 조절될 수 있도록 한다. 주로 공포, 불안은 이완법, 호흡법을 통해 표현하는 것이 효과적이다.

일곱째, 나의 모든 감정은 내 삶을 가꿔 주는 마음임을 기억하자. 흔히 좋은 감정, 나쁜 감정 혹은 긍정적 감정, 부정적 감정이라고 표현한다. 이런 표현이 감정에 대한 평가와 오해를 부채질한다. 우리의 감정은 본디 옳고 그르거나 좋고 나쁨이 없다. 화, 분노, 슬픔, 우울, 수치심, 자책, 두려움, 불안, 시기, 질투, 기쁨과 같은 감정들은 건강하게 살아갈 수 있도록 나를 돌보는 역할을 한다. 내 안의 모든 감정이 내 삶을 가꾸는 것이라고 생각해야 한다. 내 감정을 알고 존중하는 것은 곧 나 자신을 가꾸고 사랑하는 최고의 전략이다. 사실 감정을 다룬다, 조절한다는 말은 다소 논리적이지 않다. 감정은 아이스크림 선택하듯 정확하게 선택할 수 있는 대상이 아니다. 만약 감정을 의지대로 선택한다면 우리는 어떤 상황에서도 늘 원하는 감정을 선택하면 되기 때문이 스트레스 받지 않고 행복할 것이다. 감정을 조절한다는 것은 감정의 강도를 조절할 수 있고 감정에 따른 행동을 조절할 수 있다는 것이다. 이는 교사에게 학교생활 만족감과 효능감을 높일 수 있는, 현실적이고 지속 가능하며 구체적인 전략이 된다.

우리는 지금까지 이성와 인지의 발달을 위해 많은 시간을 투자해 왔지만 감정이나 정서의 발달을 위한 노력은 소홀히 했다. 누구나 일상적으로 느끼는 대표적인 기본 감정들에 대해 살펴보면서, 교사로서의 자존감과 효능감을 높이기 위해 감정 자원을 잘 활용할 수 있는 영감을 얻어 보자.

CONTENTS

참을 수밖에 없었던
존재의 강렬한 표현

화 anger

①

"감정은 거짓말을 하지 않는다.
다만, 잘못 해석하는 타인이 있을 뿐이다."

노엽고 언짢아
달아오르는 불쾌한 마음

* 학교에서 선 넘는 사람을 만났을 때 드는 황당함.

* 보호자의 예의 없는 모습에 북받쳐 일어나는 마음

* 악성 민원을 접하고도 교사라는 이유로 참아야 할 때
  더 크게 올라오는 불쾌한 감정

화, 분노는 인간이 가진 기본 감정 중의 하나다. 기본 감정은 2차 감정(사회적 감정)으로 불리는 자의식 감정(시기, 질투, 죄책감, 수치심 등)과는 다르게 모든 인간이 공통적으로 느끼는 감정이다. 화, 분노 감정은 다양한 상황에서 생길 수 있다. 일상적인 원인으로 보면, 사소한 약속이 지켜지지 않았을 때 생기는 가벼운 화부터(누적되면 절대 가볍게 넘어가지 못한다.) 모르는 사람들의 소란스러움, 인종차별이나 환경오염과 같은 사회적 차원에서도 화, 분노가 생긴다.

운전하면서 화나는 경우와 같은 일회성 화는 그 장소를 이탈하거나 상황이 바뀌면 비교적 쉽게 풀린다. 크게 문제가 되는 화는 대부분 인간관계와 관련된 분노다. 특히 개인이 허용할 수 있는 자아경계(흔히들 '선 넘는다'고 표현하는 선)를 넘는 경우, 화를 참기란 쉽지 않다. 계속해서 선을 넘는 상대를 만난다면(그 상대가 어떤 사람이라도) 화, 분노는 점차 쌓여 참을 수 없는 지경에 이르고, 제때 풀지 못한 분노는 압력 밥솥의 뚜껑이 날아가듯 주변에 뜨거운 상처를 남긴다. 제때 풀지 못한 화는 자신에게 내상을 입히기도 한다.

화는 잘못이 없다. 우리는 오히려 화, 분노 감정에게 고마워해야 한다. 더 이상 참으면 상처받는다는 신호를 주기 때문이다. 그러나 오래 참은 화는 더 거칠게 표현될 가능성이 높고 관계를 망가뜨린다. 어떻게 하면 화, 분노를 품격 있게 표현할 수 있을까? 그 방법은 화를 섬세하게 알아차려 폭발 전에 미리 표현하거나, 진심으로 하고 싶은 말을 상대의 마음에 가닿도록 전달하는 것이다.

적반하장은 화를 부른다

"학교 선생님이 너무하시는 거 아닌가요? 왜 저만 혼내세요?"

수업 태도는 물론 학교생활 전반에서 눈에 많이 띄는 억울이가 다른 학생에게 몰래 쪽지를 건네는 것을 보고 수업에 집중하자고 지적을 했다. 그러자 억울이가 두 눈이 터질 듯 노려보며 말하는 것이 아닌가.

"억울이, 선생님이야말로 당황스러운데요? 지금 수업을 방해하고 있잖아요! 선생님이 뭘 너무해요? 나야말로 억울한데?"

평소에 수업 태도가 좋은 학생이라면 내가 뭘 잘못했나 싶어서 고민했겠지만 억울이에게는 해당되지 않는 사안이다. 이 무슨 뚱딴지같은 소리인지, 처음엔 황당하다가 나중엔 점점 기가 찼다.

"아, 진짜 짜증 나!!!"

억울이는 큰소리로 이목을 끌며 반성은커녕 오히려 화를 낸다. 황당함이 짜증스러움으로 바뀌는 순간이었다.

"야! 억울이! 지금 뭐라고 했어? 어?" 라고 큰 목소리로 쏘아붙이고 싶었지만, 몇 해 전에 그렇게 대응했다가 낭패를 본 선생님이 생각나서 그냥 말았다.

심장이 두근거리고 얼굴이 달아올랐다. 주변에 다른 학생들의 시선이 느껴지자 더 화가 났다. 만약 억울이가 몇 마디 더 선 넘는 말을 했다면 아마 화가 폭발했을 것이다. 얕은 한숨을 내쉬고는 사무적으로 수업에 집중하라고 할 말만 했다.

화가 풀리지 않았지만 그냥 뒤돌아섰다. 학생이 이미 내 생각을 듣고 싶어 하지 않는 것 같으니 말이다. 이럴 때 내가 어떻게 개입해야 할지 머리로는 알고 있지만 행동은 막상 쉽지가 않다. 그냥 참고 말았지만 머릿속이 복잡해지고 퇴근 이후에도 계속 생각나는 것은 어찌해야 할지 모르겠다. 화가 좀처럼 누그러들지 않는다.

교직에서는 대부분 자신보다 나이가 어린 학생을 상대하다 보니, 예의를 중요시하는 편이다. 그래서 예의 없이 말하는 학생을 만나는 교사는 무척 당황스럽고 화가 난다. 이것은 학생뿐 아니라, 교사와 교사의 관계에서도, 보호자와 교사의 관계에서도 생기는 일이다.

"아, 진짜 짜증 나!!!"라는 말을 억울이가 내뱉는 순간 교사는 화가 터질 뻔했지만 꾹 참았다. 교사는 학생의 말을 무시하거나 같이 따져 묻고 학생에게 사과를 받든지, 반성을 요구할 수도 있다. 하지만 그 과정이 지난하고 에너지를 쏟아야 하며, 다른 학생의 학습권을 침해할 소지가 있고 무엇보다 화난 상태에서 학생과 이야기를 나누면 감정적으로 화가 더 커져 실수할 수 있기 때문에 참은 것뿐이다. 그저 상상으로만 한마디 쏘아붙이고 말았다. 그 순간에는 그냥 별생각 없이 넘어간다. 괜히 말꼬리 잡고 이야기를 더 하다가는 학생의 심리를 이해하지 못하고 막 대하는 꼰대 교사가 될 것 같기도 해서다. 그래도 억울이의 말은 교사를 계속 불편하게 만든다. "학교 선생님이 너무하시는 거 아닌가요?" 도대체 뭘 너무했다는 것인지 적반하장의 태도를 곱씹을수록 화가 난다.

'학교 선생님? 아니 학교 선생님이 너무하다는 말은 무슨 말이야? 왜 내가 이렇게 누군가에게 비난당하는 기분이 들지? 4년을 교사가 되기 위해서 공부하고, 그 어려운 임용고사를 통과했는데 왜 내가 이런 취급을 받아야 하지? 주변 친구들 초봉보다 박봉임에도 불구하고 교직에 보람을 느끼는 것은 학생들의 성장에 기여하고 있다는 것과 교육자라는 자부심이 있어서였는데, 내가 왜 학생에게 비아냥대는 소리를 들어야 하지? 뭐가 잘못된 거지?'

그러나 교사도 알고 있다. 억울이에게 화를 내고 논리적으로 싸워서 이기는 것이 무슨 큰 의미가 있을까? 다른 학생들 앞에서 교사로서의 권위는 벌써 무너진 듯하고 퇴근 이후에도 낮의 일로 계속 한숨만 쉬고 있으니 이미 억울이가 무엇을 원했든 간에 교사의 마음은 분노로 타고 난 재만 새하얗게 남아 있듯 허무해진다.

'내가 정말 무능력한 교사인가? 교직이 적성에 안 맞는 건가?'

참다 참다 툭 튀어나온 치명적인 독

"학교 선생님이 너무하시는 거 아닌가요? 왜 저만 혼내세요?"

음악 시간에 선생님 몰래 친구에게 쪽지를 주다가 딱 걸렸다. 수업 시간 끝나자마자 매점으로 뛰어가서 뭐 좀 사 먹자고 하려다 걸린 것이다. 그런데, 선생님이 눈을 흘기며 씩씩거린다. 콧구멍에서 화염이라도 나올 기세로 뜨거운 숨결이 내 팔뚝에도 느껴질 정도였다. 게다가 쪽지를 압수하려고 하시기에 한마디 툭 던졌다. 아뿔싸, 다혈질 음악 선생님을 자극할 것이 뻔한데. 나도 모르게 "아이 씨"라는 말이 새어 나왔지만 다행히 선생님은 듣지 못했다. 그래서 그냥 빨리 혼나고 벗어나자 싶었다. 그래, 조금만 참자 했다. 그런데 그 다짐은 1초 만에 무너졌다.

"억울이, 선생님이야말로 당황스러운데요? 지금 수업을 방해하고 있잖아요! 선생님이 뭘 너무해요? 나야말로 억울한데?"

'아, 참으려고 마음먹었는데 왜 나에게 시비를 거냐고!' 눈물이 나올 정도로 짜증이 났다. 내가 언제 수업을 방해했냐고. 조용히 쪽지를 써서 돌린 게 왜 수업을 방해한 거냐고. 내가 떠들기를 했어 뭘 했어. 도대체 나를 왜 이리 만만하게들 보는 거냐고! 집에서는 엄마 아빠가 언니만 예뻐하고 학교에서는 조용히 쪽지 좀 썼다고 이렇게까지 친구들 앞에서 무시를 당해야 하냐고!' 나도 모르게 말이 툭 튀어나왔다.

"아, 진짜 짜증 나!!!" 원래 이렇게까지 하려고 한 건 아닌데, 벌점각이다. 선도위원회 소집에 교권보호위원회까지. 말 한마디에 여기저기 끌려가는 거 아닌지 모르겠다. 엄마 아빠는 또 잔소리에 잔소리. 아, 젠장! 쪽지가 걸리는 순간부터 심장이 두근거리고 얼굴이 달아올랐다. 선생님의 뜨거운 숨결이 느껴질 때 생각해 보니 나도 씩씩거렸던 것 같다. 그러고 싶지 않았지만 이렇게 된 거, 모르겠다. 그냥 될 대로 되라지. 뭐 내가 죽을 죄를 진 것도 아니고 나도 요즘 내 마음을 모르겠다.

수업에 집중을 하지 않았을 뿐이지 수업을 방해한 것은 아니라는 억울이는 나름 억울한 이유가 있다. 공부 잘하는 언니를 둔 억울이는 집에서도 학교에서도 천덕꾸러기 취급을 당하는 것이 무척 불쾌했을 것이다. 쪽지를 돌리는 것은 엄연히 집중력의 문제지 다른 학생의 학습권을 방해한 것은 아닌데, 마치 무개념인 학생이라는 식의 선생님 말에 억울이의 누적된 짜증과 화가 폭발했다.

"학교 선생님이"라고 말하는 동시에 억울이도 곧바로 후회하고 있었다. 이 말이 선생님을 자극하는 말이라는 것쯤은 초등학교 4학년 때 즈음 이미 깨달았기 때문이다. 이런 말이 정말 위험하다는 것도 알고 있는데, 화가 폭발할 때 훅 나간 것이 문제라고 생각했을 것이다. 그리고 바로 후회하고 꾹 참고 넘어가자 싶었을 것이다.

이 사실을 모르는 선생님은 화를 더 크게 내고 있다. 억울이는 자신이 선생님에게 칭찬받을 행동을 한 것은 아니지만 그렇다고 다른 학생들 앞에서 창피와 무안을 당할 일도 아니라는 생각에 짜증에 가까운 화가 났을 것이다. 그 와중에 "아, 진짜 짜증 나!!!"라는 말이 툭 튀어나왔다. 억울이 본인도 그렇게 하고 싶지 않았지만, 결과적으로는 될 대로 되라는 식이 되어 버렸다.

'화'와 '분노'는 어디에서 올까

화, 분노 감정의 원인이 무엇인지 설명하는 여러 가설이 있지만 사실 수학 공식처럼 딱 떨어지게 설명되는 것은 아니다. 언뜻 보면 화는 뚜렷하고 명쾌한 발생 원인이 있을 것 같아 보인다. 왜냐면 화를 낼 때는 항상 주변에 뚜렷한 대상과 이유가 있기 때문이다. 그러나 한발 떨어져서 이렇게 상상해 보면 조금 달라 보일 것이다.

잠을 자다 어느 날 깨어 보니 무인도에 모르는 사람 세 명과 함께 갇히게 되었다. 식량도 없이 며칠 지내다 보니 서로에게 아무 잘못을 하지 않았는데도 적대적인 관계가 되었다. 이런 상황에서는 처음에 가벼운 짜증으로 시작했다가 예민하게 반응하고 서로 잡아먹을 듯 화를 내며 분노에 이를 수 있다. 화는 아드레날린과 같은 호르몬들을 분비시키고 신경을 둔화시켜 아픔에 대한 민감성을 떨어뜨리기도 한다. 심리적으로는 흥분 상태를 유지하며 싸울 준비를 한다. 손과 발로 피를 모아 싸움에서 이기기 위해 심장은 더 빨리 뛰며 눈동자는 커진다. 그리고 땀이 난다. 이 모든 일련의 작용은 스포츠 경기에 참여하기 전 준비운동과 같은 신체 움직임 없이 정지 상태에서 신체 활동 능력의 효율성을 극대화하는 것과 같다. 이것을 생각해 볼 때 화는 분명히 생존과 관련된 감정이다.

인간이 생존할 수 있는 이유는 의지나 의식과 관계없이 신체가 생존을 위한 필수적인 활동을 알아서 하고 있기 때문이다. 책을 읽거나 잠을 자거나 우리가 무엇을 하든 우리 몸은 호흡을 하고 심장이 뛰며 체온을 조절한다. 또 위험의 순간을 감지하기 위하여 감각기관이 자극을 실시간 모니터링한다. 화, 분노는 아주 오래전, 수백만 년 이전부터 우리의 자율신경계와 연결되어 위험으로부터 인간을 보호해 생존 확률을 높였다.

수백만 년 전에는 인간을 위협하는 요소가 지금보다 훨씬 많았다. 기상과 같은 자연현상부터 인간의 생존을 위협하는 맹수와 다른 인간 부족까지 온 세상에 위협적인 것들이 가득했다. 언제 어디서 생존을 위협받을지 알 수 없던 시절이 지속되었다. 그래서 생존 위협을 받는 순간에 싸움과 도주 둘 중 어느 것을 선택하더라도 생존 확률을 높일 수 있게 신체 반응이 완성되었다. 이를 '싸움-도주 반응'이라고 한다. 그런데 문제는 우리를 위협하는 맹수가 다 격리되어 있는 지금도 우리 몸에서는 이 싸움-도주 반응이 순간순간 튀어나온다는 것이다. 게다가 이 반응은 전염성마저 강하다. 누군가가 화, 분노, 공포를 느끼면 그 주변에 있는 사람들도 함께 느끼는 경우가 많다. 사회심리학에서는 이를 '동조현상'이라 부르는데, 이것 역시 생존 확률을 높이기 위한 작용으로 본다. 그렇다면 지금 우리의 생존을 위협한다고 착각하게 만드는 것은 무엇일까? 그것은 안타깝게도 '사람'이다. 이제는 사람이 우리 생존에 가장 위협적인 존재로 인식되고 있다.

인간은 사회적 동물이라 다른 사람과 함께 어울려 사는데, 어쩌다 인간이 인간을 이렇게 위협적인 존재로 여기게 되었을까? 물리적인 위협이 예상되는 경우도 있겠지만 타인이 나의 자아경계를 넘어 내면에 상처를 주거나 혹은 그럴 것 같은 예상이 될 때 격렬하게 반응한다. 특히, 내면의 상처는 물리적 상처만큼이나 심각하다. 불쾌함, 불편함이 누적될수록 그동안 억압되어 있던 화는 더 큰 분노로 변환된다. 다만 나보다 힘과 권력이 월등하게 센 상대 앞에서는 쉽사리 분노하지 못하고 도망가는 방식, 회피 추구적 조절을 하는 경향이 있다. 그러나 결국 '뒷담화', '지연', '태만', '회피'와 같은 소극적 공격성을 발휘하는 형태로라도 반드시 표현되는 감정이 화, 분노이다. 단 여기서 오해하지 말아야 할 것은 모든 사람이 그렇다는 것은 아니다. 상황과 맥락에 따라 전혀 다른 형태의 화 표현이 있으니 뒷담화하거나 뭐든지 미루는 사람, 태만하거나 회피하는 사람, 지각하는 사람을 모두 분노를 가진 소극적 공격형 인간이라고 섣불리 판단해서는 안 된다. 이런 부분은 맥락을 보고 면밀히 살펴봐야 알 수 있다.

화, 분노 감정이 유전정보로 저장되어 있든, 경험과 학습의 결과로 나온 감정(이렇게 보는 심리학 관점도 있다.)이든 신체 반응이 격렬하다는 것에는 누구도 이견이 없다. '스트레스반응'으로도 불리며 쌓이는 감정으로 본다. 화, 분노가 만성이 되면 스트레스호르몬인 '코르티솔'이 만성적으로 분비되어 더 쉽게 화가 난다. 화는 쌓일수록 초조해지고 커진다. 화, 분노가 일상화되면 편두통, 통증, 과민성대장증후군, 혈압 문제, 심장마비 등의 위험성을 갖고 있다. 심장마비는 유전적인 원인보다 스트레스로 발생할 확률이 높다. 화, 분노는 참아도 문제가 된다. 화가 나는데도 참는 사람 역시 화, 분노를 폭발시킨 사람과 같은 신체적 손상을 입을 수 있다.

결국 화, 분노 감정의 원인이 관계 문제에 있다면, 화나게 하는 대상에게 자신이 화난 바를 알리고 원하는 바를 효과적으로 전달해야 한다. 경계를 침범하지 말라고 품격 있게 경고하거나, 예의 없어 보이는 것에 대한 지적이 필요하다. 화 감정이 쌓여서 분노로 커지는 것보다 이렇게 소소하게 전달하고 표현하면 화가 덜 쌓여 상대와의 관계를 보호하면서도 자신이 바라는 바를 분명히 말할 수 있다. 화, 분노 감정이 느껴질 때면 신체도 각성상태에 들어가 심신이 모두 긴장상태를 유지하고 있기 때문에 화가 나는 상황에 대한 맥락 파악이 어려워지기 쉽다. 의미가 있는 말인지, 상황적으로 의도치 않게 나온 말인지가 구별되기 어려울 수 있다. 따라서 맥락, 의미, 상황을 정확하게 구별하기 위해 다소 노력이 필요하다. 그럼 화, 분노를 어떻게 다룰 수 있을까?

화와 분노의 핵심 메시지

일단 화, 분노가 치밀어 오르면 어떻게든 표현하게 되어 있다. 이때 화의 방향이 어디를 향하고 있는지가 중요하다. 현재의 상황에 화가 나는지, 나 자신에 화가 나는지(이런 경우는 보통 짜증으로 표현된다.) 혹은 상대방에게 화가 났는지를 구별해야 한다. 표현해서 문제가 되는 것은 사람과 관련된 화, 분노이다. 잘 모르는 사람에 대한 화는 일상이나 관계의 문제가 안 생기기 때문에 크게 걱정할 필요가 없다. 그러나 관계가 있는 사람, 특히 자신에게 의미 있는 사람에게는 화, 분노를 효과적으로 내야 한다. 내가 쏟아 낸 화나 분노가 상대에게 상처를 입히고 그 여파가 다시 화살이 되어 나에게 되돌아오지 않도록 해야 한다. 그렇지 않으면 화, 분노는 엄지발톱 아래 박힌 가시처럼 갈수록 고통을 준다. 해결되지 않은 화, 분노 감정이 영혼을 갉아먹을 수 있기 때문에 화난 상황이 무엇을 의미하는지 다양한 각도로 해석하고 점검해야 한다.

> 상황에 대한 정확한 판단을 하지 않고
> 내뿜는 화는 나를 다치게 한다.

학교에서도 반복적으로 화, 분노 유발을 하는 사람이 있다. 이는 어느 조직에서든 마찬가지다. 따라서 이 화, 분노를 처리하는 방식에 따라서 생활의 질이 달라질 것이다. 이제는 화, 분노 감정을 의사소통과 관련된 전략으로 삼아 나의 품격을 높여 줄 필요가 있다. 그러기 위해서는 무엇이 필요할까?

우선 자신의 화, 분노가 유발되는 정확한 지점을 찾아보자. 자아의 경계를 침범하는 것은 내 몸을 허락 없이 만지는 것과 같은 일인데, 많은 사람들은 눈에 보이지 않는다는 이유로 자아의 경계를 침범하지 않았다고 부인, 외면, 회피한다. 그게 학생이면 어떻게든 다루기가 조금은 수월할 수 있다. 그러나 동료 교사나 보호자와 같은 어른이면 이야기가 달라진다. 불편함을 드러내면 꼭 나오는 말이 "아이, 뭘 그런 걸 가지고 그래요.", "아유, 친하다고 생각하니까 그런 거지, 뭘 그리 까칠하게 굴어요.", "친동생 같아서 하는 말이지.", "내 딸 같아서 하는 말이야.", "우리 때는 더 했어요. 뭘 이런 걸 가지고." 이런 식으로 말하고는 미안해 하지 않는 사람이 종종 있다. 지금 만약 생각나는 사람이 있다면 안타깝게도 그 사람은 앞으로도 계속 당신의 경계를 침범하고는 아무런 사과 없이 그 사실을 부정하고 외면할 가능성이 크다. 지금까지 대처해 왔던 방식을 똑같이 쓴다면 말이다. 사과 없이 반복되는 행동을 비난하는 데 에너지를 쏟을 필요는 없다. 다만 불쑥불쑥 선을 넘는 사람들과 거리두기를 해야 덜 상처받는다는 것을 기억하자. 만약, 상대의 선 넘는 행동이 크게 불편하지 않다면 상관이 없지만, 선 넘는 행동에 민감하다면 적당한 안전거리를 유지하는 것이 그 사람과 건강한 관계를 유지하는 지름길이다. 모두가 서로의 경계를 침범하는 것에 암묵적으로 동의하면서 가족같이 지내야 할 이유는 없다. 반드시 누군가는 그 속에서 병이 들기 때문이다. 우리 주위에 안전거리를 유지해야 할 사람이 있을 확률은 아주 높으니, 자신이 예민하다고 자책하거나 스스로를 비난하지 않아도 된다.

자아경계를 침범하고 불편함을 주는 사람이
오히려 사과도 없이 예민하다고 핀잔을 준다면
그와 건강하게 지내기 위해서라도
더 긴 거리두기를 해야 한다.

모든 감정에는 나름의 알고리즘이 존재한다. 다른 말로 '감정 촉발 요인-감정해소'의 일정한 패턴이 있다. 화, 분노의 품격을 높이기 위해서는 우선 나의 화, 분노 알고리즘을 찾아야 한다. 우선 나의 자아경계가 취약한 부분을 찾는다. 예를 들어서 가족 개인사를 들추는 것에 취약할 수도 있고, 예의 없는 말버릇이 촉발 요인이 될 수 있다. 신념, 가치, 태도, 경험, 사회적 편견 등 많은 촉발 요인이 있으니 나의 화, 분노가 어떤 촉발 요인에서 나오는지 살펴본다. 두 번째로 화 분노가 어떤 형태로 표현되는지 생각해 본다. 사람마다 화를 푸는 방식이 다를 수 있다. 화나게 한 상대에게 직접 말로 표현하는지, 흥분을 주체하지 못해서 파괴적으로 표현하는지, 상대에게는 말 못하고 주변 사람에게만 화를 내는지 등 표현 양식은 조금씩 다를 수 있는데, 나의 화, 분노 표현 방식이 감정의 강도에 따라 어떻게 달라지는지 파악한다. 세 번째로 어떻게 하면 화, 분노 감정이 빨리 사라지는지 살펴보자. 사람마다 화, 분노 감정이 해소되는 패턴이 다르다. 화풀이를 한 번 하면 눈 녹듯 사라지는지, 오래도록 화를 담고 지내는지, 말 못하고 끙끙 앓다가 화산처럼 터지는지 살펴보자. 화가 난 대상, 사안, 상황에 따라 자신이 어떤 패턴으로 화, 분노를 해소하는지 인식하면 실제 화가 났을 때 화를 조절할 수 있는 가능성이 높아진다. 머릿속으로 한 번 정리되면 우리의 의식은 그것을 무시하지 않으려 하기 때문이다.

**나의 화, 분노 감정에 대한 알고리즘을 파악해야
화, 분노 감정의 핵심 메시지에 귀를 기울일 수 있다.**

학생이나 보호자로 인하여 화가 날 때가 있는데, 대부분 태도의 문제와 관련되어 있다. 예의 없는 말투와 행동이 화를 불러일으키는 경우가 많다. 학생의 경우, 예의에 대한 개념이 없는 경우가 많은데 이런 학생에게 무턱대고 거칠게 화, 분노를 표출한다면 오히려 소통이 단절될 수 있다. 특히 학생의 예의 없음을 모아 두었다 지적하면 오히려 역효과를 부른다. 학생은 몸이 성장하듯 자아의 경계도 성장하는 중이며, 자아의 경계가 무엇인지도 잘 알지 못한다. 또 그 시기의 특성처럼 좌충우돌하기도 한다. 따라서 학생의 태도에서 불쾌함을 넘어선 화가 났다면, 위험 표지판을 세우듯 알려 줘야 한다. 초등학생의 경우 어떤 의미인지 전혀 모르고 툭 던지는 경우가 의외로 많다. 중고등학생이 어른보다 말을 거칠고 세게 하는 경우, 자신이 더 우월하고 강하게 보이고 싶어 하는 것이나 감정 표현에 있어서 조절이 되지 못하는 것도 원인이다. 이는 자신의 자아 강도, 자아경계, 취약점을 모르기에 무시당하거나 질 것 같은 위협을 느끼기 때문이다. 보호자가 무례하게 행동하는 경우 교사는 '교사라서' 일단 무조건 참는 경우가 많다. 문제를 더 확대시키고 싶지 않고, 억울하지만 참고 지나치는 경우가 많다. 그러나 개인적인 영역까지 선을 넘는 말과 행동을 한다면 불편하다는 것을 차분히 알려 줄 필요가 있다. 화가 커질대로 커져 거칠게 표현하면, 상대의 생존 반응이 튀어나와 서로 싸움만 되고 아무 이야기도 들리지 않게 된다. 화의 강도가 세지기 전에 미리 불편함을 이야기하는 것이 좋다.

생존 반응이 나오기 전에 상대가 내 자아경계의 금을 밟고 있다고 친절하게 이야기해 주는 것이 가장 효과적이다.

더 이상 참을 수 없는 지경에 이르러 화가 터질 것 같으면 빨리 감각 정보를 셧다운시킨다. 예를 들면 눈을 감는 것이다. 시각 정보는 감각 정보 중에 꽤 많은 부분을 담당한다. 화, 분노 감정이 터져 나올 것 같은 느낌이 들면 시각 정보를 닫음과 동시에 호흡을 조절한다. 또한 잠시라도 좋으니 장소를 이탈하는 것이 가장 효과적으로 화, 분노를 조절할 수 있는 방법이다. 할 수 있다면 이완 호흡을 하는 것도 필요하다. 화를 인식하는 순간 하나, 둘, 셋, 넷, 다섯과 같이 마음속으로 숫자를 세며 코로 숨을 들이쉬고 내쉬는 호흡을 하는 것이다. 이때, 숫자에 맞춰 힘을 서서히 주다가 내쉴 때는 힘을 서서히 빼는 방식으로 한다. 평소에 연습하면 화, 분노가 터질 것 같은 순간 익숙하게 활용할 수 있다. 이런 이완 호흡법은 딱 한 번만 성공해 보면 정말 효과적인 방법이라는 것을 알 수 있다.

현재 위치에서 시작하라. 가진 것을 사용하라.
할 수 있는 것을 시도하라.
– 아서 애시

화, 분노의 순간에는 장소 이탈, 눈 감고 호흡에 집중하기,
특히 이완 호흡법을 활용해 보자.

선생님을 위한 마음 챙김

화 감정이 삶의 태도가 된 학생, 이렇게 지도하세요.

늘 주변 친구들에게 버럭 짜증을 내는 학생이 있어요. 학생이 불안정하구나 하고 그냥 넘어가긴 하는데, 엊그제는 지우개를 빌린 친구에게 불같이 화를 내서 말리느라 힘들었거든요. 제가 그냥 넘어가서 계속 화를 내나 싶어 마음도 불편하고, 그날 하지 말라고 지도했는데도 반복되니 저도 지치네요.

선생님도 학생을 좀 더 많이 이해하고 싶은 마음에 그렇게 넘어간 건데, 계속 선생님께 짜증 내고 화내는 것을 보면 지도하지 않을 수도 없고 그냥 넘어가는 것도 교육적인 뚜렷한 지도 목표 과정일 때 가능한 것이지 그것이 아닌 경우에는 찝찝하고 지치죠.
일단 생활지도 및 학생 심리 쪽은 정답이 없는 것이라 참 힘들어요. 그런데 정답이 없기에 큰 기조와 방법을 알면 뭘 하시더라도 해답이 될 수 있는 것이 바로 이 영역이 아닐까 싶어요. 그래서 정답보다는, 어떤 방법들이 있는지 탐색하는 느낌으로 한번 살펴봐요. 우선 학생의 특성을 살펴봐야 할 듯해요. 어떤 분은 기질적인 특성이 중요하다, 원래 성격이 어떤가? 라고 물어보시는 분도 있지만, 저는 기질이나 성격 유형이 간혹 편견으로 작용해서 오히려 학생의 심리 상태를 오판하는 경우를 종종 봤어요. 예를 들어서 불안해서 산만한 행동을 하는데, 기질적으로 산만해서 그렇다고 판단하여 엉뚱한 처방을 한 후 학생이 변화하지 않는다고 힘들어하시는 사례도 종종 봤습니다. 요즘 ADHD라든지 이런저런 것이 있잖아요? 그런데 맥락적으로 접근하지 않고 지식 정보적으로만 대입하여 해석을 해서 더 꼬여 버리더라고요. 학생이 선생님의 눈을 마주치는 것을 얼마나 지속하지요?

저와 눈을 잘 안 마주치고 혼나기 시작하면 다른 곳을 보며 고개를 저었던 것 같아요.

학생이 눈을 잘 못 마주친다는 것은 기질적인 이유가 있을 수도 있지만, 그것은 한 자리 수의 확률이라고 생각해요. 나머지는 정서, 감정적인 부분이거든요. 학생에게 혼을 내거나 부정적인 말을 하려는 것이 아니라는 점을 전달한다 생각하고 눈을 차분히 맞춰 보세요. 학생에게 직접적으로 권유하면서 부드럽게 이야기해 주시면 도움이 돼요.
"선생님 눈을 좀 봐 줄 수 있겠니?"와 같은 직접적인 지시를 나긋나긋하게 하시는 것이 필요합니다. 그리고 미소를 띤 얼굴로 학생의 홍채가 어떤 색인지 살펴보세요. 살펴보면서 속으로는 "괜찮아, 네 눈을 좀 보고 싶었어."라고 말을 건넨다 생각하시면 됩니다.

아, 서로 안정된 마음으로 대화할 수 있다는 것을 공유하라는 말씀이군요?

네, 정확합니다! 그렇게 한 번 두 번 눈을 마

주치면 학생의 불안한 마음이 달래지고 이제 다른 감정이 올라오죠. 분명 동공의 크기나 학생의 얼굴 표정도 미세하게 편안해짐을 느끼실 수 있을 겁니다. 이 상태가 되지 않으면 어떤 것을 실행해도 의미가 없습니다. 규칙을 함께 정한다고 해도 지키지 못할 확률이 높아요. 왜냐면 규칙을 지킬 때 아이는 불안해서 아무 대답이나 했을 수도 있거든요. 규칙이라는 것 자체가 정하면 지켜야 하는 강제적인 것이라 더 그렇고요. 따라서 눈을 마주치고 편안하게 볼 수 있는 시간이 얼마나 오래되는지 체크해 보세요.

두 번째로는 학생이 짜증을 내거나 화를 내서 주변에 피해를 끼치는 순간에 이 눈 마주침을 한번 해 보세요. 그리고 묻습니다. "버럭아, 지금 화가 많이 났어? 얼마나 화가 많이 났는지 알려 줄래?" 와 같은 말로 화가 어느 정도의 크기인지 스스로 가늠하게 해 주세요. 유아나 초등 저학년 같으면 양팔을 다 벌렸을 때가 최고치의 화 수준이고, 양팔을 점점 좁히면 화의 수준이 낮아지는 것이라고 이야기해 주는 거죠. 초등 중학년부터는 10점 만점이나 100점 만점으로 표현해 보도록 합니다.

세 번째로 무엇 때문에 화가 많이 났는지 물어보세요. "버럭아, 화가 이만큼(혹은 89점)이나 났는데, 무슨 일이 있었는지 말해 줄 수 있어?" 이렇게 점수화해서 화 감정을 구체화시키고, 화가 난 이유를 탐색하도록 합니다.

네 번째, 화가 난 이유를 반영하며 공감합니다. 그리고 더 많은 감정을 탐색할 수 있도록 촉진합니다. "아, 그래서 화가 났구나. / 아이고, 화날 만했구나. / 아, 많이 속상했겠다." 와 같은 방식으로 말이죠.

이렇게 화가 난 이유와 더 많은 감정을 찾다 보면 자연스럽게 화 감정이 진정됩니다. 왜냐면 화 감정이 자기 자신에게 수용되었기 때문이죠. 수용된 감정은 더 이상 머물지 않고 강물처럼 흘러갑니다. 그리고 진짜 자신이 원하는 욕구나 감정이 그 자리를 대신하지요. 따라서 감정을 수용하고 공감하는 것이 참 중요해요. 이렇게 시도하지 않으면 절대 잘되지 않지요. 그래서 연습이 필요합니다. 그리고 마지막으로 이렇게 말해 보세요. "아, 우리 버럭이 물건을 친구가 함부로 빌려 가는 것이 속상하고 불편했구나? 그래, 그럼 이 마음을 허술이에게 전해 볼까? 어떤 말을 하고 싶어?" 라고 묻고 그것을 말하도록 해 보세요. 예를 들어 학생은 이렇게 말을 할 것입니다. "허술아, 말 없이 물건을 빌려 가는 것이 속상하고 불편해, 빌려 가고 싶으면 나에게 말해 줘." 이렇게 말할 수 있도록 천천히 감정을 따라가며 이야기하면 화 감정이 하고 싶은 말을 품격 있게 하게 되는 거죠. I-메세지가 복잡하고 절차가 복잡한 반면, 이것은 자신의 감정을 수용한 이후 그 마음과 바라는 바를 한 번에 전달한다는 면에서 더 간결하면서도 효과적입니다.

정말 그렇네요. 저학년 학생들에게 I-메시지 가르치기 힘들었거든요. 이렇게 하면 정말 더 간단하고 좋을 것 같아요.

처음에는 시간이 걸리는데, 하다 보면 점점 익숙해져서 학생들도 자신의 감정을 존중하는 법을 배우더라고요. 심지어 초등학교 저학년 학생들은 무슨 놀이하듯이 따라하곤 해요. 계속 연습하시다 보면, 결국 되게 되어 있습니다.

누군가는 풀어 줘야 하는
분하고 답답한 마음

억울 anger unfairness

* 교사의 잘못이 아닌데도, 보호자나 학생에게 오해받고

  마땅한 대응을 할 수 없어 속상하고 답답함.

* 진심으로 최선을 다했는데 불공정하게 처리되어 분한 마음,

  서운함을 넘은 분노와 원망, 어찌할 수 없는 난처함과 서러움

포털사이트에서 '억울'을 검색어로 뉴스를 검색하면 총 648,197건
이 나온다. 이는 짜증(191,138건), 슬픔(491,610건)보다는 더 많은 양
이고 우울(629,758건)과 비슷하며 분노(1,248,255건)의 절반 수준이
다(네이버, 2020년 기준). 단순히 뉴스 검색 건수로 판단하기엔 무리가
있겠지만 '억울'은 사람들에게 자주 나타나는 정서임에는 분명하며
분노, 화 감정에 기반하는 특징이 있다. 흔히 화병은 억울한 감정을
제대로 발산하지 못하고 억압하여 생기는 병으로 알려져 있다.

억울은 우리나라에만 있는 고유의 감정이다. '억울하다'는 영어로
무척 다양하게 표현되거나 길고 복잡해지는데, 맥락에 따라 전혀 다
른 단어로 해석되기도 한다. 영어로는 '불공정'이나 '우울'로 설명되
는 경우가 많고, 일본어에는 '억울'이라는 단어가 있으나 우리나라에
서 쓰는 말과 다른 뜻이다. 일본어의 '억울'은 우리가 쓰는 '우울'과
맥락적으로 비슷한 의미이다.

내가 이런 취급을 당해야 하나

"아니, 선생님! 선생님만 교사예요? 지난번 회의 시간에 말씀드렸잖아
요. 우리가 이런 상황에서 어떻게 대처하는가에 따라 모두가 함께 살든
지, 아님 함께 망하는 것이라고요. 뭐 누군 그게 싫어서 그래요? 혼자 그

렇게 튀면 나머지 사람들은 뭐가 되나요?"

갑자기 학년 부장님께서 역정을 내신다. 아마도 실시간 온라인수업 때문인 것 같았다. 난 학생과의 대면이 어려운 상황에서 어떻게든 대안을 찾아보려 했는데, 다들 반대했다. 그래도 할 수 있는 만큼까지는 해 봐야 하지 않을까 싶은 생각에 실시간 수업을 몇 번 했는데, 그것이 화근이었다.

"저는 어떻게든 학생들과 함께하는 것이 중요하다고 생각해서 하루에 한 시간만 조회 겸으로 했던 것인데, 그것도 안 되나요?"

나도 모르게 말이 나왔다. 뭔가 억울한 생각과 더불어 이 정도는 크게 문제되지 않나 싶은 마음에 말했는데, 상황은 더 나빠지는 것 같았다.

"누구는 안 그런가요? 저도 마찬가지입니다. 여기 그 정도 열정이 없는 사람이 있나요?"

열정이란 단어가 나왔다. 나 혼자 열정 있다고 한 일이 아닌데, 왜 열정이란 말이 등장하는지 모르겠다. 파렴치한으로 몰린 것 같아서 당혹스럽고 화가 났다. 그냥 고개를 숙였다. 눈물이 날 것 같았다. 억울했다. 이렇게 회의 시간에 공개적으로 비난받을 일인가. 무슨 재판받는 느낌도 들었다. 내가 왜 이런 취급을 당해야 하는지도 이해할 수 없었다.

'부장님, 그런데 왜 저에게 이렇게 말씀하시죠? 제가 무슨 재판이라도 받는 느낌인데 좀 그렇습니다.'

이 말을 내뱉고 싶었으나, 그냥 속으로 삼키고 말았다.

문제는 내가 내일부터 실시간 온라인수업을 해야 할지 말아야 할지를 고민하고 있다는 것이다. 이미 동학년 선생님들을 비롯한 다른 선생님들에게 민폐를 끼친 셈이 되었기 때문이다. 화가 나고 억울한 마음에 연구실을 나오는데 눈물이 났다. 억울함을 넘어 그 이상의 감정들이 나를 괴롭혔다.

교사는 '역정'을 내는 학년 부장의 말투와 어조, 표정에서 위압감을 느꼈다. 이런 위압감은 방어적인 태도를 취하게 하고 숨어 있는 화, 공격성에까지 불꽃을 튀게 만든다.

갑작스러운 역정에 당황스러운 것도 잠시, 학년 부장 말 속의 몇 가지 단어가 그간 참아 온 교사의 억울함을 건드리고 있다. "선생님만 교사예요?"라는 말은 질문이 아닌 비꼼이다. 이 말은 교사가 자신이 잘못된 평가를 받고 있다고 생각하게 만든다. 거기에 더해 "뭐 누군 그게 싫어서 그런가요? 혼자 그렇게 튀면 나머지 사람들은 뭐가 되나요?"라는 한마디는 참았던 억울함을 분노의 감정 에너지로 변환시키는 촉매제가 되었다.

비꼼 뒤에 오는 비난의 화살, 게다가 다른 사람들은 안중에도 없는 몰지각한 사람으로 대하는 학년 부장의 말은 교사에게 큰 상처를 주고 있는 것이다. 더 참을 수 없는 교사는 결국 그동안 자신이 타협점을 찾기 위해 고민한 시간들, 그리고 그 접점을 찾아서 했던 행위에 무엇이 잘못되었는지 항변했다. 억울의 감정은 분명 분노가 되어 버린 상태였지만, 입 밖으로 나올 때는 분노의 표현이라기보다는 최소한의 항변으로 정제되어 있다. 화를 참을 수는 없지만 억울함은 참으면서 표현한다.

부당한 평가를 받아서 분노하지만 그것을 계속 억압하면 표현되지 못한 화의 에너지가 다른 영역의 감정으로 변화하기 시작한다. 억울함에 눈물을 흘리는 것은 억울한 마음이 슬픔으로 이동한 것을 뜻한다. 부당한 평가와 비난, 사회적인 매장을 당했지만, 항변했다가는 관계가 어긋나는 것이 두려워 어떤 선택도 못하게 되는 것이다.

사회관계 속에서 일 처리를 잘못한 후배가 선배에게 지적을 당하고 우는 모습을 보이는 상황을 가정해 보자. 이런 상황에서 선배는 후배가 반성하고 있다고 섣불리 생각해서는 안 된다. 후배의 눈물은 반성의 의미일 수도 있지만, 억울과 분노의 눈물일 수도 있다. 이는 학교 내에서 교사와 학생 사이의 상황에서도 비슷하게 적용되며, 이런 상황에서는 맥락을 잘 살펴야 큰 오해를 막을 수 있다.

더 이상 그냥 두고 볼 수만은 없다

"아니, 선생님! 선생님만 교사예요? 지난번 회의 시간에 말씀드렸잖아요. 우리가 이런 상황에서 어떻게 대처하는가에 따라 모두가 함께 살든지, 아님 함께 망하는 것이라고요. 뭐 누군 그게 싫어서 그래요? 혼자 그렇게 튀면 나머지 사람들은 뭐가 되나요?"

참다 참다 한마디했다. 작년에 발령받은 선생님은 평소에 무엇이든 적극적이라 좋긴 한데, 옆 반 선생님들이 저 신규와 동학년이 되면 부담스럽다고 말하는 것을 들었다. 아니나 다를까 지난번 학년 회의에서 실시간 수업보다 온라인 학습터를 이용하자고 했는데, 그 반만 실시간 온라인수업을 하는 바람에 다른 반 보호자들의 민원이 쇄도했다.

"저는 어떻게든 학생들과 함께하는 것이 중요하다고 생각해서 하루에 한 시간만 조회 겸으로 했던 것인데, 그것도 안 되나요?"

아니, 그럼 우리가 왜 회의를 했나. 더구나 바로 미안하다고 하면 적당히 넘길 셈이었는데, 오히려 내가 무슨 사람을 잡는다는 듯이 적반하장으로 나오니 어이가 없었다.

"누구는 안 그런가요? 저도 마찬가지입니다. 여기 그 정도 열정이 없는 사람이 있나요?"

누군들 그 정도도 못 해서 그런가? 옆 반 선생님들은 업무 포털도 버거워 하시는데, 그럼 그 반은 그냥 모른 척해야 하나? 왜 이리 자기 생각만 하는 건지 모르겠다. 괘씸한 마음에 열정이란 말을 던졌지만 요즘 말하는 열정페이 잡는 꼰대가 된 느낌에 마음이 씁쓸하고 허탈했다. 내가 무슨 인민재판 하자는 것도 아니고, 협의회 결과를 무시한 것을 바로잡으려고 한 것인데, 왜 내가 꼰대가 되어야 하는지 황당했다.

'선생님, 우리는 함께 갔으면 좋겠어요. 선생님만 잘난 거 아닙니다. 다른 샘들도 한때는 다 그랬어요. 혼자만 생각하지 말아요!'

이 말을 내뱉고 싶었으나 그냥 속으로 삼켰다. 말해 버리고 속이라도 시원하면 좋으련만, 고개 숙인 선생님을 보며 한편으론 조금 과했나 하는 생각도 든다.

친절하게 대하려고 노력했는데, 오히려 무시당한 것 같아 허탈했다. 그리고 나 스스로에게도 화가 난다. 뭘 어떻게 해야 하는 걸까? 교직이 벌써 몇 년차인데, 이런 걸 고민하고 있다니 서글펐다.

억울한 후배 교사와 그가 괘씸한 학년 부장. 읽는 이의 입장에 따라 비슷한 처지에 있는 사람에게 위로의 마음이 갈 것이다. 더 많은 정보를 포함하는 상황과 맥락이 생략된 짧은 사례만으로 누가 더 옳고 그른지 따지는 것은 의미가 없다. 이 대화를 주고받는 사람들이 느끼는 감정과 속내를 들여다보면서, 만약 비슷한 상황을 맞닥뜨린다면 어떻게 해야 갈등을 효과적으로 풀 수 있을지 따져 봐야 한다. 그 시작점을 감정에서 찾는다면 보다 슬기롭게 문제를 해결할 수 있을 것이다. 언뜻 보면 이 대화에서는 해결할 단초가 되는 공통분모가 없어 보인다. 그것은 말의 내용에만 집중했거나, 읽는 이의 경험에 기댄 판단이 앞서기 때문일 것이다.

후배 교사의 입장에서는 '역정'의 내용보다는 학년 부장의 말투, 표정, 어조가 정보를 차단시킨다. 즉, 마음을 방어적으로 만든다. 이렇게 되면 상대가 지적하는 말의 핵심을 찾기 어렵다. 이런 상황이 되었을 때는 잠시 생각을 멈춰야 한다. 그리고 상대가 무엇을 원하는지 곰곰이 따져서 말을 이어 가야 한다. 그래야 파국으로 치닫지 않는다. 그럼 학년 부장은 도대체 왜 저런 말투로 말했을까? 다른 것은 몰라도 첫 단어 '아니'에서 그 힌트를 찾을 수 있다. 학년 부장은 속으로 지난번 회의 시간에 했던 말을 한 것뿐이라고 생각할 것이다. 그런데 '아니'라는 두 음절에는 중요한 정보가 녹아 있다. 이미 화가 났지만 그것을 참고 말을 시작하려니 '아니'라는 두 글자에 화 감정을 담게 되는 것이다. 후배 교사는 학년 부장의 '아니'라는 말에서부터 당황스러움을 느끼며 방어적인 태도를 갖게 된다. 그래서 그 뒤의 해명이 학년 부장을 더 화나게 만든다.

사실 학년 부장은 후배 교사가 협의한 대로 하지 않아서 화가 나기도 했지만, 부장으로서 겪게 되는 곤란함, 난처함 등을 설명하고 싶었을지도 모른다. 후배 교사가 사과를 하거나 의견을 더 나누자고만 했어도 더 화가 나지 않았을 텐데, 나름 참았던 감정이 어이없음과 만나 더 크게 올라오고 있는 것이다. 그 순간, 마음속 잠금장치가 풀리며 학년 부장은 젊은 시절 자신의 모습과 후배 교사의 모습을 비교한다. 학년 부장의 핵심 가치인 '열정'이 떠올랐다. 나도 당신처럼 열정이 있다고 항변하고 싶었을지도 모른다. 처음 동학년이 되었을 때 다짐했던 존경받는 좋은 부장, 멘토가 되고 싶은 마음 위에 '나도 너만큼은 한다. 아니, 했던 사람이다'라는 억울한 마음이 살포시 올라온다. 그런데 고개를 숙이고 눈물을 떨구는 후배 교사를 보니, 자신이 꼰대가 된 것은 아닌지 자책을 하게 된다.

이렇게 본래의 마음 위에 덮인 억울한 마음이 사라지면, 당황스럽고 스스로를 탓하게 된다. 복잡한 대화 속 감정의 실타래는 사람을 어색하게 만들었고 패기 있던 방금 전 상황과는 다르게 진심을 전달할 용기도 사라졌다. 입속에서 맴도는 '선생님, 우리 함께 갔으면 좋겠다'는 말은 꺼내지 못한다. 한꺼번에 많은 감정이 느껴지면 말이 맴돌기 마련이다. 그리고 다시 본인을 탓하며 이 사태를 갈무리한다.

자세한 복기 없이 상황을 본인 탓으로 돌리는 것은 문제의 진짜 원인이 무엇인지를 모른다는 뜻일 수 있다. 이럴 때마다 문제의 원인을 보려 하지 않고 자책하며 자기 연민에 빠진다면 이런 문제는 또다시 반복될 것이다. 이런 상황에서는 자기 연민에 빠지기 전에 상대가 어떤 기분일지를 떠올려 보는 것이 더 낫다. 물론 상대의 마음을 맞힐 수는 없을 것이다. "나 같으면 안 그랬다!"라는 생각이 치밀어 오른다면 아직 화가 덜 풀린 것이다. 화가 좀 가라앉고 난 후, 자책이 드는 스스로를 되돌아보는 시간이 필요하다. 그 이후에 후회가 되는 것을 상대에게 솔직히 전한다면 기 싸움이 아닌 마음을 주고받는 것으로 관계를 회복해 나갈 수 있을 것이다.

아니, 왜 내 말을 안 믿으시지?

"선생님, 저희 아이에게만 유독 엄하게 하시는 건가요? 아이가 그렇게 잘 못하나요? 학교에서 선생님이 자기만 안 좋아한다고 학교 가기 싫다는데 왜 그런 거죠?"

학부모 상담에 뭔가를 작심하고 온 듯 보호자가 내뱉은 말에 머릿속이 하얘지면서 당황스러웠다.

"무슨 말씀이세요? 제가 유독 엄하게 하다니요. 그리고 학교 가기 싫다니요?"

마음 깊은 곳에서 무엇인가가 올라오는 것이 느껴지고 심장도 떨려 오지만 가늘게 심호흡을 하고서는 간신히 말했다. 솔직히 그 학생은 내가 다른 학생들보다 더 친절하게 대했으면 대했지 엄하게 했다 하니 당황스러웠다. 다른 학생들보다 유난히 더 떼를 쓰고 수업을 방해하는 행동이 많아서 좋게 달래다가도 안 되기에 목소리에 힘을 줘서 "그만 하세요!"라고 친절하지만 단호하게 했던 것 말곤 없었다.

"아이가 아침만 되면 학교 가기 싫대요. 선생님이 무섭다면서요. 뭘 잘못했는지 알려 주세요! 작년 선생님은 아이가 너무 좋아했는데 말이죠. 올해 아이가 좀 이상해졌어요."

억울했다. 그간 학생의 행동을 기록해 놓은 것을 꺼내서 보여 드려야 하나 싶은 생각이 들었지만 학부모 상담 연수에서 강사 선생님이 그런 것은 조심해야 한다고 해서 참고 있었다. 그러나 이미 내 손은 그 기록부를 만지작거리고 있었다. 아이가 잘못한 것을 말해 달라 하시지만 어조는 분명 항의였다. 게다가 작년 선생님까지 들먹이는 건, 정말 참을 수가 없었다.

"무슨 말씀이세요. 아이는 너무 밝게 지내고 있어요. 그런데 이렇게 말씀하시니 좀 당황스러워요. 뭘 하자고 하면 떼를 쓰고 말하니 제가 잘 이야기하다가 안 통해서 한 번쯤 목소리에 힘을 주어 말한 것 말곤 없어요."

사실 이 정도 말한 것도 엄청난 자제력을 발휘한 거다. 있는 그대로 더 말했다가는 일이 어떻게 확대될지 몰라 참았다. 무엇인가 말하려다가 꾹 참는 보호자의 모습이 보인다. 그냥 이 정도에서 정리하고 어떻게든 훈훈하게 마무리해야 하는데, 이미 서로의 감정이 드러났기에 어떻게 해야 할지 감이 잡히지 않는다. 황당함을 넘어서 드는 억울한 마음을 어떻게 해야 할지도 모르겠다. 상담이 끝난 후에도 답답함은 쉽게 해결되지 않았다.

교사는 당황스러웠을 것이다. 좋게 말해 당황이지, 황당하고 화가 낳을 것이다. 보호자가 내뱉은 말 속의 '화'와 '짜증'이 빠르게 교사의 영혼에 상처를 내고 있다. 이때 교사는 어떻게 대응해야 할지 몰라 머릿속이 하얘지면서 본능적으로 방어적인 태도를 취한다.

"무슨 말씀이세요?"라고 묻는 형식을 취했지만, 이 말은 강한 부정의 의미를 지니고 있다. 사실 교사가 하고 싶은 말은 이게 아니었을 것이다.

만약 교사의 머릿속이 하얘지지만 않았다면 "아, 아이가 그렇게 느끼고 있나요? 어떻게 이야기했나요? 저도 의외라서 더 자세히 알고 싶어요."라며 보호자의 화 감정을 일단 수용하고 진정시켰을 것이다. 그러나 교사의 태도가 방어적으로 바뀌는 순간 부정의 말이 먼저 나가서 상대방의 화에 기름을 붓는다. 교사가 시시비비를 가리는 말을 함으로써 옳고 그름, 맞고 틀리고를 따지는 대화가 되어 버렸다. 시시비비를 가리는 말, 즉 '무슨 말씀이시냐'라는 패턴의 대화는 사실관계를 따지는 말이다. 이렇게 사실관계를 따지고 들면 그 사실이 맞는지 틀렸는지부터 옳았는지 여부까지 사사건건 판단하게 된다. 그렇게 날을 세워 대화하다 보면 결국 서로 상처받고 분노하게 된다. 어쩌면 교사는 보호자의 이런 패턴에 이미 질려 있거나 단호하게 거절하기 위해서 그랬을 수도 있다. 그러나 친절하면서도 단호하고 싶은 마음과 달리, 자칫 신뢰 관계마저 깨질 위기에 놓일 수도 있다. 사실관계 파악에 집중하면 방어에는 아주 효과적이지만 상대와의 신뢰 관계는 허물어지기 쉽다.

교사는 이 말을 내뱉고 나서 상황 판단을 하기 시작했다. 즉 교사도 뭔가 참고 있었다는 증거다. 싸우거나 도망가는 것 중에서 싸움을 선택한 형국이다. 교사는 심호흡을 통해 이탈된 대화를 빠르게 본궤도로 돌려놓으려 애쓰고 있지만 쉽지 않다. 이미 그의 마음에 스크래치가 잔뜩 났기 때문이다.

"아이는 너무 밝게 지내고 있어요. 그런데 이렇게 말씀하시니 좀 당황스러워요. 뭘 하자고 하면 떼를 쓰고 말하니 제가 잘 이야기하다가 안 통해서 한 번쯤 목소리에 힘을 주어 말한 것 말곤 없어요."

황당하고 억울한 심정을 느끼는 상황에서도 교사는 사실관계를 객관적으로 담담하게 잘 전달했다.

만약에 여기서 보호자가 물러서지 않고 더 화를 냈다면 분명, 이 말로 인해 큰 다툼으로 번졌을 것이다. 화가 풀리지 않는 보호자는 커뮤니티 게시판에 그 화를 풀 수도 있으며 이는 또 다른 문제를 만들 수 있기 때문에 사실관계의 말들은 대부분 효율적이지 않다.

그렇다면 이 상황에서 보호자의 심리는 어떠했을까?

억울하고 속상함을 말하려다 꼬여 버린 말

"선생님, 저희 아이에게만 유독 엄하게 하시는 건가요? 아이가 그렇게 잘 못하나요? 학교에서 선생님이 자기만 안 좋아한다고 학교 가기 싫다는데 왜 그런 거죠?"

며칠 동안 밤잠을 설쳤다. 학부모 총회 때 본 선생님의 모습은 참 친절하고 성격도 좋아 보였는데, 우리 율무가 요즘 자꾸 학교 가기 싫다고 떼를 쓴다. 이유를 물어보니 선생님이 율무에게만 무섭게 대한다고 한다. 왜 그런지 이유를 알 수 없어서 며칠 계속 고민하다가 학부모 상담에 와서 그냥 확 이야기하고 말았다. 첫마디 꺼내기가 힘들었는데 꾹꾹 참다가 말이 나오니 내 목소리가 점점 강하게 떨리며 커짐을 느꼈다.

"무슨 말씀이세요? 제가 유독 엄하게 하다니요. 그리고 학교 가기 싫다 니요?"

선생님도 당황하셨는지 목소리가 살짝 떨리는 것이 느껴지자 내가 잘못 말했나 싶은 생각이 스쳤다. 하지만 그보다도 선생님이 우리 율무에게 부당한 대우를 한 것이 아닌가 하는 의심이 더 커졌다. 율무가 솔직히 떼를 쓰는 경향이 있긴 하다. 하지만 항상 그러는 건 아닌데, 선생님은 아이가 매번 떼를 쓴다고 하니 우리 아이를 잘 모르시는 거 아닌가 싶었다. 타이르듯 이야기하면 잘 듣는 아이인데, 아이도 많이 억울하겠다는 생각이 들었다.

"아이가 아침만 되면 학교 가기 싫대요. 선생님이 무섭다면서요. 뭘 잘못 하는지 알려 주세요! 작년 선생님은 아이가 너무 좋아했는데 말이죠. 올해 아이가 좀 이상해졌어요."

선생님이 자꾸 수첩을 넘기면서 뭔가를 말하려고 한다. 아이가 잘못한 것을 적어 두었나 싶은 생각에 불쑥 화가 났다. 작년 담임 선생님은 아이가 잘 따르고 좋아했는데. 올해 선생님도 처음에는 좋아 보였는데, 좀 융통성이 없어 보인다. 그러다 보니 율무가 스트레스를 받은 거 아닌가 싶고 한번 항의하기 시작하니 나도 뭔가 걷잡을 수 없이 화가 커졌다. 의도

하지 않게 세게 나가니 생각하지도 않은 말들이 마구 나왔다.

"무슨 말씀이세요. 아이는 너무 밝게 지내고 있어요. 그런데 이렇게 말씀하시니 좀 당황스러워요. 뭘 하자고 하면 떼를 쓰고 말하니 제가 잘 이야기하다가 안 통해서 한 번쯤 목소리에 힘을 주어 말한 것 말곤 없어요."

선생님은 아이가 밝게 지내고 있다고만 말한다. 같은 반 학부모들에게 들은 내용도 있고, 아이가 말한 것과는 차이가 있는데, 본인 잘못이 아니라는 식으로 말하니 좀 실망스러웠다. 문제의 본질은 빼 버리고 내 잘못 아니라는 것만 강조하는 것 같았다. 며칠 전 몇몇 학부모들과 차 한 잔 마시다가 들은 이야기를 할까 하다가 그냥 참았다.

다른 엄마들로부터 우리 율무가 학교에서 유독 많이 지적을 받는다는 말을 들었다. 아이들이 집에 와서 학교 이야기를 하는데, 대부분 우리 아이가 선생님께 떼 쓰다가 혼난 이야기라는 것이다. 올해 처음에는 선생님이 너무 좋다고 했던 아이의 모습이 오버랩되었다. 계속 참고만 있으면 안 될 것 같아서 용기 냈다. 속상한 마음에 화가 나서 말을 던지고 말았는데, 너무 나간 거 같긴 하다. 뭔가 잘못된 것 같은데, 어떻게 풀어야 할지 모르겠다.

겉으로 보면 보호자가 교사에게 항의하는 것으로 보인다. 그런데 한 발짝 뒤에서 살펴보면 같은 상황을 서로 다르게 해석하고 있다. 보호자 감정을 살펴보면 어떤 지점에서 달라지는지 알 수 있다.

보호자는 교사가 자신의 아이에게만 유독 엄하게 하는 것으로 결론 내렸고(교사와 다른 지점), '아이가 학교생활을 잘 못하면 어떻게 하나?' 하는 걱정과 불안이 있으며 아이의 '학교 가기 싫다는 말'에 대한 당황스러움이 튀어나온 것, 혹은 하소연하는 것으로 볼 수 있다. 교육 전문가인 교사에게 의견을 구하기 위해 하소연할 수는 있다. 그러나 보호자는 하소연을 하소연으로 하지 못하고, 마음속에서 맴도는 불안과 걱정, 당황스러움을 어떻게 해야 할지 모르는 상태이다. 이때 표현하지 않으면 안 될 것 같은 조바심이 생겼고 어떻게 말할지 모르는 상황이다 보니 말이 더 세게 나왔다. 참았던 것을 말하다 보면 이처럼 감정은 용수철처럼 튀어나온다. 교사 입장에서는 작년에 아이에게 문제가 없었는데, 올해 문제가 생겼다는 말이 자신의 능력을 폄훼하는 말로 들린다. 그러나 보호자는 이런 교사의 입장을 생각할 여유가 없고 자신의 생각이 틀림없다는 것만 강조한다. 이는 결과적으로 이번 상담에서 문제를 해결해야 한다는 조급함이 가져오는 악수 중의 악수가 되었다. 상담이 뭔가를 담판 짓는 자리도 아닌데, 어쩌다 담판을 짓는 상황처럼 되어 버렸다.

보호자는 교사가 만지작거리는 수첩을 보며, 아이의 잘못한 점만 적어 놓은 것은 아닌지 더 불안해지고 더 방어적이 되어 상대를 제압하고자 하는 마음을 갖는다. 교사는 아이가 잘 지낸다고 말하는 것으로 이 상황을 갈무리하지만, 보호자는 왠지 대화가 깔끔하지 않게 급마무리된 것 같아 씁쓸하다. 찜찜한 마음은 또 다른 불안을 야기한다.

이 보호자에게 생긴 억울함의 본질은 무엇일까? 학생을 통해 보호자에게 전달된 부정확한 정보와 보호자의 불안이 겹쳐서 교사에 대한 학기초 기대가 실망과 불신으로 바뀌었다. 여기서 중요한 것은 학생이 무엇 때문에 그렇게 이야기했는지, 학생이 어떤 모습으로 변화할 수 있는지, 어떻게 하면 이 상황을 해결할 수 있는지에 대한 방향성이 대화에 없었다는 것이다. 더러 교사에게 화풀이를 하러 오는 보호자도 있지만, 대부분의 보호자는 교사에게 화풀이를 하려고 학부모 상담을 신청하진 않는다. 대화 중 본인도 당황스러워서 어떻게 표현해야 할지 모르는 경우도 많다.

이 사례의 보호자가 교사에게 진심으로 말하고 싶었던 것을 한 문장으로 표현한다면 무엇일까? 일반 심리상담에서는 다양한 감정 속에 숨어 있는 욕구를 찾는 것이 무척 집중해야 하는 일이지만, 학교에서 만나는 보호자의 핵심 욕구는 대개 비슷비슷하므로 의외로 그 욕구를 쉽게 파악할 수 있다. 아마도 보호자가 하고 싶었던 말은 이러했을 것이다.

"우리 아이가 학교생활을 잘했으면 좋겠습니다. 그런데 잘 안 되고 있어서(혹은 방법을 몰라) 당황스러워요! 교육 전문가인 선생님께서 좀 도와주세요."

자신이 원하고 말하고자 하는 것의 핵심을 상대에게 제대로 전달하는 것이 대화의 목적일 것이다. 그런 대화는 오해가 생기지 않는다. 그러나 일상에서 내가 바라는 것, 원하는 것을 스스로 인식하고 그것을 표현하는 것은 쉽지 않은 일이므로 연습이 필요하다. 이런 연습을 통해 자신과 상대에게 느껴지는 감정과 바라는 것이 무엇인지를 인식해야 한다. 그러나 너무 억울해서 화가 나는 급한 상황에서도 자신의 감정을 왜곡되지 않게 표현하는 것은 참 어려운 일이다.

'억울'은 어디에서 올까

과거 조선 시대에는 태종 때부터 신문고가 운영되었고, 정조 때에는 격쟁(擊錚-왕의 행차 시에 징이나 꽹과리를 울려 억울함을 호소하던 제도)처럼 글을 모르는 일반 백성도 억울함을 풀 수 있도록 한 제도가 있었다. 『조선왕조실록』에는 3753건, 『승정원일기』에는 4796건의 문서에서 '억울'이라는 단어가 사용되었는데, 대개 '000가 억울함을 호소하여 다시 심의하게 하였다.' 내지는 '백성들의 억울함이 없도록 하기 위해서 재심이나 사면 등을 취했다.'는 내용이라고 한다. 억울은 수직적인 문화나 구조 속에서 자주 보이는 억압된 마음으로, 잘 풀어 주어야 한다는 의식이 있어 왔다. 또한 원통하고 억울하면 죽어서도 구천을 헤맨다고 믿는 집단 무의식이 오래전부터 존재해 왔다. 이렇듯 억울은 우리 문화에서는 익숙한 고유 감정이다. 기본적으로 화 감정과 유사하며 한국인의 심리학에 관하여 연구한 최상진(2000)은 억울을 다음과 같이 정의하였다.

"억울한 마음은 부당한 피해를 당했다는 사실에 대해 수용하기 어려운 마음의 상태이다."

억울의 3가지 핵심 요소는 '피해 당사자, 부당한 피해, 이후 예상되는 결과에 대한 거부감'으로 정리할 수 있다. 피해 당사자가 아닌 타인의 피해에 대해 억울한 감정이 생겨나지는 않는다. 부당한 피해라는 주장의 표면적 근거로는 사회적 정의를 든다. 그러나 본질적으로는 억울함을 토로할 때 자신이 당한 부당한 피해와 그로 인해 예상되는 결과에 대한 감정을 언급한다. 예를 들어, '내가 얼마나 배려를 했는데.', '어떻게 부장님이 나에게 그럴 수가 있지?', '아니, 내가 뭘 그렇게 잘못했지? 정말 최선을 다했는데.', '도대체 내가 어디까지 해야 하는 거지?'와 같은 속마음처럼, 상대가 어떻게 생각하든 자신의 행위는 정당하다는 메시지가 내재되어 있는 것이 억울한 감정이다.

억울은 분함, 화나는 마음들이 뒤섞인 것으로 자신이 부당한 대우를 받은 것에 대해 마음이 아픈 상태이다. 화, 분노의 성격을 지니고 있으며 자신보다 권력이나 힘이 강하다고 인식되는 상대가 부당하다 생각되는 피해를 줄 때, 혹은 피해 이후의 결과를 거부할 때 발생된다. 억울을 느끼는 사람의 마음속에서는 어느 정도 자신의 책임을 인정하면서도 한편으로는 다른 이유를 근거로 자신이 피해를 볼 순 없다는 이중 심리도 작용한다.

억울과 동반되는 감정에는 화, 분노 이외에 '답답함'이 있다. 답답함은 표현되지 못하는 자신의 심정이 생리적인 반응으로 나타나는 것이다. 답답함은 어떻게 표현해야 할지 몰라서 생기기도 하지만, 스스로 표현을 억압하면서 생기기도 한다. 너무 억울해서 상대가 받아들여 주지 않을 거라 예상되거나, 상대와의 관계를 유지하기 위해 억울함을 참는 경우 답답함을 느끼게 된다. 결국 억울을 느끼는 사람이 자신과 상황에 대한 답답함을 느끼고, 부당함에 뒤따라오는 결과를 떠올리면서 심장이 두근거리고 눈시울이 붉어진다. 따라서 억울함을 제대로 표현하지 못하거나 뜻대로 되지 않을 때 서럽게 울거나 이판사판 식으로 상대에게 크게 화내며 싸우게 되는 것이다. 즉 억울함

속에는 자신이 부당한 일을 당하는 것에 대해 화가 난 감정이 응축되어 있다.

자신이 상대보다 힘이 약하다고 생각하는 사람이나 다른 사람들과의 관계를 중시하는 사람의 경우 억울함을 자주 느낄 가능성이 크다. 상대와의 관계를 끊을 수 없다 보니 피가 끓어오르도록 화가 나도 상대에게 표출할 수 없고, 그러다 보니 계속 참게 되는 감정이 '억울'이다. 자기 나름의 기준에서는 최선을 다한 일에 대해 정당한 보상을 받지 못했다고 여겨질 때에도 억울함을 느낀다.

억울함이 내 마음속에서 더 당당해지려면

사람들로부터 오해를 받으면 당황스러울 것이다. 그 이후에는 억울한 마음이 들 수 있다. 오해받는 것도 당황스러운데 심지어 그 내용이 부당하기까지 하다면 억울함은 더욱더 커진다. 부당함은 내가 느끼는 피해이므로, 내가 잘못이 있다고 해도 온전한 내 잘못은 아니기 때문에 부당함과 피해를 그대로 수용할 수 없다고 생각하게 된다. 그런데 이런 생각이 지속되다 보면 자신의 피해를 막연하게 확대해석하는 오류를 범할 수도 있다. 대부분의 억울함은 화 감정을 동반하기 때문에, 억울함을 느낄 때 상대의 상태나 본인의 상황에 둔감해진다. 그렇게 되면 논리정연하게 대화하기보다는 감정적으로 대처하게 되어 감정 싸움을 하거나 실수할 가능성이 크다. 그러므로 억울함이 느껴질 때에는 부당하다고 여겨지는 것이 정확히 무엇인지 자세히 살펴야 한다. 그리고 어떤 면에서 피해를 입는지, 자신이 감당할 수 있는 피해 수준은 어느 정도인지 등을 찬찬히 살펴본 후에 대화를 이어나가는 것이 효과적이다.

억울함을 표현할 때
나에게 예상되는 피해가 무엇인지 세부적으로 파악하자.

억울함이 크다면 자연스레 표현을 하게 된다. 누가 봐도 내가 잘못한 일이 아닌데, 내 잘못으로 오해받는다면 억울함을 표현하는 데 주저하지 않을 것이다. 그러나 문제가 되는 것은 눈에 잘 띄지 않는 소소한 억울함이다. 소소한 일에서 억울함을 느끼는 일이 잦으면 자신도 모르게 마음에 상처가 생기고 이것이 쌓이면 큰 문제가 발생할 수 있다. 가령, 초임 시절부터 조퇴 한 번 쓰지 않고 성실하게 근무해 온 교사가 어쩌다 일이 생겨 처음 금요일 조퇴를 쓰는 상황에서 따가운 시선을 받는다고 느껴지면 교사는 억울함을 느낄 것이다. 교사에게는 연가 사용의 권리가 있으므로 따가운 시선을 받을 이유가 없는데도 저경력 교사일수록 분위기에 압도당하는 것은 교직 문화에서 부정할 수 없는 부분이다. 평소 성실하게 최선을 다하며 노력해 온 생활이 금요일 조퇴 한 번으로 인해 통째로 부정당하는 느낌을 받는다면 무척 불편할 것이다. 그런데 사실, 이런 따가운 시선의 느낌은 어쩌면 자기 스스로 느끼는 것일 수도 있다. 누가 노골적으로 준 것이 아닐 수도 있으므로 더욱 혼란스럽다. 이런 경우는 근무 상황으로 교사를 평가하는 교직 사회 분위기의 영향 때문일 수도 있다. 요즘에는 이런 분위기가 많이 사라졌고 지역이나 학교급에 따라 다르겠지만, 조직의 권위와 개인의 권리가 충돌했을 때 불편함과 피해가 더 큰 쪽은 개인의 권리일 확률이 높다. 따라서 이런 상황에서 불편함을 느끼는 교사는 소소한 억울함들을 참고 억제한다. 그리고 이 억울함을 표현해야 할지 말지를 고민하며 자신의 권리 행사에 너무 오래 마음에너지를 쓰는 것이다. 억울한 느낌을 표현하지도 못하고 머릿속으로만 곱씹고 있다면 다음의 질문에 스스로 대답해 보자. 그리고 점수로 따져 보자.

내가 억울한 것을 표현하지 못하는 이유는
상대와의 관계 보호를 위해서인가?
불이익을 받을 것이 걱정되어서인가?
억울함이 거부될 것을 두려워하는 것인가?

자신이 중시하는 가치가 무엇인지 살필 기회가 되며, 이는 곧 자신의 감정을 돌보는 일이 된다. 또한 이 질문에 대답하다 보면 억울을 풀기 위한 말을 하면서 좀 더 자신의 표현에 확신을 갖고 말하게 된다. 한편, 억울함을 말하지 않는다 하더라도 나쁠 것은 없다. 왜냐하면 자신의 불편한 감정에 대한 처리, 즉 자신의 감정에 따른 행동을 스스로 선택했으므로 더 이상 불편한 감정이 자신의 마음에서 맴돌지는 않을 것이기 때문이다. 자신의 감정에 대한 행동을 선택하는 기준을 제공하는 것으로, 이는 자신의 감정이나 정서에 대한 효능감을 높여 준다.

대부분의 불편한 감정들은 바로 표현해야 하며 누구에게라도 수용되어야 해결된다는 공통점을 가지고 있다. 화 감정과 같은 속성을 지닌 억울도 마찬가지이다. 억울이 관계적 문제 때문에 풀리지도 않고 수용되지도 않는다면 시간이 지날수록 무기력이나 우울함으로 변화되어 정신 건강에 나쁜 영향을 미칠 수 있다. 그렇다면 상대와 직접적으로 부딪치지 않으면서 억울함을 해소할 수 있는 현실적인 방법은 무엇일까? 바로 간접적인 해소, 즉 제3자에게 표현하여 수용받는 방법이다. 글을 쓰는 것도 하나의 방법이 될 수 있다. 실제로 직장인 커뮤니티 익명 게시판 대부분의 글은 억울함을 호소하는 것이다. 상담 센터를 찾아 이 감정을 해결하는 방법도 있다. 상담 센터의 상담자에게 억울함을 이야기하다 보면 억울의 감정을 해소할 수도 있지만, 무엇보다 억울을 느끼게 된 사건에 대해 보다 객관적이고 입체적으로 파악할 수 있다는 이점이 있다. 억울함을 느끼는 사람들의 하소연을 들어 주는 이들은 대개 정해져 있다. 보통 거부당하지 않을 사람에게 감정을 표현하게 되어 있기 때문이다. 절친한 친구, 동료 교사, 유대감이 깊은 사람은 억울한 상황이나 사건에 대한 객관적인 평가와는 별도로 억울한 심정에 공감해 주기 때문에 수용받는다는 느낌이 들고 억울함도 어느 정도 풀릴 것이다. 그러나 유사한 사건이 반복된다면 문제는 달라진다. 즉 억울한 성격의 사람이 되어 버리는 경우이다. 날씨를 기후라고 하지 않는 것처럼, 감정은 한 개인의 성격이 될 수 없다. 순간적이고 일시적인 감정인 억울함이 삶의 방식이 되기는 어려운데, 간혹 감정이 성격으로 굳는 경우가 있다. 늘 억울해하는 사람, 늘 화가 나 있는 사람, 늘 우울한 사람이 바로 그런 경우라 할 수 있다. 왜 이런 상황이 생길까? 감정은 계속 변하고 움직이며 마음속을 돌고 도는 속성을 지녔음에도 불구하고, 자신을 한 가지 감정으로만 설명하기 때문이다. 감정은 신체 감각기관에 의한 반응이기도 하고, 인지적 작용으로 선택된 것이기도 하며, 문화적으로 학습되는 것이기도 하다. 따라서 감정에는 다양한 원인이 있으며 한 가지 감정만 머무르는 것이 아니라 금세 다른 감정이 자리 잡기도 한다. 그런데 한 가지 감정만 사용하여 성격처럼 보인다는 것은 그만큼 사고가 유연하지 못하다는 뜻이다. 이런 경우 문제 상황의 해석이나 대처 능력이 떨어질 가능성이 크다.

늘 화나 억울함만 표현하여 그런 성격으로 보이는 사람의 경우, 처음에는 주변 사람들이 이야기를 들어 주며 불편함을 덜어내도록 도와주었을 것이다. 그러나 매번 주변 사람들에게 화나 억울한 감정 분풀이를 한다면 주변 사람들은 '아, 이 사람은 원래 성격이 이런가 보다.' 하고 더 이상 신경 쓰지 않게 될 수도 있다. 좋은 이야기도 반복적으로 듣게 되면 질리는데, 다른 사람의 불편한 감정을 반복적으로 경청해 줄 사람은 세상에 그리 많지 않다.

억울함과 같은 불편한 감정이 느껴질 때에는 우선 스스로가 그 감정을 수용하고 돌아보아야 한다. 만약 그것이 어렵다면 다른 사람에게 수용되면서 자신의 마음속에서도 돌볼 수 있는 여유를 찾는 것이 필요하다. 이는 앞서 이야기한 감정 분풀이와는 품격이 다르다. 수용 단계 이후에 불편한 감정이 생긴 원인에 대해 다양하게 분석해 보고 이를 해결하기 위한 작은 행동들을 실천한다면, 또다시 비슷한 일이 일어나고 불편한 감정이 생긴다 하더라도 그것을 해결하는 어려움은 점점 덜해질 것이다. 사실 억울은 주관적인 평가이다. 따라서 자신이 결정적인 잘못을 한 것은 아닌지, 다른 사람들이 모르는 핑계나 변명이 자신의 안에 자리 잡고 있는 것은 아닌지도 살펴봐야 한다. 그런 부분이 있다고 해서 스스로 부끄러워하기보다는, 그럴 수도 있다고 자신을 위로해 줄 필요도 있다. 스스로가 부족한 점을 인정하고 애쓰고 있다는 것을 수용할 때, 더 당당해질 수 있으며 삶에 대한 만족감을 높일 수 있다.

억울함이 느껴질 때는 잘 돌아봐야 한다.
핑계 삼고 회피하는 것이 없는지 살펴본다.
그럴수록 억울함은 내 마음속에서 더 당당해진다.

선생님을 위한 마음 챙김

억울함을 돌보고 슬기롭게 푸는 법

선생님, 저는 정말 열심히 지도했는데, 학생은 자꾸 자기만 지적한다고 저를 싫어해요. 싫어하는 것까진 상관없는데 수업에 잘 참여하지 않아서 더 심해질까 봐 걱정이거든요. 보호자님은 저를 믿고 따라오는 눈치였는데 아이 말을 듣고는 "선생님이 좀 심하네!"라고 했다는 거예요. 지도를 안 하고 그냥 지나치기에는 교사로서의 양심에 걸리고 찜찜한데, 정말 어떻게 해야 할지 모르겠어요.

요즘 정말 이런 고민들을 많이 하시네요. 예전에는 저경력 선생님들이 이런 고민을 많이 하셨는데, 최근에는 경력 20년이 넘는 선생님들도 이런 고민들을 많이 하시면서 해결책을 구하시더라고요. 유치원 선생님들은 더 심하게 억울해 하시고요. 유아들은 인지발달의 초기 단계라 기억력도, 판단력도 자기중심적이잖아요. 그래서 보호자들에게 많이 오해받고 억울해 하시더라고요. 중등 선생님들은 성적, 진학과 진로지도 관련해서 억울함을 많이 경험하시고요. 적성과 능력에 맞는 진로지도를 위해 노력했는데, 보호자 중 일부는 무성의하다고 자녀의 성적이나 적성을 인정하지 않는다는 것 때문에 이야기를 나누다가 버럭 화를 내고 가기도 하신다고 해요.

유치원부터 중고등학교까지 선생님들에게 이런 억울함들이 쌓여 가는군요. 경력이 20년 다 되어 가는데, 완숙기에 접어들어야 할 교사 생활이 점점 자신감도 없어지고 자존감도 떨어지는 것 같아요. 어떻게 해결할 수 있을까요?

이런 상황을 겪으면 누구나 자신감과 자존감이 떨어지죠. 학교생활에 대한 효능감도 낮아지고요. 이 억울함을 어떻게 해결하면 좋을지 몇 가지 말씀드려 볼게요. 선생님의 상황과 맞는지 한번 따져 보세요.

일단 선생님께서 점검해야 하는 것이 있습니다. 바로 학생의 욕구가 무엇인지를 체크해 보셔야 해요. 학생이 선생님의 '지도'를 '지적'으로 인식하는 것은 그 학생의 숨어 있는 욕구가 강하게 작용하고 있다는 뜻입니다. 보통 초등학교 4학년 이전까지는 선생님이 관심을 갖고 지도하면 학생들이 선생님께 사랑받는다 생각해서 지도받는 것 자체를 좋아하거든요. 그런데 그렇지 않다는 것은 무엇을 뜻하는 것일까요? 일반적이지 않다는 것은 더 파악해야 하는 숨어 있는 것을 보면 실마리를 찾을 수 있다는 뜻이죠. 다시 말해 학생의 욕구에 대해서 좀 더 정확하게 파악해 볼 필요가 있다는 것입니다. 자, 우리 한번 그 학생을 떠올려 볼까요? 평소 선생님의 시각이 아니라 TV 프로그램 관찰 카메라의 시각으로 볼게요. 그 학생은 무엇을 원하고 있던가요? 그 학생은 무엇을 말하고 싶은 것일까요? 선생님께서 놓친 것은 혹시 무엇이 있었을까요?

아, 생각해 보니 그렇네요. 그 학생은 학습을 잘하고 싶은 것보다는 교사인 저에게 인정받고 싶은 욕구가 큰 것 같아요. 그리고 학급에서 자신이 좀 돋보이고 싶은 것도 큰 것 같고요. 와, 갑자기 어떤 느낌이 확 스치듯 지나갔는데…… 학생의 욕구가 무엇인지 살펴보지 못한 것이 '아차!' 싶었습니다.

선생님, 저도 늘 그래요. 누구나 마찬가지죠. 그래서 이렇게 제3의 시각을 가진 사람과 함께 이야기하는 것이 의미가 있어요. 그 상황 속으로 들어가면 원래 잘 안 보여서 놓치게 되거든요. 자, 그럼 이번에는 선생님의 차례입니다. 왜냐하면 대화는 혼자 하는 방백이나 독백이 아니니까요. 선생님, 교실 속에서 선생님의 욕구는 무엇인지 물어봐도 될까요?

음…… 뭔가 평범한데 좀 본질적인 질문이라 갑자기 정신이 확 듭니다. 저는 제가 잘 지도해서 이 학생이 잘 성장했으면 좋겠다는 욕구가 있어요. 그리고 솔직히 말씀드리면, 부끄럽지만 제가 이런 학생도 잘 지도하여 성장시킨다는 것에서 자부심과 뿌듯함도 느끼고 싶어요.

네, 말씀해 주셔서 감사해요. 지금까지의 상황을 정리해 볼게요. 혹시라도 제가 오해한 것이 있다면 알려 주세요. 학생의 욕구는 선생님께 인정(사랑)받고 싶고, 학급에서 돋보이고 싶다. 선생님의 욕구는 맡은 학생을 잘 지도하여 성장시키는, 전문성이 있는 교사가

되고 싶은 것이죠. 그런데, 학생의 이야기에 따르면 보호자가 왠지 학생 쪽에 기울어져 있어서 지금 선생님께서 지도하는 데 어려움을 겪고 있고 심리적으로도 억울하고 힘 빠지는 상황으로 보이거든요.

네, 그렇게 정리하니 뭔가 그림이 그려지는 느낌이에요. 맞아요. 학생이 "우리 엄마 아빠가 선생님이 너무한다고 하셨어요!" 라며 저에게 토라진 것처럼 말했을 때 적잖이 억울하고 화나고 실망스러웠거든요. 지난번 학부모 상담 때, 저만 믿고 따르겠다고 하셨는데 집에서는 그렇게 하시지 않은 것 같아서 이 학생을 더 지도해야 할지 말아야 할지 고민도 되고 기운도 좀 빠지더라고요.

그렇죠, 그런 상황이 되면 사실 약한 배신감도 드는 게 당연하죠. 그런데 선생님의 감정들이 주는 신호를 제가 해석하기엔 조금 무리가 있지만 제 느낌을 말씀드려 볼게요. 제 생각에는 선생님께서 노력만큼의 대가까지는 아니라도 공정하게 평가받기를 원하는 것에서 억울함과 배신감이 들었을 것 같아요. 그렇다면 다음 단계를 진행하기 위해서 해야 할 일이 있네요. 무엇일까요? 학생, 담임교사의 욕구와 우선순위를 확인했으니 이제 보호자의 욕구를 확인해 봐야겠지요? 괜찮으시겠어요? 바쁜 일정에 학부모 상담까지 다시 하려면 부담되실 듯도 싶은데요.

맞아요. 사실 학부모 상담을 굳이 제가 먼저 청하지 않아도 되는 일이고, 그렇게 하면 저도 힘든 일들인데…… 또 유쾌하고 좋은 일이 아니라서 어떻게 말해야 할지 고민돼요.

저도 선생님 말씀에 동의해요. 저 역시도 마찬가지고요. 그런데, 억울함과 찝찝함이 마음속에서 숙성되면, 우울이나 무기력으로 바뀔 수도 있어요. 이렇게 저에게 상담을 신청하실 정도면 더 그렇고요. 제 생각에는 보호자님을 만나서 이 상황을 말씀드리는 것이 좋을 것 같아요.

구체적으로 무엇을 말씀드려야 할까요? 욕구만 말씀드릴까요?

우선 이 상황에 대해서 차분히 설명해 주세요. 학생이 선생님의 '지도'를 '지적'으로 인식해서 자꾸 혼난다고 생각해서 선생님에게 토라져 있는 상태라는 것. 두 번째는 이런 상황에 대해서 보호자의 교육철학이나 교육 방침이 선생님과 일치하는지 궁금하다는 점을 말씀드리세요. 즉, 교사와 보호자의 교육철학이 일치하지 않으면 '지적'으로 생각되는 '지도'를 멈추고 학생과의 관계 회복에 더 많은 노력을 하겠다고 말씀드리면 어떨까요? 그리고 학생의 법적 보호자에게 이 사실을 공유하는 것은 학생의 성장을 위해서 많은 고민을 하다가 말씀드리는 것임을, 또한 이것이 학생에 대한 평가나 선입견은 아니라는 것도 추가로 말씀드려 보세요.

그런데, 보호자가 저와 교육철학이 일치하지 않는다고 하면 어떻게 하죠? 막상 그렇다고 하면 당황스러울 것 같은데요?

네, 맞아요. 막상 그렇게 나오면 당황스럽죠. 그럴 때는 이렇게 말씀해 주세요. "일치하지 않지만, 어떻게 하면 좋을지 동의 여부가 중요합니다."라고요. 교사는 1년의 교육을 책

임지지만 부모님은 미성년 기간의 교육을 책임지니 부모님의 방침대로 한다고 하는 것이죠. 수업 방해에 관한 것이나 학급에서의 규칙을 지키는 것은 타협이나 조절의 대상이 되기 어렵지만, 이 부분은 의사소통의 문제고 그 의사소통의 키를 학부모와 학생이 갖고 있는 상태라서 동의하지 않으면 그 부분에 대한 지도는 건너뛰시면 될 듯해요. 대신 학급 규칙 같은 것은 타협의 대상이 아니니 지도를 해야겠지요?

정말 그렇네요. 막상 보호자께서 당황하는 것은 아닌지 모르겠어요. 말할 필요성은 아는데, 왠지 말하면 안 될 것 같기도 하고요. 제가 억울해 하는 것을 눈치채면 보호자님과 싸우게 되진 않을까 걱정입니다.

그렇게 염려되시는 것도 사실 당연해요. 그런데 이미 이렇게 이야기하시면서 억울함의 수치는 조금 떨어지지 않았나요? 선생님 스스로 억울함의 수준을 한번 생각해 보시겠어요?

하하, 정말 그렇네요. 아까 처음 말씀드릴 때만 해도 학생이 토라지면서 말한 장면이 떠올라서 무척 억울하고 화났는데, 지금은 억울함이 거의 느껴지지 않네요.

누군가에게 차분하게 말하면 대부분의 불편한 감정들이 풀리고 해소되는데. 유난히 더 잘 풀리는 감정이 화 감정을 베이스로 하는 감정들입니다. 억울함도 그렇고요. 차분히 대화 나누는 것만으로도 효과가 있지요. 선생님께서 걱정하셨던 억울함을 보호자가 눈치채실 일은 없을 것 같은데, 눈치채시면 또

어떤가요? 선생님의 감정을 표현하는 일이 죄를 짓는 것도 아니고요. 선생님께서는 지금 정서 표현에 관한 양가성에서 고민을 하시고 계신 것입니다. 불편한 정서를 표현할 때 양가적인 감정이 생기죠. 표현을 하고 싶기도 하지만 하면 역풍을 맞을까 봐 두렵기도 하고요. 억울함이 표현되지 못하게 하는 3가지 기본 축으로 점검하고 표현하시면 진심을 전달하는 데 도움이 돼요.

선생님께서 보호자와의 관계를 지키고 싶은 것이 몇 점인지 따져 볼까요? 그럴 일은 없지만 억울함을 직접적으로 이야기했다고 가정하고 점수를 내 보는 것입니다.

첫째, 이야기했다가 내가 받을 수 있는 불이익은 몇 점인지 둘째, 의견이 거부당할까 봐 걱정되는 것은 몇 점인지 셋째, 관계를 보호하고 싶은 욕구는 몇 점인지 써 보시는 것입니다. 10점 만점 중 몇 점 정도 되는지 수치화해 보세요. 이것을 통해서 선생님의 억울함이 표현되었을 때, 무엇을 가장 중점적으로 갖고 가야 하는지를 살펴볼 수 있습니다.

선생님께서 보호자에게 현재의 교육 방법에 대한 의견을 구하면, 어떤 결과가 나오더라도 선생님께 심리적인 안녕감을 제공할 것입니다. 만약 보호자가 선생님의 교육 방법에 동의하지 않는다고 하면, 학생과의 관계 개선, 신뢰감, 라포 형성 등에 집중하면 되고 나머지 부분은 주양육자인 보호자의 문제로 넘기셔서 더 이상 신경 쓰지 않으셔도 돼요. 반대로 보호자가 선생님의 교육 방법에 동의한다고 하면, 한 가지 부탁을 드리세요.

"선생님이 지도하는 것은 학생을 사랑하는 마음이고, 또 다른 표현이니 보호자님께서도 무조건 선생님 편을 들어 주세요."라고요. 그러면 선생님께서 지도할 때 학생이 그것을 지적이라 생각하지 않고 잘 따라올 것입니다.

생각해 보니 그렇네요. 억울함을 이렇게 풀어내지 않았다면 제 마음속 어딘가를 계속 돌아다니며 저를 아프게 하고 찝찝하게 했을 텐데, 어떤 결과가 나와도 제가 무거움과 피로함을 덜어 낼 수 있을 것 같아 너무 좋습니다. 제 감정을 자세히 돌보니 오히려 단기간에 깔끔해졌네요. 감사합니다. 선생님!

지금 여기,
나를 돌보는 시간

슬픔 sadness

2

"감정은 흐르는 강물과 같다.
매 순간 다르지만 우리는 같은 물이라고 착각한다."

감기처럼 찾아오는
답답한 마음

우울 depression

슬픔 Sadness

* 어떤 일에도 흥미가 없고 무기력하며 집중력이 떨어지는 상태로

  점점 늪에 빠지는 기분

* 나만 제자리걸음 하는 느낌, 스스로가 가치 없다는 느낌 때문에

  선뜻 무엇을 시작하기 어려운 상태

* 겉으로 티 나지 않지만 마음에 보이지 않는 생채기가 생겨

  계속 힘들면서 서럽고 서글픈 마음

환절기만 되면 급격한 온도 차이로 쉽게 감기에 걸린다. 아침에는 춥고 낮에 더우면 몸이 쉽게 적응하기 어렵기 때문이다. 이럴 때 걸리는 감기처럼 '우울'은 찾아온다. 원하는 것을 얻지 못할 때나 바라는 대로 되지 않을 때, 현실과 이상의 차이가 있을 때 우울은 우리에게 잠시 쉬어 가라고 신호를 보낸다. 감기가 길어지면 다른 질병으로 번지듯, 우울이 오랫동안 지속되면 우울증, 무기력증 등이 생긴다. 우울은 외로움, 슬픔, 무기력, 불행, 좌절과 같은 정서를 느끼는 상태로, 비교적 오랜 시간 지속되는 기분과 정서다. 따라서 분명한 이유가 없어도 우울하면 불행한 기분이 오랫동안 지속된다.

얼핏 우울과 비슷하게 느껴지는 '슬픔'은 특정 사건에 대한 반응이라는 점이 다르다. 특정 관계에서 오는 상실감, 상처받을 만한 아픈 사건 등이 슬픔의 원인이 된다. 슬픔은 현재의 상황에 대한 자신의 지각에서부터 시작된다. 분노나 공포처럼 어떤 기능이 있는지 뚜렷하게 밝혀진 것은 없지만, 슬픔을 느낀다면 그것으로부터 벗어나기 위한 회복이 필요함을 알리는 신호라는 것은 분명하다.

이런 기준으로 생각해 보면, 실연의 상처로 힘들어 하는 사람의 감정을 슬픔으로 봐야지 우울증으로 판단하면 안 된다. 교사의 경우 학생이나 보호자, 동료 교사 때문에 자신의 기대나 바람과 다르게 하루를 망쳤다면 그것은 슬픈 사건이다. 다만, 이런 감정들이 지속될 경우에는 점점 즐거움이나 유쾌한 정서를 느끼기 어려워지는 '우울'로 퍼질 수 있다.

높은 경쟁률을 뚫고 교직에 대한 기대와 설렘을 안고 교사가 되었지만, 만만치 않은 현실에 부딪혀 적지 않은 심리적 내상을 입는다. 하루하루 단단해져야 한다며 스스로를 토닥이지만 어느덧, 격렬하게 아무것도 하고 싶지 않고 현실에 무뎌지려 노력할 수밖에 없는 현실에 더 지쳐 간다. 반복되는 현실에서 슬픔과 우울, 또 다른 소진과 무기력을 느끼기도 한다. 이제는 슬픔 감정이 품고 있는 것을 살피고 이를 돌보는 시간을 만들어 나가야 한다.

내가 그렇게 만만했나? 점점 늪에 빠지는 기분

"선생님, 왜 맨날 이랬다저랬다 해요? 어떻게 하라는 거예요?"

학생들과 친하게 지내고 싶어 살갑게 대하려 했는데, 새 학년의 첫 단추를 끼우는 3월부터 무엇인가 잘못되었음을 느낀다. 학생들이 나에게 거리감을 느낄까 봐 허용적인 선생님이 되려고 노력했는데, 갈수록 요구 사항이 늘어나고 심지어는 내가 뭘 잘못했다는 듯이 면박을 주는 학생까지 나타났다.

'내가 학급운영을 잘못해서 그런 거지 학생들이 무슨 잘못이 있겠어.'

이런 생각이 들자 오히려 학생들에게 미안했다. 어떻게 하면 좋을지 동학년 선생님들께 여쭤봤다.

"선생님이 너무 잘해 줘서 그런 거야. 어떡해, 할 수 없지. 애들이 원래 그렇지. 지금 잡으려면 참 힘들 텐데, 올해는 그냥 적당히 관리만 해."

선생님들마다 나의 학급운영 방식에 대해서 한마디씩 언급하셨다. 부드럽게 말씀하시긴 했지만, 에둘러 비판하는 것 같았다. 가뜩이나 내가 잘못해서 그렇게 된 것 같은데, 정말 크게 잘못한 느낌이 들어서 우울했다.

"제가 정말 잘못한 건가요?"

내가 좀 강단이 없긴 하지만, 정말로 모든 게 내 탓인가? 사실 따지고 보면 그때그때 상황에 맞게 하려던 것뿐인데 그게 그렇게 잘못된 건가 싶은 생각도 들고, 나도 모르게 한숨이 난다.

갈수록 교실 문 사이로 흘러나오는 학생들의 목소리가 반갑지 않다. 뭔가 힘 빠지고 축 처지는 기분이 떠나질 않는다. 처음에는 이 정도까지는 아니었는데, 학생들과 함께 지내는 즐거움도 사라져 가고 있으며 난 왜 이것밖에 못하나 하는 자책의 마음만 자꾸 든다.

뭔가 잘 안 될 때에는 빨리 내년이 와서 새롭게 시작하고 싶다 생각했지만 이제는 '내년이라고 달라질까?' 하는 생각에 더 우울하다.

학생들과 호흡하고 소통하는 상호작용에서 기쁨을 느끼며 에너지를 얻어 왔던 교사의 사례이다. 규칙을 정해 철저히 지키면서 학급운영을 했더라면 오히려 교사 입장에서는 더 여유가 있었을 텐데, 그런 방식이 답답해서 그렇게 하지 않았다. 그러다 보니 학급운영을 즉흥적으로 하기도 해서 학생들도 좀 혼란스러웠다.

교사가 느끼는 우울감은 하나의 사건으로 갑자기 생겨난 것이 아니라 가랑비 옷 젖듯 스며든 것이다. 동료 교사들의 조언처럼 학급운영 방식을 바꾸는 것으로 근본적인 문제를 해결할 수도 있겠지만, 자신에게 맞는 적절한 학급운영의 방법을 아직 찾지 못한 교사에게는 섣부른 조언일 수 있다.

무엇보다 지금 교사에게 급하게 필요한 것은 이런 상황이 생기는 원인을 진단하는 것보다는 외부 요인에 의한 슬픔이 우울로 넘어가지 않도록 하는 것이다. 사실은 학생들이 무례하게 대하는 것에 대한 구체적인 솔루션이 더 필요했다. 학급운영 방식에 다소 삐걱거림이 있다 하더라도 무례하게 행동한 학생이 잘못한 것은 분명하기 때문이다. 학생들의 무례함을 교사 자신의 탓으로 여기지 않아도 되는 것이다. 그런데 안타깝게도 동료 교사들과의 대화 속에서 교사의 우울감은 더 강화되었다. 그렇다고 해서 무턱대고 학생들을 흉보거나 탓해도 된다는 것은 아니다. 무례함은 무례함으로 지적하고 그것을 개선해 나가는 실제적인 방안이 필요했을 것이다.

우울은 자신이 처한 사항을 비관적으로 바라보고 해석하는 스타일의 생각이 굳어질 때 발현된다. 문제의 원인이 모두 자신에게 있다고 생각하는 것이다. 물론 처음부터 그렇게 생각하진 않았을 것이다. 처음에는 이런 상황이 발생한 것에 대해서 억울해 하고 그 원인을 외부에서 찾았겠지만, 슬픔과 우울을 느끼는 주체가 자신이기 때문에 자신에게서 원인을 찾고 비난하는 것이 더 쉬워진다. 이러한 우울이 만성적으로 자리를 잡으면 마음은 더 힘들어진다.

산산조각 난 라포를 슬픔으로 이어 붙인다

....

"선생님, 무슨 말씀이세요? 우리 아이가 그럼 이상하다는 건가요?"

학부모 상담을 하던 중에 학생을 생각해 상담을 권유했다가 화기애애하던 분위기가 산산조각이 났다.

보호자도 내 말에 순순히 동의하고 있길래 조심스레 학생에 대한 심리상담 이야기를 꺼냈는데 갑자기 보호자의 목소리가 돌변하며 화를 내니 당황스럽고 억울했다. 그래서 한 번 더 용기 내서 말했다.

"다 잘하고 있는데, 반복적으로 친구 관계에 있어 자기표현을 못하고 있어 안타깝더라고요. 심리상담을 받으면 아이에게 도움이 많이 될 것 같아서 권해 드린 것이에요. Wee센터나 청소년상담복지센터 등······."

"오히려 선생님께서 상담 받으셔야 하는 거 아닌가요? 아이가 올해 선생님을 만나고 나서 더 이상해졌다고요!"

다른 건 모르겠는데, 올해 나를 만나서 아이가 이상해졌다는 말을 들으니 참기가 어려웠다. 이렇게 억울할 때가 있나. 내가 이 학생을 위해 얼마나 최선을 다했는데, 정말 너무하시는 거 아닌가? 나도 모르게 얼굴이 뜨거워지고 빨개진 거 같다. 숨소리마저 거칠어진다고 느낀 순간 뜨거운 눈물 한 방울이 뺨을 타고 흘러내린다.

"네, 잘 알겠습니다. 참고할게요. 상담은 여기까지 하시죠."

더 이상 할 말이 없어서 급히 마무리하고 보호자를 보냈다. 빈 교실에 혼자 있는데, 하염없이 눈물이 나왔다. 무엇 때문에 울기 시작했는지 기억이 나지 않을 정도로 한참을 울고 나서 정신을 차려 보는데 힘이 쫙 빠졌다.

분명 억울하고 화가 났는데, 왜 눈물이 나며 서글퍼지는지…….

교사가 학부모 상담에서 보호자에게 진심을 다하고 조심스럽게 말하며 행동했는데, 예상치 못한 싸늘한 반응이 돌아온다면 당황스럽고 슬퍼질 것이다. 슬프다 못해 모든 게 공허해질 수도 있고, 어떻게 설명할 수 없을 만큼 서글픈 감정이 들 수도 있다. 서러운 마음이 들 때는 그 누구도 알아주지 않을 것만 같다. 이때 느끼는 서러움은 억울함에서 온 것이다. 오해를 받아 나름의 노력과 애씀이 송두리째 날아가는 것 같을 때 강하게 느껴지는 감정이다. 아무도 알아주지 않는다는 생각이 더 서럽게 만든다. 교사로서 학생을 위해서 어렵게 용기를 냈는데, 돌아오는 반응이 오해와 비난이라면 힘들 수밖에 없다.

이 사례에서 교사의 감정은 당황, 슬픔, 서러움, 공허함으로 이어지다가 계속 순환된다. 사람마다 다를 수 있지만, 이런 상황은 결국 교사에게 상처가 되므로 슬픔이 주된 감정이라고 할 수 있다. 상처를 어떤 방식으로 회복하느냐에 따라 교사의 마음에는 다양한 감정들이 찾아올 것이다.

사실 보호자가 교사의 심정을 헤아려 이야기했더라면 교사가 이렇게까지 힘들지는 않았을 것이다. '아이가 선생님을 만나서 더 이상해졌다'는 말을 듣는 순간 교사의 모든 생각은 '교사'라는 직업의 정체성에 집중된다. '나는 어떤 교사인가?'에서부터 시작해서 '유능한 교사인가, 무능한 교사인가'와 같이 능력의 문제까지도 고민한다. 나아가 어떤 가치를 지닌 교사인가에 이르러 결국 좋은 교사인가 아닌가를 고민하게 된다. 바로 이때 교사의 정체성이 흔들리는 것이다. 일시적인 멘붕으로 스쳐 지나가면 좋겠지만, 보호자의 싸늘한 독설은 교사에게 가벼이 넘길 수 없는 깊은 상처를 준다.

아픈 것은 잠시라 해도 깊은 상처는 흉터를 남긴다. 이런 마음의 상처는 교사의 정체성에 계속 영향을 끼쳐 결국 엉뚱한 방향으로 흘러갈 수 있다. 가령 상처받기 싫어서 매사 사무적인 태도로 일관하거나, 보호자와 긴 거리를 둔다거나, 어떤 일이든 너무 애쓰지 않게 되는 식이다. 처음부터 열정적이지 않은 교사가 얼마나 되겠는가. 교사라면 누구나 정년이 있는 직장인을 넘어서 좋은 교사, 유능한 교사, 교육 전문가가 되고 싶은 마음, 하루하루 최선을 다하려는 마음, 좋은 교사는 못 되어도 나쁜 교사가 되지 않겠다는 마음을 가지고 있을 것이다. 그렇기 때문에 '아이가 선생님을 만나 이상해졌다'는 보호자의 말은 교사의 정체성을 흔들면서 억울하고 화나는 마음을 넘어 결국 교직 생활하는 내내 잊지 못할 깊은 상처로 남게 된다.

물론 이런 상황에서 상처받은 마음이나 아픈 마음을 동료 교사로부터 위로받는 것도 필요하며 효과적일 수 있다. 다만 이 사례에서 교사는 자신의 정체성을 흔드는 학부모의 말 때문에 상처받은 것이므로, 정체성 혼란에서 오는 상처와 위로를 넘어 자신의 성장으로 연결시킬 수 있어야 한다는 점에 주목해야 한다. 보통 타인으로부터 자신의 역할이나 정체성을 부정당한다면 누구나 큰 충격을 받게 되는데, 이때의 충격에서 벗어나는 가장 좋은 방법은 자기에 대한 이해와 탐색의 폭을 넓히는 것이다. 그리고 그것을 위해서는 상황에 대해 복기해야 한다. 혼자 복기하기 힘들다면 자신을 이해할 수 있는 다른 사람과 함께 상황, 생각, 감정, 욕구 등을 되짚어 보는 방법도 있다. 그래도 그냥 피하고만 싶다면 그래도 된다. 참을 수 없게 힘든데 무리해서 상황을 복기할 필요는 없다. 선택은 자신이 하는 것이며, 힘든 상황을 복기하지 않는다 해도 다른 방식으로도 성장이 이뤄질 수 있다. 막상 슬픔과 서러움에 혼자라는 생각이 들면 쓸쓸하고 무섭고 외로울 수도 있을 것이다. 그 감정들이 무엇을 말하고자 하는지 한 번쯤 천천히 머물러 있어 보면 어떨까?

'우울'과 '슬픔'은 어디에서 올까

우울은 '전반적인 분위기'라고 할 수 있다. 즉 우울한 상태는 나를 둘러싸고 있는 내면의 분위기가 회색빛으로 물들어 있는 것과 같아서, 그 무엇도 무미건조하고 비관적으로 보이게 만든다. 우리 마음속에 우울이 오래 지속되면, 여러 감정의 다양한 색들은 점차 회색으로 물들어 간다.

어떤 감정도 한 가지 원인으로 생겨나지 않듯이 우울도 뚜렷한 한 가지 원인으로 생겨나지 않는다. 우울은 복합적인 원인으로 생겨나며, 그에 대한 설명도 학파에 따라 다르다. 정신분석학에서는 사랑하던 대상에 대한 상실을 경험할 때 생기는 분노가 무의식적으로 자기 자신에게 향하게 되어 자아가 약해져 우울증이 생긴다고 설명한다.

행동주의에서는 우울을 학습의 결과로 보아 '강화'가 약화되면서 나타난다고 본다. 인지치료cognitive therapy에서는 자기 자신을 부정적으로 평가하는 경향을 우울의 전제로 보았다. 인지치료를 제안한 벡Beck은 자신을 부정적으로 생각하는 데서 오는 과잉일반화(실패한 것을 확대해석하는 것), 흑백논리(논리적으로 경직된 사고)와 같은 인지적 오류가 현실을 왜곡하고 과장하여 우울증을 일으킨다고 설명한다. 이는 '완벽주의'와 관련이 있기도 하다. 완벽주의 성향이 지나치면 스스로 높은 기준을 설정하고 그것에 못 미치는 자신의 모습, 상황, 증거에 집중하여 자신의 부족함만 찾아낸다. 이 과정을 통해 스스로 왜곡된 자아를 형성하면서 점차 더 우울해지는 악순환에 빠진다. 결국 인지적 오류로 인한 자아의 약화를 우울의 원인으로 본 것이다. 의학적 관점에서는 유전적 요인, 신경전달물질과 그 체계의 이상, 스트레스와 같은 환경 요인, 내분비 이상으로 인한 신체적 욕구 감소, 갑상선 기능 관련 질환, 대인관계 등이 우울의 원인이라고 본다.

우울은 살면서 누구나 경험할 수 있는 정상적인 심리 상태이다. 일상에서 순간순간 슬프거나 불행하다고 느껴지는 가벼운 우울부터 오래도록 지워지지 않는 무기력한 마음까지 우울의 범주는 매우 넓다. 우울로 인해 슬픔, 외로움, 공허함, 허무함 등을 느낄 수 있다. 또 현재와 미래에 대해 부정적으로 생각하는 데에서 오는 우울 때문에 스스로를 무가치하고 무능력한 존재로 여기게 된다. 이런 경우 과한 자책이나 자기 비하를 하며 스스로 성취동기를 떨어뜨린다. 한편 자꾸 일을 미루거나 지연시키면서 피곤함을 느끼고 활동량이 줄어드는 현상도 우울과 관련이 있다. 사회적인 위축, 불면, 식욕 감퇴, 현기증 등도 우울 증상 중 하나가 된다.

한편, 슬픔은 결핍이나 이루지 못한 것에 대한 아쉬움, 상실감에서 발현된다. 그러나 이 자체가 큰 문제가 되지는 않는다. 슬픔은 현재에서 앞으로 나아가고자 하는 신체적, 심정적 반응이다. 슬픔은 지극히 정상적인 감정이며, 개인의 상황을 변화시키려는 인식의 기능을 한다. 슬픔을 느끼지 않으면 좋겠지만, 여러 가지 상황이 혼재하는 삶 속에서 인간 누구나 느낄 수밖에 없는 감정이다. 슬픔은 고통의 한 종류이고, 스트레스호르몬 분비와 같은 반응이 수반되기 때문에 유쾌할 수는 없다. 그러나 슬픔을 느낀다는 것은 우리의 마음이 삶의 다양한 문제에 대해 정상적으로 작동하여 삶을 건강하게 가꾸어 가려 한다는 뜻이다. 슬픈 상황에서도 슬픔을 느끼지 못하는 것은, 마치 상처가 났는데도 피부에 감각이 없어 아픔을 느끼지 못해 치료를 제때 하지 못하는 상황과 같다. 방어기제(적응기제) 중 대표적인 정신병적 방어기제인 '부정'도 이에 해당한다. 예를 들어 친한 지인이 세상을 달리한 상황이라면 "아니야, 그럴 리가 없어. 믿어지지 않아."라는 말이 먼저 나오는 경우가 많다. 고인이 된 사실을 알지만 이를 부정하는 말과 행동, 신념이 순간적으로 작동되는 것이다. 하지만 서서히 현실을 받아들여 슬픔의 고통을 느끼고 눈물을 흘리며 오열하게 된다. 그런데, 이 '부정'이라는 방어기제가 계속 작동된다고 생각해 보자. 이별의 고통도, 슬픔의 눈물도 없을 것이다. 상황을 '부정'하고 있기 때문에 슬픔을 느낄 이유가 없는 것이다. 누가 봐도 슬퍼할 상황에서 슬픔을 느끼지 못한다면 자신을 보호하는 심리적 장치, 즉 방어기제(적응기제)와 같은 것이 제대로 작동하지 않는 상태인 것이다.

슬프고 우울한 나에게 제안하기

우울과 슬픔이 교사의 정체성을 뒤흔들 때가 있다. 머리로는 학부모의 말 한마디, 학생의 말 한마디에 상처받을 필요는 없다고 생각하면서도, 마음은 그렇지 않다. 우울하고 슬플 때는 어떻게 해야 할까?

나의 마음을 오롯이 들어 줄 누군가를 만나자!

시간이 지나도 우울감이 사라지지 않고 계속 마음속에 자리한다면, 가랑비에 옷 젖듯 마음도 갈수록 힘겨워진다. 이럴 땐 내 이야기를 들어 줄 누군가를 만나야 한다. 만약 그럴 만한 누군가가 없다고 생각된다면, 스스로 너무 엄격한 기준을 세운 것은 아닌지 되돌아보자. 생각보다 많은 사람이 당신의 이야기를 들어 줄 준비가 되어 있을 것이다. 상대가 바쁘다고 거절하면 어떡하나 걱정할 필요도, 바빠서 거절했다고 실망할 필요도 없다. 요즘은 누구라도 당연히 바쁠 수 있는 시대니까 말이다. 차분하게 나의 이런저런 이야기를 나눌 수 있는 한두 사람이면 충분하다. 가벼운 대화든, 격렬한 토론이든 상관없다.

우울은 기분에만 영향을 주는 것이 아니라, 사고 과정, 즐거움, 의

욕, 흥미, 식욕, 행동, 수면, 신체 활동 등에도 영향을 끼친다. 따라서 우울할 때에는 혼자서 해결하려 하기보다는 대인관계를 활용하여 자신의 생각, 정서, 행동, 감각 등에 자극을 줄 필요가 있다. 그렇게 만난 누군가가 "무슨 일 있었어?", "어떤 기분이 들었어?", "어떤 말을 듣고 싶었어?"와 같은 질문을 해 준다면 더 효과가 클 것이다. 가볍게 기분 전환을 시도하는 것도 좋은 방법이다.

아무것도 할 수 없을 정도로 우울감이 너무 심각하다고 생각되면 바로 전문가의 도움을 받아야 한다. 그 정도로 심각하지는 않다면 잠시 바쁜 일들을 뒤로 하고 일상의 우선순위에 운동을 올려놓아 보자. 원대한 계획을 세우기보다 일단 발걸음을 떼는 것이 중요하다. 하나에 몰입할 수 있는 것이면 더 좋다. 몸 상태에 따라 가볍게 산책하면서 주변 풍경을 바라보는 것도 좋고, 파워워킹이나 조깅, 격렬한 운동 등으로 땀을 흘리는 것도 좋다. 이런 운동은 우울감을 씻어 내는 데 분명 효과가 있다.

우리의 몸과 마음은 연결되어 있기 때문에 몸의 움직임이 위축된 마음을 자극하면서 뇌의 활동이 증가하고 이를 통해서 엔도르핀이나 세로토닌과 같은 항스트레스호르몬이 증가한다. 일상적인 장소에서 잠시 벗어나 운동을 하면 그것에 적응하기 위하여 우리의 몸은 바빠진다. 운동은 우울감을 자연스럽게 덜어 낼 수 있는 매우 효과적인 방법이다.

가벼운 산책부터 격렬한 운동까지
내가 가장 쉽게 할 수 있는 운동을
바로 시작해 보면 어떨까?

인지행동치료를 제안한 알버트 엘리스Albert Ellis는 합리 정서 행동 치료Rational Emotive Behavior Therapy, REBT를 제안하면서 "인간은 일 때문이 아니라 일을 받아들이는 방식 때문에 문제를 겪는다."고 주장했다. 인간이라면 누구나 자신이 이해하는 방식으로 세상을 바라보고 해석한다고 본 것인데, 문제는 이때 작동하는 사고 체계와 정서를 어떤 방향으로 해석하는가이다. 즉 우울을 느끼던 사람이 우울증으로 발전했다면, 이 사람에게는 비합리적신념이 자리잡고 있는 것이다. 그럼, 비합리적신념이란 무엇일까?

얼핏 들으면 맞는 말이고 옳은 말처럼 느껴지지만 실제로는 논리적이지 않은 비현실적인 신념이 바로 '비합리적신념'이다. 비합리적신념은 당위적인 사고, 지나친 과장, 자기 비하, 부적응적 완벽주의, 정서적 무책임, 문제 회피, 과도한 불안, 부적응적인 인정 욕구를 수반한다. 그래서 주로 '반드시', '항상', '~해야 한다', '절대로', '~하면안 된다'라는 표현이 함께 따라온다. 예를 들면, '모든 일에는 완벽한 해결책이 있으므로 더 큰 문제를 막기 위해 반드시 해결책을 찾아야한다'는 생각이 바로 비합리적신념이다. 만약에 '이 생각이 왜 비합리적신념이지? 당연한 것 아닌가?'라는 생각이 들었다면, 자신의 신념체계 안에 '항상, 반드시, ~을 해야 한다'와 같은 비합리적신념 요소가 자리하고 있는 것일지도 모른다. 사실 정도의 차이가 있을 뿐, 이런 비합리적신념은 누구나 가지고 있다. 단지 그것을 스스로 알고 있는지의 여부에 따라 자신과 타인을 대하는 태도가 달라질 뿐이다.

'모든', '완벽한 해결책', '반드시', '~해야 한다'는 말은 사람을 계속 완벽하게 만들려는 속성을 지닌다. 어떤 일을 완벽하게 해결하려는 것은 일을 좀 더 효율적으로 수행하게 만들고 과업의 성공 가능성을 높이며 결과물의 수준을 높인다. 하지만 이는 개인의 노력에 의해서 이루어지는 과업이지, 다른 사람과 협업해야 하는 과업의 경우는 이야기가 달라진다. 어떤 일이든 정확하게 N분의 일로 딱 나누어 이루어질 수 없으며, 타협이나 의사소통 등이 과업의 해결에 큰 역할을 하기 때문이다. 상황에 따라서는 조금 불완전하고 개선의 여지가 있는 현실을 담아낸 미완의 해결책이 최선일 수도 있다. 그럼에도 다양한 상황 여건을 고려하지 않고, 개인에게만 완벽한 해결책이 강요되는 것은 비합리적인 신념이 작동된 것이다. 특히 힘과 권력이 있는 사람으로부터 이런 것을 강요받는다면 압박과 스트레스가 된다. 자기 자신을 늘 이러한 비합리적신념의 잣대로 본다면 분노, 우울, 불안, 두려움, 공격성 등을 자극할 수 있다. 결국 인간이 자신에게 주어진 모든 문제를 완벽하게 해결하기란 불가능하기 때문이다. 따라서 자신 안의 비합리적신념을 찾아내고 이를 다루며 마음을 가꾸어 나갈 필요가 있다.

그럼, 비합리적신념을 어떻게 찾아낼 수 있을까? 비합리적신념인지 아닌지는 몇 가지 잣대로 구분할 수 있다. 첫째, 논리적으로 일치하는가? 둘째, 현실적인가? 셋째, 삶의 목적 달성에 효과적인가? 넷째, 상황에 따라 변화할 수 있는 유연함을 갖고 있는가? 다섯째, 적절한 정서와 행동에 영향을 주는가? 만약 이 중에서 한 가지라도 '그렇지 않다'는 답이 나온다면 그것이 바로 자신이나 타인을 우울하게 하는 비합리적신념임을 깨닫고, 그것을 과감히 버려도 좋다.

어쩌다 마음속에 자리한 '비합리적신념'을 발견해 보자.

흔히 우울증이 감기와 같다는 표현이 많지만, 우울감에서 오래도록 벗어나지 못한다면 문제는 심각해진다. 우울감은 다양하게 발현될 수 있다. 어떤 사람은 무기력으로 나타날 수 있고, 어떤 사람은 폭식, 어떤 사람은 과음과 같은 과몰입 현상으로 나타날 수도 있다. 우울감이 심각해지고 있다는 것을 판단할 수 있는 기준은 사람마다 다르겠지만 통상 2주 이상 우울감이 지속되는 것을 심각해지는 상태로 보고 있다. 이때부터는 상담 센터나 정신과 진료도 고려해야 한다. 마치 감기가 2주 이상 지속될 경우 폐렴으로 진행되어 심각한 신체적 손상을 일으키는 것과 같다.

우울감에서 쉽게 나올 수 없다면 반드시 전문가와 상의한다.

감기나 폐렴은 몸이 아프니 병원에 갈 생각을 금방 하지만, 마음이 아픈 것은 겉으로 드러나지 않기 때문에 쉽게 해결될 수 있는 문제를 어려운 상태로 이끌 수 있다. 심각한 우울증으로 발전된다면 약물 치료도 필수다. 이때는 사회적인 관계를 이용하여 치유받으려 하거나, 신체 활동이나 운동 등을 시도하여 해결하려는 것보다는 모든 것을 전문가에게 맡겨 도움을 받는 것이 가장 중요하다.

우울하지 않은 내가, 우울한 나에게 제안하는 것!
내가 혹시 우울감에 빠져 있다면
나의 비합리적신념을 버리자. 그리고 지금,
(운동, 만남, 계획 세우기, 전문가 도움 요청)을 하자!

선생님을 위한 마음 챙김

우울을 극복하는 루틴 만들기

예전에는 퇴근할 때 쯤이나 힘들고 지쳤는데, 요새는 출근하면서부터 우울하고 힘이 빠지는 느낌이 들어요. 딱히 이유도 없는 것 같은데 분명 저에게 무슨 문제가 생긴 것 같아 걱정돼요. 어떻게 해야 할까요?

우울을 느끼는 특별한 이유가 없는 것 같지만 생활에서 느껴지는 작은 피로와 불편함들이 누적되어 왔을 가능성이 있습니다. 그것들이 일정 수준을 넘으면 우울을 느끼지요. 보통 우울은 하나의 감정으로 오지 않습니다. 무기력, 서글픔, 허무함 등의 감정들과 함께 오는 경우가 많아요. 우울감이 어디에서 왔는지 차분히 생각해 보는 것부터 시작해 보세요. 지금 제 이야기를 듣고 딱 떠오르는 장면이나 생각이 있으세요?

네, 제가 자꾸 학교에서 무기력하다는 사실이 슬프고 우울해지는 것 같아요. 원래 이렇게 자신감이 없는 성격이 아닌데, 학교에서는 늘 작아지고 초라해지는 느낌이 들어요.

학교에서의 선생님 모습이 스스로 초라하게 느껴지시는군요. 그 원인이 무엇일까요?

학교에서는 가르치는 일만 잘하면 될 줄 알았는데, 이것저것 처리해야 하는 공문이나 행정 업무 등이 무척 부담되고 또 학생이나 보호자, 선생님들과의 관계에서 균형감을

갖는 것도 생각보다 어렵고 뜻대로 잘 안 되더라고요.

그렇죠, 사실 행정 업무도 시간이 지나면 요령이 생기면서 오히려 교사 효능감이 높아질 수 있습니다. 교직 생활의 본질인 학습지도나 생활지도는 우리 선생님들이 늘 수행해 왔던 것이라 어찌 보면 크게 힘들지 않은 영역입니다. 좀 더 잘하고 싶은 마음, 효과적이며 만족도를 높이고 싶은 것에 대한 고민들이 많으신 거죠. 그런데 우리 교직 생활을 힘들게 하는 것은 대부분 '관계적인' 문제들입니다. 학생과 교사와의 관계, 동료 교사들과의 관계, 보호자와 교사의 관계가 주는 힘듦과 불편함 들이 대부분입니다. 혹시 관계의 문제에 힘을 많이 쓰시고 계신 것은 아닌가요?

아, 맞아요. 지금 생각해 보니 관계 문제에 힘을 많이 쓰는 것 같아요. 어떻게 하면 관계 문제로 힘들지 않을까요?

우선, 학교 내 관계에 대한 복합적인 이해가 필요해요. 동료 교사와의 관계 문제부터 짚어 볼게요. 우리나라는 집단주의 문화가 있으며 한편으로는 수직적인 의사소통 구조를 갖고 있습니다. 거기에 개인주의, 자유주의와 같은 새로운 가치들이 함께 뒤엉켜 있어요. 다양한 가치들이 학교문화를 만들어 가

기 때문에 선생님들이 신경을 꽤 많이 쓰는 영역이기도 하죠. 보호자와의 관계는 더 복잡합니다. 학교교육에 대해 이해하고 신뢰하는 보호자가 있는 반면, 그렇지 못한 보호자도 있습니다. 이때 교직을 성직자로만 바라보는 보호자가 교사에게 많은 것을 바라며 교사를 평가하는 관점을 가지는 것에 대해 신경 쓰다 보면 교사 입장에서는 불편해지고 운신의 폭이 좁아지죠. 학생과의 관계도 마찬가지입니다. 최근에는 민주적인 의사소통으로 교사와 학생이 예전보다는 평등한 구조에서 학교생활을 하고 있습니다. 그 반작용으로 학생들의 예의 없는 태도나 말투, 그리고 생활지도에서의 어려움들이 생겨나고 있긴 합니다. 이런 부분에서 교사는 늘 관계 문제를 고민할 수밖에 없고 에너지가 많이 쓰여 불편하고 힘든 상황이 지속됩니다. 이러한 힘듦과 지침이 우울감으로 변화할 수 있지요.

제가 왜 힘들 수밖에 없는 구조에 있는지 알게 되니 조금 위로가 되네요. 제 잘못이 아니었군요? 그런데 한편으로는 한숨만 나와요. 그럼 이렇게 계속 힘들 수밖에 없는 건가 싶어요.

문제의 원인이 꼭 그렇다고 한정 지을 수는 없지만, 그렇게 분류해서 생각해 보면 '내 문제'로 벌어진 일이 아니라는 것은 확실합니다. 그래서 선생님의 잘못이 아니라고 말씀드리고 싶어요. 다만 이런 관계에서 균형 감각을 찾는 방법이나, 문제 상황에 대처하는 방법을 함께 고민하면 효과적일 듯해요.
우선, 관계 문제의 핵심은 욕구의 충돌입니다. 모든 사람들은 다양한 욕구를 지녔죠.

구성원들의 욕구가 하나로 수렴될 때 관계는 더 깊어지고 유대감이 생기지만 그렇지 못한 경우에는 충돌을 일으키거나 불편함이 생깁니다. 우울함이 자꾸 쌓이는 것은 그러한 욕구 간의 갈등에서, 선생님의 욕구들이 무시당하거나 뒷전으로 밀리기 때문일 수 있어요. 예를 들어 업무 분장을 할 때 선생님의 의도와 다르게 원하지 않는 것을 억지로 수용하게 되었다든지 하는 것이죠. 사실 이럴 때 반발을 하거나 거부할 수 있는 힘은 누구나 있습니다. 다만, 관계가 불편해지는 것을 피하고 싶은 욕구가 더 클 것입니다. 그런데, 그 욕구는 성취하고자 하는 욕구가 아니라 최악을 피하고 싶은, 수동적으로 어쩔 수 없이 선택한 욕구이기 때문에 스스로가 초라하고 힘없는 사람으로 느껴지는 것입니다.
둘째, 우울감이 어느 순간 내면에 들어와 있다면 그 우울감이 무엇을 말하고 있는지 들여다보세요. 우울에 몰입되라는 말이 아니라, 우울로 이끌게 된 감정을 탐색해 보자는 것입니다. 어디에서 시작된 우울인지, 그리고 어떤 감정이 가장 강하게 느껴지고 어떤 감정들이 보이는지 알아차려 봅니다. 이때 한 가지 꼭 지켜야 할 것이 있어요. 바로 자책이나 스스로를 비난하는 마음이 들 때 잠시 멈춰야 해요. 생각의 방향이 자꾸 자책이나 자기 비난으로 흐른다면 '우울'과 '슬픔' 마주하기의 '나의 사고(신념) 분석 연습(245쪽 참조)'을 차분하게 해 보세요. 나의 비합리적 사고는 무엇이고, 신념은 무엇인지 살펴보는 것부터 하시면 도움이 될 것입니다. 비합리적 사고의 특징은 나 자신을 비난하거나 타인을 비난하게 되는 모든 문장들을 떠올리시면 알 수 있어요. '완벽하게', '절대로', '반드시', '모두가' 이런 내용들이 포함되어 있는 경우가 많죠.

셋째, 이런 우울감이 있음을 꼭 다른 사람(친한 동료 교사나 교사가 아닌 친구)에게 이야기하세요. 우울은 혼자 반복되는 사고가 시작되면 생각보다 훨씬 심각한 인지적인 손상을 일으킵니다. 교사는 직업적인 특성으로 인지적인 작업에 매우 특화되어 있는 경우가 많아요. 욕구, 감정, 생각의 알아차림을 통해 우울의 본질을 인식하면 우울이 빠져나갈 통로를 마련하게 됩니다. 메타인지도 패턴을 형성하는 경향이 있어요. 어떤 사건이나 상황을 해석할 때 자신의 잘못, 부족함만을 인식하여 메타인지가 부정확하게 작동되는 경우가 있지요. 문제는 이런 패턴이 고착되면 그것을 바로잡기는 무척 어렵습니다. 상황을 다르게 해석할 수 있는 기회를 찾는다는 측면에서 앞서 말한 세 가지 방법이 효과적입니다.

지금 내 감정을 보다 정확하게 바라보고 다르게 해석할 수 있는 인지적 작업을 해 보자는 말씀으로 이해가 돼요. 맞나요?

네, 맞습니다. 앞서 말씀드린 그 세 가지를 기억하고 특히 다른 사람과 함께 이것을 꼭 나누어 보셔야 해요. 다른 사람의 생각과 비교해 보는 것은 안전장치에 해당되거든요. 그리고 이 세 가지를 다 해 보셨다면, 보너스로 한 가지 더 시도해 보셔야 할 것이 있습니다. 바로 생활 패턴의 일부를 변화시키는 것입니다. 생활 패턴에 약간의 자극을 주는 것은 인지적인 작업에서 머물 수 있는 부분을 행동으로 이끄는 중요한 요소가 되지요. 문제 상황이나 불편한 상황에 대한 대처법을 용기내서 시도해 보거나, 새로운 배움이나 취미를 시작해도 좋아요. 내 성격과 생활 패턴을 고려한 무엇이든 좋습니다. 자극을 줄 수 있는 한두 가지의 시도는 우울에서 벗어나는 것을 위한 실천이라고 볼 수 있어요. 무엇을 해도 좋습니다. 간단한 것도 좋고 큰 목표를 세우고 시작하는 프로젝트도 좋습니다. 일단 시작해 보시면 분명 효과가 있을 것입니다.

환경을 자극해서 생각의 변화를 이끌어야 된다는 말씀으로 들려요. 이런 이야기를 듣는 것 자체도 변화의 시작점이라는 생각이 드네요. 제 감정을 바라보고 욕구와 생각을 보며 무엇을 원하는지 제가 결정하고 그 원하는 것의 수준이 기대치에 미치지는 못할 수도 있지만 조금씩 조율하는 것이 좋겠단 생각이 듭니다. 뭔가 해 볼 마음이 들어요. 감사합니다.

비슷한 듯 다른,
부끄러운 마음

수치심 shame
죄책감 guilt

* 다른 사람들은 별거 아닌 일이라고 말하지만,

  그 일을 남들이 알까 봐 부끄러운 마음

* 다른 사람들이 알아채지 못해도 혼자 멋쩍음.

* 다른 사람에게는 대수롭지 않은 일이,

  나에게는 치명적이라 계속 신경 쓰이는 아픔

* 잊을 만하다가도 학교만 가면 다시 떠오르는, 잊고 싶은 마음

* 혼자만 아는 내 실수나 잘못으로 괴로워하는 것

* 혼자 속앓이를 하고 나면 커지고, 덜어 내면 줄어드는 불편한 마음

* 교사로서의 도덕적 가치나 양심에 어긋나는 일을 경험할 때 드는 후회

공개수업을 하던 중에, 학생이 교사에게 예의 없이 굴거나 짓궂은 장난을 한다면 교사는 수치심이 들 것이다. 이때 드는 수치심은 교사에게 치명적인 상처가 된다. 보통 저경력 교사일수록 수치심에 대한 민감성이 높은데, 주위에서 별것 아닌 일로 치부하며 예민하다는 소리까지 듣는다면 상처는 더 깊어진다. 한편, 일반인들이 느끼는 죄책감에 비해 교사의 죄책감은 상대적으로 더 강한 경우가 많다. 왜냐하면 죄책감은 의무나 책임감과 연결되어 있기 때문이다. 죄책감은 일종의 도덕적 판단으로 그 강도에 따라 다르게 표현된다. 또한 처벌에 대한 두려움이나 후회가 동반될 때도 있다. 죄책감은 반복적으로 반추할수록 스스로 재생산되는 경향도 있다.

사람들 앞에서 자신의 의견을 발표하거나 생각을 표현하는 것이 부끄러운 것은 '수줍다'가 되지만, 발표 내용에 대한 비난이나 강한 비판을 받는다면 '수치스럽다'가 된다. 그런데 만약 자신의 발표 때문에 의도치 않게 다른 누군가가 피해를 입는다면 '죄책감'을 느끼게 된다. 수치심과 죄책감 모두 '부끄러움'을 느끼는 원인, 과정, 결과에 따라 비슷해 보이지만 자세히 들여다 보면 좀 다르다.

수치심과 죄책감은 '자신에 대한 평가'라는 의미에서 공통점이 있다. 수치심은 타인이 나를 바라보는 시선 때문에 느껴지는 감정이고, 타인은 모르지만 자신의 잘못된 행동에 대한 스스로의 부정적 평가 때문에 느껴지는 감정이 죄책감이다. 수치심과 죄책감의 뿌리는 유사하지만 이후의 행동 양상이나 개인에게 미치는 영향이 조금씩 다를 수 있다.

내가 그렇게 잘못했나

"이건 좀 아니지 않아?"

선생님들끼리 차 한 잔 마시면서 이야기를 나누다가 한 선배 선생님이 나에게 가볍게 내뱉은 말이었다. 기초학력 관련 업무에 관하여 나름의 아이디어를 이야기했는데 뭔가가 맘에 안 들었나 보다. 그 선배 선생님의 말을 듣는 순간 얼굴이 달아올랐다.

'내가 이런 일을 추진할 말한 능력이 없는 사람인가?' 하는 생각이 먼저 들어서 그 자리에 있는 것 자체가 몹시 부끄러웠다. 내가 당황한 것을 눈치채셨는지 옆에 계시던 선생님이 말씀하셨다.

"김 선생님, 아이디어가 좋긴 한데 이걸 다 할 수 있을지 걱정되는 것도 사실이에요."

"원래 욕심을 부릴 때지, 뭐 그럴 수 있어요. 허허허."

다른 선생님께서 내 편을 들어 주시는 것 같긴 하지만, 내가 뭔가 큰 실수를 한 것 같은 느낌이 강하게 든다. 마치 사람 많은 광장에서 엉덩방아를 찧은 것 같은 느낌이다.

"많이 이상한가요? 제가 뭘 잘못했나요?"

부끄러움에 그 자리를 박차고 나오고 싶었지만, 겨우 마음을 가다듬고 말을 꺼냈다. 그런데 옆에 계신 선생님들은 건조한 표정으로 자리에 앉아 아무 말들이 없었다.

시간이 지났는데도 아까 그 한마디가 계속 내 머릿속을 맴돈다. 내가 뭔가 형편없고 부족한 느낌, 한없이 작게만 느껴지는 기분이 가시질 않는다.

밥맛도 없고, 계속 뭔가 슬프다. 왜 초등학교 때부터 지금까지의 삶 속에서 내가 경험했던 부끄러운 장면들까지 기억 속에서 되살아나서 날 괴롭히는 건지. 점점 우울해지는 기분을 어찌해야 할지 모르겠다.

선배 교사가 툭 내뱉은 한마디에 교사는 한없이 부끄러움을 느꼈다. 교대를 졸업하고 임용시험에 당당히 합격하여 교사로서 큰 꿈을 펼쳐 보이고 싶었건만, 다른 선배 교사들 눈에는 마치 '현실감 없이' 이상만 높은 교사처럼 보이는 것 같아 생각이 많아지며 부끄러워졌다.

'나는 뭐가 그렇게 부끄러웠을까?'라는 생각에 교직 이전의 삶 속에서 부끄러웠던 경험과 장면들이 떠올랐을 것이다. 수치심은 특정 상황에서 불현듯 생겨났지만, 교사의 삶 전반으로 퍼져 나가고 있다. 상황이 종료되면 사라져야 하는데도 잊고 있던 장면들이 끊임없이 떠올라서 '나는 가치 없는 사람인가?'라는 생각으로까지 확장되고 있다.

사실 "이건 좀 아니지 않아?"라고 말한 선배 교사는 교사에게 수치심을 주려고 의도한 게 아닐 것이다. 하지만 결과적으로 그 말은 교사 내면의 수치심을 흔들어서 마음 전반에 퍼지게 되었다. 교사의 마음속에서는 동굴 속 메아리가 울리듯 '나는 무능한 교사야.', '나는 뭘 잘하는 게 없어.', '남들이 날 얼마나 비웃었을까?' 라는 자기 부정적 말이 계속 반복될지도 모른다. 학교 상황에서 약자의 위치에 있는 사람일수록 수치심을 강하게 느낄 가능성이 크다. 이는 학생에게도 해당된다. 가령 발표를 못하거나 용변 실수를 했을 때, 스쳐 지나가는 교사의 농담과 표정에서 학생이 수치심을 느끼는 경우가 있다. 멸시당하거나 놀림거리가 된다는 느낌은 자기 안에서만 느껴지는 것이기 때문에 수치심은 빠르게 확대되어 남모를 고통까지 느끼게 만든다.

혹시 앞선 사례의 교사가 너무 예민하다든가 별거 아닌 걸 과대 해석했다는 생각이 드는가? 교사가 느끼는 수치심이 별거 아니라는 생각이 드는가? 만약 그런 생각이 들었다면, 당신도 의도치 않게 다른 사람의 수치심을 자극한 적이 있었던 건 아닌지 되돌아보아야 한다. 사례의 교사가 다른 여러 사람들이 모여 있는 장소에서 교사의 전문성, 혹은 능력, 열정, 신념 등에 대해서 '아무 생각 없는 교사' 취급을 받은 상황이 '나'의 상황이라고 생각해 보면 금방 이해가 될 것이다. 상대는 전혀 의도하지 않고 가볍게 던진 말이라고 하지만, 그런 말이 남모를 상처로 남아 계속 힘들었던 경험은 없는지 되돌아보자.

어떡해요, 정말 죄송합니다

"선생님께서 회의 시간에 그렇게 말씀하신 덕에 또 저희가 일을 하나 더

하게 되었네요!"

옆 반 선생님께서 갑자기 한숨을 쉬며 내던진 말에 뭔가 잘못되었단 생각이 들었다.

생각지도 못한 일이었다. 운동회를 준비하는 회의를 하다가 전체 협조 관련해서 담당 부장님이 몇 가지 일을 부탁하시기에 좋은 의미로 흔쾌히 동의했다. 해도 그만 안 해도 그만인 일이지만, 사실 하면 힘들고 바빠지는 일이었다. 문제는 그 '흔쾌히'가 나만의 감정이었고, 다른 분들의 표정을 보는 순간 이거 뭔가 잘못되었다는 느낌이 들었다는 것이다. 갑자기 분위기 싸늘해지는 느낌.

생각해 보니 지난번에도 비슷한 상황이 있었다. 연구부장님께서 우리 학년에 뭘 좀 부탁하러 오셨는데, 그때도 아무 생각 없이 먼저 "좋아요! 재미있겠어요!"라고 말했다가 한동안 분위기가 안 좋았었다.

"선생님, 이런 일이 있을 때 분위기를 좀 보고 말하는 게 어떨까 싶어요. 이런 일들은 선생님이 혼자 남아서 다 할 것도 아니고 결국 다 같이 해야 하는 것인데…… 다른 분들의 입장이나 상황을 고려해 보면서 조율할 필요가 있거든요. 그런데 그런 생각을 들어 보지 않고 먼저 좋다고 말씀하시면 다른 선생님들은 좀 당황스러울 수 있어요."

막 억울해지려는데, 차분히 상황을 설명해 주시는 선배 선생님의 표정을 보고 나니, 미안함과 죄책감이 동시에 들었다. 그동안 뭔가 분위기를 싸늘하게 만든 일들이 떠오르고, 계속 마음에 걸려 죄송스러우면서 난 왜 이렇게 사나 싶은 생각까지 든다.

선한 의도로 흔쾌히 말했다가 동료 교사들에게 눈치 아닌 눈치를 받은 교사. 교사가 믿고 따르는 선배 교사의 설명을 들어 보니 다른 동료 교사들의 입장이 이해가 되면서 더 미안함을 느낀다. 그런데 선배 교사의 말을 곱씹을수록 교사는 죄책감이 들기 시작했다.

'그 일을 하려면 일주일 정도는 시간 외 근무를 해야 할 수도 있는데, 그럼 어떻게 하지?'

다른 동료 교사들에게 미안한 마음이 들면서도 교사는 아무 말도 할 수가 없었다. 자신이 왜 그랬을까 가만히 생각해 보니 열정 넘치는 좋은 교사가 되고자 하는 욕구가 조금 과했던 것 같다.

지금 교사는 자신의 잘못으로 다른 사람에게 피해를 주고 상황을 악화시켰다는 생각에, 자신의 행동에 대한 후회와 자책을 느끼고 있다. 그리고 '왜 그렇게밖에 말할 수 없었을까?'라는 고민을 한다. 평소에 명랑하고 쾌활한 성격을 지닌 사람이라 해도, 이렇게 한 번씩 실수를 하고 나면 며칠 동안 위축된다. 죄송하다고 말해도 스스로가 계속 잘못을 반복하고 있다는 느낌 때문에 지쳐 갈 수 있다. 그러다 문득 '내가 그렇게 큰 잘못을 했나?'라는 생각에 이를 수도 있다. 자책하는 마음이 있는 한편, 내가 이렇게 기죽어 지낼 만큼 잘못했나 하는 생각도 드는 것이다. 죄책감이 깊어지다 못해 스스로 견딜 수 없는 한계가 오면, 한편에서 억울함이나 속상함, 서운함의 감정들이 올라올 수 있다. 앞선 사례 속 교사의 예를 들면, '나는 의견을 낸 것뿐인데, 정 하기 싫으면 다들 안 한다고 하면 되는 거 아닌가?' 하는 생각이 들 수 있다. 이때 생기는 억울함의 감정은 자아를 보호하고 싶은 욕구 때문일 수도 있고, 실제로 억울한 상황에 처했기 때문일 수도 있다. 맥락에 따라 그 이유는 다르겠지만, 분명한 것은 죄책감이 깊어지면 다른 감정들이 나타나 죄책감을 더 깊게 곱씹지 말라는 신호를 준다는 것이다. 이럴 때에는 죄책감에서 벗어나 자기합리화가 되는 것 같지만, 마음은 편하지 않을 것이다. 그 이유는 자신의 말이 다른 사람에게 피해를 주었다는 생각에 죄책감을 느꼈지만, 그에 대한 책임을 덜어 내는 행동을 하지 않았기 때문이다. 즉, 어떻게든 자신을 합리화하면서 스스로를 위로하고 힘듦을 견디기 위한 최후의 적응기제(방어기제)가 작동된 것일 뿐, 근본적인 해결 행동을 하지 않았기에 찜찜함이 남는 것이다. 따라서 죄책감이 들 때에는 부끄러움에 숨거나 자기합리화를 먼저 하기보다는 죄책감에 머물러서 그것을 수용한 후, 죄책감을 덜어 내는 행동을 떠올리는 것이 좋다. 그것이 바로 죄책감을 해결하는 첫걸음이다. 혹여 정말 억울한 상황에 처한 것이라 해도, 죄책감을 덜어 낸 후 억울한 상황에 대해 이야기하는 것이 문제 해결에 보다 효과적일 것이다. 후회하는 것에서 그치지 않고, 현 상황에 대한 '사과' 내지는 '인정'을 하고 나서 자신이 하고 싶은 말을 정확하게 전달하는 것이 적절하다.

'수치심'과 '죄책감'은 어디에서 올까

죄책감에는 자아가 처한 현실과 도덕적 자아가 바라는 이상이 서로 달라서 생기는 불편함이 따라온다.

수치심은 자기 스스로를 전체적으로 세심하게 관찰하여 부정적인 평가를 하게 한다. 스스로를 열등하고 바람직하지 못한 존재로 평가하여 자신을 더 고통스럽게 만든다. 만약 교사의 마음에 이런 수치심이 조금씩 스며들다가 해결이 되지 않거나 사라지지 않는다면, 성격뿐 아니라 삶의 전반에 큰 영향을 미친다. 강한 수치심을 느끼는 교사는 특정 상황에서의 부끄러움을 자신의 삶과 자아개념 전체로 확산시켜 스스로를 평가절하하거나 비난한다.

수치심이 해결되지 않으면 여러 가지 문제가 생긴다. 예를 들어 수동공격, 투사, 공상, 관계 철수(단절) 등의 문제가 발생할 수 있다. 이 문제들은 '대인관계'와 관련이 있다는 공통점이 있다. 즉 타인에 의해 생긴 수치심은 자기 스스로를 보호하기 위한 최후의 수단으로 수동공격, 투사, 공상, 단절 등의 모습을 보이는 것이다. 결국 수치심은 지극히 평범했던 사람에게 대인관계에 대한 스트레스, 민감성, 우울, 분노, 불안, 신체화, 경계선 성격, 열등감, 완벽주의, 외로움, 개인의 안녕감 훼손, 정서 조절 곤란 등의 어려움을 줄 수도 있으며, 스스로에게 주는 가장 파괴적인 고통의 감정이라 할 수 있다.

수치심을 자극하는 요인에 따라 외적 수치심external shame과 내적 수치심interanl shame으로 나눌 수 있다. 외적 수치심은 타인이 자신을 깔보거나 열등하거나 약하게 보는 것에서 오는 수치심이고, 내적 수치심은 자기 스스로의 가치를 깎아내리거나 자신이 바람직하지 않다고 여기는 상황에서 온다.

한편 상황 수치심state of shame과 특질 수치심trait of shame도 있다. 상황 수치심은 특정한 상황에서의 일시적인 수치심이고, 특질 수치심은 개인의 성격에 이미 내면화되어 자신 전체에 대한 부적절함을 느끼는 고통스러운 감정이다. 이외에 일차적 수치심, 이차적 수치심, 관계적 수치심 등의 다양한 분류가 있지만 분명한 것은 어떤 수치심이든 다른 사람의 평가에서 시작된다는 것이다. 타인의 시선으로 인한 부끄러움으로 수치심이 생겨나기 때문이다.

죄책감은 수치심과 비슷한 감정이지만, 타인에 의한 것이 아닌 자기 스스로 어떤 금기를 어긴 것, 또는 잘못한 것에 대한 감정을 뜻한다. 또 일어나지 않은 어떤 구체적인 행위에 초점이 맞추어져 있다. 죄책감을 흔히 '자책'이라고도 표현하는데, 가벼운 실수나 잘못, 도덕적 책임감으로도 느낄 수 있는 감정이기 때문에, 다른 사람보다 덜 힘든 상황이라는 사실만으로도 죄책감을 갖는 경우가 있다.

문제가 되는 사건이 부끄러워 그것을 되돌려 놓고 싶을 때 수치심이 발현되는 경우가 많다. 반면 죄책감은 문제를 수정하여 앞으로 어떻게 할 것인가와 관련이 있다. 즉 수치심은 과거의 일을 수정하고 싶은 마음이고 죄책감은 미래를 바꾸고 싶은 마음이다. 수치심은 죄책감에 비해 많은 고통이 따르며 심하면 자아 정체성까지 흔들릴 수 있다. 한편 죄책감은 타인에게 잘못을 고백하거나, 사과나 보상과 같은 타인 지향적 행동을 통해 덜어 낼 수 있다.

수치심과 죄책감은 분명 불편한 감정이지만 사회적 관계 형성에 반드시 필요한 감정이다. 수치심이 없는 사람은 예의나 기본적인 태도를 갖추지 않아 뻔뻔스러워 보인다. 또한 몰상식하게 보이거나 인간적으로 정이 가지 않을 수 있다. 수치심이 개인에게는 해로운 감정이라고 생각할 수도 있지만, 적절한 수준의 수치심은 개인의 사회성 발달에 도움을 준다. 수치심은 타인의 시선을 의식하고 자신의 행동을 스스로 평가하는 감정이기 때문이다. 수치심이 아예 없는 사람은 본인이야 마음 편하고 주관적 안녕감이 높겠지만, 주변 사람들을 불편하게 만들 수 있다. 그렇게 되면 사회적 관계의 질이 떨어지고, 원만한 대인관계를 유지하기가 어려워진다. 그러나 자신이 잘못한 것이 아니며 수치심을 느끼지 않아도 되는 상황인데도 과하게 수치심을 느끼는 경우가 있다. 만약 수치심이 과하게 느껴진다면 그것을 증폭시키는 외부 요인(사람, 환경)에 맞서 싸우거나 그것을 멀리해야 하고, 도움을 요청할 누군가를 찾아야 한다. 혼자서만 계속 '나는 쓸모 없는 인간인가 봐.'라는 생각을 반복한다면, 문제의 진짜 원인과 동떨어진 생각을 하게 될 수도 있다.

죄책감은 잘못의 재발을 막는 효과가 있다. 죄책감은 도덕적 양심을 작동시켜 사회적 일탈행동을 자제하게 만들고, 사회적인 관계 속에서 말과 행동을 스스로 조절하도록 하여 보다 원만한 사회적응을 돕는다. 또한 죄책감은 같은 잘못이 되풀이되지 않도록 계속 상기시키는 역할을 한다. 만약 사람들이 죄책감을 느끼지 못한다면 우리 사회는 크고 작은 잘못이 끊임없이 반복되는 정글과 같은 곳이 될 것이다. 결국 수치심과 죄책감은 인간이 사회적 존재로 살아갈 수 있도록 도와주는 감정이다.

용기 내면 성장 동력이 되는 수치심과 죄책감

앞선 첫 번째 사례 속의 교사는 선배 교사의 가볍게 던진 말 한마디가 계속 마음에 남아, 그것이 자신의 능력을 평가하는 것 같아 힘들어 했다. 좋은 교사가 되고 싶은 마음의 크기만큼이나 큰 부끄러움과 수치심이 교사의 마음을 계속 흔든다면 어떻게 해야 할까?

수치심이 깊어졌다고 느껴지는 순간,

조금은 뻔뻔하게 생각해도 괜찮은 상황이라고 생각하자.

입직한 지 얼마 되지 않은 열정 가득한 교사의 의도가 잘못된 것은 아니다. 다만 전체적인 흐름을 보는 경험이나 노하우가 부족할 뿐이다. 만약 교사가 제안한 내용들이 잘못되었다면 경험과 노하우가 많은 선배 교사들이 그것들을 잘 다듬어 주는 역할을 하는 것이 당연하다. 누구나 어떤 일을 추진하다 보면 의욕이 현실을 앞서거나 현실이 이상을 충족시키지 못하는 상황에 부딪힐 수 있다. 그것은 능력의 문제가 아니며, 어느 정도의 경륜이 쌓여야 하는 일이다. 처음부터 완벽하게 준비된 교사는 없다. 처음 하는 일이 조금 서투르고 잘못된 것처럼 느껴져 수치심으로 부끄러움의 대가를 치루었다면, 이제 자신의 방식대로 경험해 나가면서 새로운 시도를 해 보면 된다. 그런데 혹시 누군가가 자꾸만 그 수치심을 건드리고 후벼 판다면 그 사람은 멀리 거리두기를 해도 되는 사람이다.

자신의 사소한 잘못으로 다른 사람들까지 피해를 봤다는 자책감이 들면 처음에는 견딜 만하다가도, 그 생각을 오래 하다 보면 우울이 함께 자리하며 점차 무기력해질 수도 있다. 자책하는 시간이 늘어날수록 불편한 상황을 피하는 다양한 적응기제(방어기제)가 작동되어, 마치 아무 일 없던 것처럼 스스로를 정상화시키려고 할 것이다. 죄책감의 불편함이 자신의 노력이나 실천으로 해결되지 않은 상황에서 이런 적응기제가 작동되기 시작하면 문제는 커진다. 분명 나로 인해 누군가는 손해나 피해를 입은 상황이기 때문이다. 그럼 이런 상황에서 무엇부터 해야 할까?

죄책감의 가장 우선적인 해결책은 사과, 반성, 고백을 통해 그 무게를 덜어 내는 것이다.

이때 한 가지 유의해야 할 것이 있다. 단지 불편한 상황을 모면하기 위해 급하게 사과하거나 반성한다면 비슷한 상황이 또다시 반복될 수 있다. 흔히 시험을 볼 때 자주 틀리는 문제가 있듯이, 대인관계에서도 비슷한 맥락과 상황에서 비슷한 실수를 하게 되기 때문이다. 빠른 사과는 당장 마음을 편하게 해 주고, 관계를 좀 더 유연하게 만들 수 있다. 그렇지만 계속된 잘못에 깊은 성찰이나 진심이 없는 기계적인 사과가 반복된다면 상대뿐 아니라 자신 또한 힘들어진다. 섣부른 사과, 어색한 외면, 어설픈 핑계로 자신의 잘못을 영원히 외면할 수는 없다. 내 마음이 그것을 기억하고 있기 때문이다. 만약에 스스로 인정하는 반복적인 잘못이 있다면 서둘러 사과하거나 반성하기에 앞서 그것을 하나씩 뜯어서 분석해 봐야 한다. 오답 노트를 쓰듯이 어느 지점에서 실수나 잘못을 했는지를 천천히 살펴보는 것이다. 그 과정에서 자책하는 마음이 다시 들 수도 있지만, 이 자책감은 같은 실수나 잘못을 하지 않기 위해 감정이 주는 신호라는 사실을 기억하자.

계속해서 죄책감에 빠져 있으면서 주변 상황을 보지 못한다면 잘못한 나 자신을 마주할 용기가 없는 것이다. 용기가 없다고 해서 계속 피해야 할까? 긴 시간 동안 자책만 한다면 잘못의 본질을 왜곡시켜서 또다시 비슷한 잘못을 할 수 있다. '나는 왜 이런 실수를 했을까?' 하는 자책에만 집중하며 자신을 괴롭히면서, 실수를 하지 않는 방법에는 관심을 두지 않기 때문이다. 그런 의미에서 어떤 이들은 죄책감이 이기적인 마음의 발로라고 주장하기도 한다. 죄책감에 빠져 있는 동안에는 적어도 잘못한 점이 드러나기보다는 자신이 도덕적이고 양심 있는 사람으로 느껴질 수 있기 때문이다. 사실 자신의 잘못을 온전히 느끼고 수용하며 그것을 찬찬히 파헤쳐 볼 용기 있는 사람은 그리 많지 않다. '내가 왜 그랬을까?' 라는 자책의 마음이 든다면 스스로에게 이렇게 말하고 그 잘못을 들여다보자.

죄책감은 잠시 미뤄 두고 지금은 용기 내서 나를 보며,
그 잘못의 본질을 정확히 바라보자.
너도 실수할 수 있다고 용기 내도 된다고
'현재의 내'가 '힘들어 하는 나'에게 위로해 주자.

피하지 말고 차라리 잘못한 점에 잠시 머물러 보자. 인정받고 잘하고 싶은 마음이 강해서 주변을 살피지 못했다는 것을 스스로 느끼는 순간, 마음에 울림이 있을 것이다. 그때 나 자신에게 '괜찮아'라고 말해 주는 것이 진정한 회복과 치유가 된다. 그리고 그런 나는 잘못을 스스로 인정하고 그럴 수도 있는 존재라고 말할 수 있을 때, 잘못에 대한 사과도 진정성이 보일 것이다. 이는 유사한 잘못의 반복을 멈출 수 있는 기회를 넘어 성장으로 이어진다.

선생님을 위한 마음 챙김

좋은 점도 많지만 균형이 필요한 완벽주의

주변 선생님들이 적당히 좀 하라고 제가 완벽주의자라면서 그렇게 살면 힘들다고 하는데 문득 나에게 문제가 있나 싶은 생각이 들더라고요.

완벽주의자라고 하면 빈틈없이 빡빡한 사람 같다는 이미지가 연상되어 그렇지, 사실 완벽주의는 나쁜 개념이 아니랍니다. 선생님께서 무엇이든 열정적으로 한다는 건 성실하신 거죠. 선생님께서는 죄책감이 들면서 동료 선생님들께 미안한 마음이 드신 적 있으시죠? 죄책감은 '2차 정서'라고도 하고 '복합 정서'라고도 하는데, 3세 이상이 되어야 인식되는 감정입니다. 두려움이나 불안과는 또 다르죠. 이처럼 자신이 어떤 사람인지 스스로를 인식하고 평가하는 데 영향을 미치는 감정이나 사고를 '자의식 정서(self-conscious emotion)'라고 해요.

자의식 정서요? 들어 본 것 같기도 한데, 그게 완벽주의와 무슨 관계인가요?

우리 교사는 학생을 지도하고 보호자와 만나는 직업이라 관계에 쏟는 에너지가 많아요. 그런데 관계라는 것이 사람과 사람 간의 관계이다 보니 '타인이 나를 어떻게 평가할까?', '내가 나를 어떻게 평가할까?'의 이슈가 늘 따라다니죠. 그래서 교사는 자기 스스로에게도, 타인에게도 조금 엄격한 기준의 평가를 받곤 합니다.

네, 맞아요. 학교 업무와 상관없는 사생활의 영역에서도 왠지 평가받는 것 같은 느낌이라 계속 다른 사람의 시선을 의식하게 돼요.

타인의 평가에 민감할 수밖에 없는 직업적 특성이 있다 보니, 수치심이나 죄책감에도 예민할 때가 있지요. 그런데 한편으로는 완벽주의 성향을 갖게 되는 경우도 있어요. 해머체크(Hamacheck, 1978)는 완벽주의를 정상적 완벽주의와 신경증적 완벽주의로 나누어서 보았어요. 정상적 완벽주의는 노력하는 과정을 중시하고 완벽하지 않더라도 그 상황을 받아들이는 것이에요. 인정욕구가 강하지만 자신을 성장시키려는 욕구가 더 강하기 때문에 완벽주의가 성장의 원천이 되는 경우죠. 반면 신경증적인 완벽주의는 어떤 일이든 만족스럽지가 않고 새로운 일을 하기 전에 먼저 불안이나 혼란스러움을 느끼기도 합니다. 또 실패에 대한 두려움으로 과제 수행이 더뎌지기도 하지요. 사실, 완벽주의는 부정적인 것만을 뜻하진 않습니다. 완벽주의는 성실하며 실수가 적고 질서와 정리정돈을 잘하며 책임감이 강한, 적응적인 면이 많은 성향을 말합니다.

그런데, 왜 자꾸 부정적인 느낌이 들죠?

'완벽'이란 말을 충족시킬 수 있는 사람이 많지 않다 보니 완벽주의가 주변과의 갈등을 야기하거나 자신을 힘들게 만드는 원인이 되기도 합니다. 그런 이유로 부정적인 입장으로 회자되는 경우가 많죠. 완벽주의 성향의 사람과 같이 일하면 안심되고 성취 결과가 좋을 때가 많기 때문에 좋은 점도 많습니다.

정말 그렇겠어요. 완벽주의를 좋은 방향으로 잘 활용하려면 어떻게 해야 하죠?

1991년에 휴위트, 펠트(Hewitt, Feltt)와 동료들은 자기(self)의 특성을 반영하여 3가지 축을 기준으로 '다차원 완벽주의 척도(Multidimensional Perfectionism Scale; MPS)'라는 심리 측정 도구를 만들었어요. 이것을 중심으로 설명을 드릴게요.
우선 자기 지향 완벽주의가 있어요. 자기 스스로가 완벽해야 한다고 생각해 스스로에게 엄격한 기준을 적용하는 성향이에요. 이런 성향의 사람은 자신의 실패와 실수, 결점을 허용하지 않고, 강한 내적동기를 가지고 있어서 개인적인 심리 자원이나 능력이 충분하거나 이를 만들 수 있는 역량이 있어요.
두 번째로 타인 지향 완벽주의가 있어요. 자기 지향 완벽주의와 유사하지만 완벽함의 기준과 행동이 모두 타인에게 적용되는 성향이에요. 타인을 매우 엄격하게 평가하기 때문에 타인의 행동이 본인의 기준과 맞지 않으면 적대감을 표하거나 비난, 불신을 표현하여 대인관계에 마찰이 생기기도 해요. 무에서 유를 만들어 내는 상황에서는 이 완벽주의 리더십이 어느 정도 효과를 발휘하기도 하죠.
마지막으로 사회 부과 완벽주의가 있어요.

심리학에서는 자신에게 많은 영향력을 줄 수 있는 사람을 '의미 있는 타자(significant others)'라고 합니다. 학생 입장에서는 부모나 교사가 해당되겠죠. 사회 부과 완벽주의는 의미 있는 타자가 자신에게 높은 기준을 부과하고 있다고 생각하고 이 기준에 따라 자신을 엄격하게 평가하여 스스로 완벽해지려고 하는 성향이에요. 타인의 기대를 충족시켜야 인정과 사랑을 받는다는 신념이 있어서 기대에 부합하지 못하면 스스로 분노, 우울, 불안과 같은 정서적인 문제를 일으키기도 하고, 타인의 관심과 인정에 집착하기도 해요.

말씀을 듣고 보니 이제 생각나는 장면들이 있네요. 의미 있는 타인에게 인정받고자 하는 마음, 그것이 깊어지면 스스로 자책을 하거나 죄책감을 가질 수 있단 생각이 들어요. 그러면 선생님, 제 자신이 어떤 완벽주의 성향을 갖고 있는지 어떻게 알 수 있나요?

자기 지향 완벽주의자는 일단 타인이 어떻게 하든 관심이 없고 '나는 이 정도는 해야 돼!', '내가 혹시 실수를 하면 어떻게 하지? 실수는 절대 있을 수도 없어.', '이번에 빈틈없이 제대로 내 능력을 보여 줄 거야.' 와 같은 생각을 합니다. 성취를 이루었을 때는 한없이 기쁜데, 실수를 했거나 잘못한 경우는 문제가 됩니다. 만약 자신이 이런 성향이라면 '실수 없는 사람은 없잖아. 나도 그럴 때가 있어야 인간적으로 보이지. 괜찮아.' 와 같은 말로 스스로를 챙겨야 해요. 타인 지향 완벽주의자는 다른 사람에게 완벽주의를 부과하기 때문에 교사의 경우 후배 교사나 학생들에게 말할 때 알아차릴 수 있어요. "(완벽한 기준을 상정하고) 그 정도는 기본으로 해야 하지 않나요?", "좀 똑바로 할 순 없어? 이게 최선이야?"와 같은 말들을 하면서 타인에게 상처를 줍니다. 물론 본인은 타인에게 상처를 주고 있는지 모르지요. 한 조직에서 높은 위치에 있을수록 스스로 지각하기 힘들어집니다. 따라서 다른 사람에게 그렇게 이야기하고 있지는 않은지 끊임없이 스스로 모니터링해야 해요. 자신의 메타인지를 활용해야겠지요? 좀 안타까운 것은 대부분 '꼰대'라고 불리는 존재는 스스로가 완벽하다고 생각하는 경향이 있어요. 그래서 메타인지도 부정확해지지요. 그럼 어떻게 해야 할까요? 바로 아랫사람, 내 주변 사람이 나에 대해서 하는 말을 평가라고 생각하지 말고 있는 그대로 들어 보는 것이 매우 중요합니다. 자신에 대한 비난, 무시, 평가라고 생각하는 순간 상대방도 불편해서 이야기해 주지 않거든요. 그럼 외톨이가 되는 건 순식간이랍니다. 마지막으로 사회 부과 완벽주의자는 '의미 있는 타자(significant others)'가 자신에게 거는 기대가 있다고 착각하기 때문에 이런 생각들이 들 겁니다. "이걸 정말 제대로 하지 않으면 분명 선생님들이 나에게 실망할 거야.", "힘들더라도 조금 더 열심히 해야 보호자들이 좋아하실 거야. 그 정도는 해야 하고 나도 할 수 있어." 이런 비슷한 생각들을 자주 한다면 사회 부과 완벽주의 성향이라고 볼 수 있어요. 이런 성향이 있고 타인의 기대와 기준을 도달하지 못하고 인정받지 못한다는 생각이 들어 힘들다면 이렇게 생각하는 것이 도움이 됩니다. "이걸 해야 인정받는다는 것은 너무 조건적인 인정이야. 나는 그 조건을 다 만족시킬 순 없잖아? 잘되면 좋겠지만, 내가 나로서 인정받는 것이 우선인 것 같

아." 이런 생각을 하면서 사회 부과 완벽주의의 수준을 낮추어야 수치심과 죄책감도 낮출 수 있습니다.

지나친 완벽주의는 부작용이 있어 힘들어지지만, 완벽주의 성향 자체는 성실성을 동반하는 경우가 많기 때문에 목표하는 바를 성취했을 때 만족감이 상당히 큰 편이죠. 그래서 완벽주의 성향은 강화가 되기 쉽습니다. 그래서 완벽주의도 조절이 필요하지요. 완벽주의를 조절하기 위해서는 실패에 대한 두려움을 이겨 내는 것이 중요해요. 또 상황에 따라 기준을 조절할 수 있는 유연성이 필요합니다. 실수에 대한 걱정이 너무 많다면, 지금 나에게 완벽주의가 작동되고 있음을 인식하면서 일을 수행해 주세요. 그리고 메타인지와 같이 메타기분, 메타감정을 떠올리면서 현재 자신의 감정이 어떤 상황인지 잘 찾아보면 완벽주의 성향을 잘 활용할 수 있습니다. 또 다른 사람에게 "이렇게 해야 한다."와 같은 말을 하지 않는 게 좋고요. 매일 약간의 시간을 정해서 일과 관련 없는 취미나 여가 생활, 영화, 운동, 산책, 음악 감상과 같은 것도 많은 도움이 됩니다. 특히 교사는 완벽주의 성향을 학생에게 부과하는 경우도 있으니, 선생님께서 학생을 그런 기준과 시각으로 바라보는 건 아닌지 한 번씩 돌아보시는 것도 필요하겠지요?

자의식 정서, 완벽주의! 교사와 특히 많은 연관이 있어 보여요. 제가 평소에 학생들에게 하는 말에 완벽주의 성향도 있었던 것 같아요. 선생님 말씀처럼 저도 앞으로 제 완벽주의 성향을 잘 체크해 가면서 균형감 있게 생활해야겠어요.

피로감라 다르게
한없이 축 처지는 마음

무기력 helplessness

* 처음에는 이것저것 잘해 보려 했는데,

  어느덧 피로감을 넘어서 뭔가 하고픈 마음이 사라진 상태

* 알게 모르게 무기력해진 내 모습에서 느끼는 슬픔

* 갑자기 버럭 화가 나기도 하지만 매사에 수동적인 태도가 되고,

  퇴근 무렵에도 괴로운 마음

* 무기력한 모습이 학생들에게 영향을 줄까 걱정되어

  억지로 힘을 내도 계속 우울한 마음

열정을 가득 안고 시작한 교직의 경력이 쌓일수록 노하우만 늘어가지는 않을 것이다. 교사와 보호자, 동료 교사와의 관계에서 오는 긴장감과 피로감, 그에 따른 불안도 쌓여 갈 것이다. 모든 것이 긴장의 연속이던 신규 교사 시절에는 학교에서 업무 중일 때 느끼지 못하던 피로감을 퇴근 이후 급격하게 느끼기도 한다. 그런데 어느 정도 경력이 쌓인 이후에는 긴장감이 사라진 대신 학교 내의 비합리적인 부분, 이해되지 않는 관계 문화, 과도하게 압박하는 의무감 등으로 정신적인 피로도가 높아진다. 특히 교사 개인이 바꾸거나 통제할 수 없는 제도나 조직문화, 보호자와의 관계 등에서 지속적인 문제가 발생한다면 열정의 크기만큼 무기력이 올 것이다.

처음부터 무기력에 지배당하는 교사는 거의 없다. 다양한 상황을 겪으며 아등바등하다가 가장 마지막에 '무기력'을 만날 뿐이다. 사실 생각을 조금 달리해 보면, 무엇인가에 에너지를 쓰지 않았다면 무기력해질 이유도 없을 것이다. 결국 에너지 고갈이 무기력의 원인일 수 있다. 하지만 교사의 에너지는 방학의 41조 연수나 진로 성장을 위한 활동 등으로도 충분히 다시 채워질 수 있다. 이렇게 다시 에너지를 회복하고 새롭게 만난 학생들을 통해 누적된 피로를 해결할 수도 있다. 그럼에도 교사에게는 이러한 피로감과는 다른, 이유를 알 수 없는 무기력이 쌓일 때가 있다. 이럴 때는 아무리 노력해도 안 되고, 무엇을 시도해도 바뀌지 않을 거라는 생각이 굳어지기 시작한다. 그렇게 무기력이 학습된다면 그 피해가 고스란히 교사 자신, 학생, 교육의 질에 미치는 결과를 가져올 것이다.

학교에서 무기력한 교사는 눈에 잘 띄지 않고 특별한 문제를 일으키지 않는다. 더구나 무기력한 교사는 큰 문제를 일으킬 만한 직무동기도 없다. 그래서 도움이나 연대가 필요한 경우임에도, 주변에서 잘 몰라서 돕거나 연대할 수 없는 상황일 수도 있다. 학교 구성원의 무기력은 다른 감정과 달리, 장마 기간의 마르지 않는 빨래와 같다. 항상 어딘가 축축하게 젖어 있는 것과 같은 꿉꿉하고 찝찝한 감정으로 생활의 질을 떨어뜨리고 삶을 피폐하게 만든다. 무기력은 교사의 열정을 가장 많이 소모시키는 마음 상태이자, 회복이 더딘 감정이다.

점점 무기력해지는 나날들

"당신, 정신이 있어?"

다짜고짜 전화해서 소리를 지르고 욕설을 하는 아버님, 난데없이 교실 문을 열고 들어와 취조하는 어머님, 막말을 쏟아 내는 보호자들. 3년이라는 짧은 교직 생활 속에 왜 나에게만 이런 일이 반복적으로 일어나는지 모르겠다. 더 웃픈 건 이런 일들이 결국 자신들의 오해로 벌어진 일이라는 것. 민망한지 나중에 연락이 두절되는 보호자나 구구절절한 장문의 긴 문자로 사과도 아닌 변명을 하는 보호자는 그나마 나은 편이지, 1년 내내 학교로 민원을 제기하는 보호자도 있다. 동료나 선배 선생님들도 그저 참을 수밖에 없지 않겠냐 해서 꾹꾹 참고 있는데, 해마다 이런 보호자들을 만나니 어떻게 해야 할지 모르겠다.

친한 동기 선생님 학교에서 이런 비슷한 일이 있었을 때 교권보호위원회를 열어서 해결했다는 이야기를 듣고는 나도 교권보호위원회를 열고 싶다고 말했다가 어색해진 학교 분위기에 더 이상 말을 꺼내지 못했다.

옆 학교에서는 난동을 부린 보호자와 학생이 교권보호위원회에서 사회봉사 4시간 판결을 받았고, 피해를 입은 선생님은 병 휴직을 썼다는 소식을 들으면서, 화가 치밀어 오르면서도 더 무기력해지는 나를 느낀다.
— 3년차 중등교사

"선생님, 이것 좀 해 주시겠어요?", "선생님, 잠깐만 봐요. 금방 뚝딱 잘하시니, 부탁 좀 드려요."

처음에는 좋은 마음으로 수업 준비한 자료를 나눈 것뿐인데, 어느 순간부터는 개인 종교 활동 관련 인쇄물을 디자인해 달라는 선생님부터 퇴근할 때 내일 수업 PPT 자료를 공유해 달라고 하는 선생님까지. 왜들 그러시는지 불편한 마음이 가득했다. 내가 만만해 보이나 싶어 화가 나기 시작하는데, 한마디 대꾸도 제대로 못하고 그냥 피하기만 하다가, 이제 요즘은 한숨도, 화도 안 날 지경이다.

나의 기운 빠진 모습이 학생들에게 안 좋은 영향을 끼치는 건 아닌가 싶어 억지로 밝은 모습으로 재미있게 수업을 하려고 하지만, 그것도 오래가지 못한다. 분노, 화, 우울, 슬픔이 다 지나간 자리에 남은 건 영혼 없는 나만 아무것도 안 하고 싶은 상태로 있다. — 2년차 초등교사

교사라면 누구나 아는 3가지 교직관이 있다. 성직관, 노동직관, 전문직관이 그것인데, 이제는 '서비스직관'까지 포함해야 하는 것일까. 문제는 앞선 3년차 교사의 사례가 어느 직장에서도 보기 힘든 폭력적인 갑질이라는 점이다. 뉴스에서 가끔 소개되는 일들이 학교 현장에서 심심치 않게 일어난다는 것은 더 이상 놀라운 사실이 아니다.

첫 번째 사례의 교사는 3년간 악성 민원을 받고 폭력적인 일을 겪었음에도 마음 관리가 잘되어 있는 편이다. 미리 막거나 예상치 못한 보호자의 폭언과 같은 것이 계속적으로 발생한다면 많은 교사가 트라우마, 불안, 공포, 자괴감, 무기력 등의 심리적 어려움을 겪으며 힘든 상황에 처할 수 있다. 실제로도 보호자로부터 폭언을 듣거나 폭력을 당한 교사가 수치심과 자괴감에 병 휴직을 하는 경우가 많다. 그러나 이 교사가 이런 힘든 상황에서도 차분히 응대하고 참았다는 점, 사과가 아닌 변명이라도 들었다는 것을 다행으로 여기는 점은 교사의 생각이 유연하고 잘 대처해 왔다는 것을 나타낸다. 그럼에도 이 교사가 더 무기력했던 것은 학교의 문화 때문이다. 동료 교사나 학교 관리자 입장에서 적극적으로 교사를 지지하며 법적 절차대로 사건을 처리했더라면 교사는 무기력을 느끼지 않았을 것이다. 게다가 교권보호위원회가 열린 다른 학교 사례에서 법으로도 교사가 보호받기 어렵다는 현실에 더 강한 무기력을 느꼈을 것이다.

2년차 교사의 사례는 동료 교사와의 관계 때문에 무기력을 느끼게 된 상황이다. 좋은 마음으로 주변 동료 교사들에게 자신의 수업 자료를 나누고, 아무리 바빠도 부탁을 들어준 것이 후회가 되는 상황일 것이다. 퇴근 직전에 다음 날 수업 자료를 보내 달라 하고선 부탁한 당사자는 먼저 퇴근한 경우, 자신의 개인적인 일까지 마치 당연한 일처럼 부탁하는 경우, 누구라도 무시당하는 기분이 들어 불쾌할 것이다. 하지만 입직한 지 얼마 안 된 교사 입장에서는 싫어하는 티를 내면 혹시 평판이 나빠지지 않을까 고민이 되고, 관계가 어색해지고 불편해질까 걱정되어 자신의 불편한 마음을 쉽게 내색하지 못했을 것이다. 하지만 이런 식의 불합리한 일들이 일상적인 일이 되고, 일도 빠르고 예의 바르다는 소문까지 나면서 교사가 하지 않아도 되는 일들이 하나둘 넘어오는 상황. 자신과 비슷한 처지의 다른 동기 선생님 이야기를 들으면 화는 씁쓸함으로 바뀔 것이다. 이 씁쓸함은 무동기 상태로 바뀌고, 자신이 원하지도 않고 의미도 없는 일에 시간과 노력을 들여야 한다는 생각, 그렇다고 깔끔하게 해결하지도 못한다는 생각에 기운이 쭉 빠진다. 그리고 아무것도 하기 싫다는 생각이 저절로 든다.

어쩌면 교사가 겪는 무기력은 학교 현장에서 접촉면이 가장 넓은 학생에게 먼저 가닿을 것이다. 학생의 관점에서는 무기력한 교사를 어떻게 바라볼까? 사실 학생들은 교사의 무기력이 왜 왔는지 알 수 없다. 설령 안다 하더라도 학생이 그것을 감안하여 교사의 회복을 위해 노력할 일은 거의 제로에 가깝다. 학생 입장에서는 무기력한 교사가 단지 '열의 없는 선생님' 혹은 '조금 이상한 선생님' 쯤으로 보일 것이다.

한편, 이런 구조적인 이유로 학교에서 무기력을 느낄 가능성이 큰 사람이 또 있는데 바로 학생들이다. 자신의 자발성이나 흥미와 상관없이 의무감에 수업 참여를 하는 상황이 지속된다면 학생들 역시 무기력해질 수 있다. 교사가 시스템과 구조적 한계, 사회생활 속 인간관계에서 무기력을 느끼고 특히 저경력 교사일 경우 많은 영역에서 무기력을 느끼는 것과 같이, 학교나 가정, 사회에서 약자의 입장에 처한 학생도 무기력을 느끼는 상황에 처할 수 있다.

구조적인 한계로 인한 무기력은 마치 하품이 퍼지듯 금세 퍼져 나간다. 감정은 주변으로 전이가 잘되는 특성이 있는데, 무기력은 특히 그렇다. 만약 일시적이거나 원인이 분명한 무기력이라면 금방 개선될 여지가 있다. 그러나 오랜 시간 동안 고착화된 구조적인 문제로 인한 무기력이라면 이야기가 다르다. 그러한 무기력은 구성원들의 동기까지도 빼앗아 버리기 때문에 더 문제가 커진다. 열심히 하면 손해 보고 오히려 더 상처받는 느낌에 실망하고 동기가 낮아져 무기력해지는 상황이 된다면 조직 전체에도 영향을 끼칠 수밖에 없다. 그러므로 구성원에게 무기력을 유발하는 구조적 한계는 하루빨리 사회적인 인식, 합의, 사회제도적인 개선을 통해 시스템과 문화를 변화시키는 방향으로 해결해야 한다.

어느 순간 피로를 넘어선 무기력

"선생님, 저희 아이가 얼마나 불쌍한지 모르겠어요(하략)."

"선생님, 아이가 좀 별나죠? 잘 부탁드립니다(하략)."

"영희야, 무슨 일 있었어?" "쟤가요~ (하략)"

학부모 상담 기간이 끝날 때 즈음 되니 온몸이 천근만근 무거워졌다. 어떤 이유에서인지 몰라도 피곤함이 극에 달한 상태였다. 이럴 때 학생들이라도 내 뜻대로 움직여 주면 정말 좋을 텐데, 왜 하필 이럴 때 유독 많이들 싸우는지.

학생들의 이야기를 하나하나 열심히 들어 주고 해결해 주려 하고, 갈등도 풀어 주었다. 어제도 오늘도 왜 이리 바쁜지 학생들까지 다투니 더 버겁다. 보호자들은 왜 그리 다들 사연이 많은 걸까. 자신들의 힘든 일들을 상담 받으러 오는 시간이 아닌데, 알고 싶지 않았던 가정사까지 듣게 되고 눈물을 한참 흘리고 나간 보호자는 밝은 얼굴로 나갔지만 다음 보호자를 기다리는 내 눈에는 다크서클이 가득하다.

보호자의 이야기를 들어 주는 것도, 학생들의 갈등을 해결하는 것도, 분명 그동안 내가 잘해 왔던 것들이고, 어렵지 않게 해 오던 일들인데 이상하다. 왜 이리 힘이 들고 지치는지 모르겠다.

교사는 학부모 상담 기간에 보호자의 다양한 사연을 경청하며 공감했다. 이 교사가 느끼는 무기력은 앞선 3년차 교사와 2년차 교사의 사례와는 사뭇 결이 다르다. 앞선 두 교사의 사례는 구조적인 문제, 개인이 통제하지 못하는 상황에서 어쩔 수 없이 무기력을 경험하고 학습하게 된 상황이라면, 이 사례의 교사는 자신의 책무에 최선을 다하다가 지치고 무기력해진 상황이다.

대부분의 교사는 책임감이 강하고 매 순간 자신의 앞에 있는 학생이나 보호자에게 진심으로 다가가려고 노력한다. 하지만 다른 사람의 감정을 수용해 주는 일은 무척 힘들기 때문에 그 일이 반복된다면 지치기 쉽다. 자신의 감정을 비우고 타인의 감정을 온전히 느끼는 것은 많은 에너지가 쓰이는 일이다. 교사에게는 이런 일들이 일상이지만 점점 많아지니 어느 순간 버거웠을 것이다. 그리고 그 버거움 때문에 힘들고 지친다는 생각이 매일 지속되고 감당할 수 없는 정도에 이르면 교사의 의지와 상관없이 심리적 소진burn out이나 공감피로 compassion fatigue를 겪을 수 있다.

'무기력'은 어디에서 올까

우울증과는 달리 무기력은 질병으로 분류되지 않는다. 무기력은 하나의 증상이다. 기침을 한다고 해서 무조건 감기 때문이라고 할 수 없듯이, 무기력도 다양한 원인으로 나타난다. 무기력의 원인을 크게 환경, 신체, 심리로 나누고 좀더 자세히 살펴보면, 우선 환경 원인에는 공간적 요인과 사회적 요인이 있다. 공간적 요인은 우리가 가장 많이 활동하는 공간 때문에 무기력이 오는 경우를 말한다. 가령 채광이 잘 안 되는 교실, 어두운 복도, 원활하지 않은 환기, 단조로운 학교 구조 등이 공간적 요인에 해당한다. 무기력이 학교교육과 관련된 채용, 승진, 업무 추진 제도, 암묵적인 문화와 같은 데서 온다면 이는 사회적 요인 때문이라 할 수 있다. 두 번째로 신체 원인에는 신체 피로, 체력 저하 등이 있고, 우리가 흔히 말하는 소진burn out도 무기력의 신체 원인에 해당한다. 세 번째로 심리 원인에는 감정 인식 불안정, 동기 저하, 인지적 손상, 학습된 무기력, 공감피로, 낮은 효능감과 자존감 등이 있다.

무기력 상태가 되면 수동적이고 우울해지며, 문제 해결력의 효율성이 떨어진다. 인내심이 부족해지거나 주변에 무관심해진다. 무기력은 단일한 증상이 아닌 복합적인 증상으로 나타나기 때문에, 교육 장면뿐 아니라 학교생활 전반에 큰 영향을 미칠 수 있다. 작은 부품이 하나 고장 나면 기계 전체가 멈추는 것과 같은 이치이다.

특히 교사가 겪는 무기력의 원인인 소진burn out에 주목해 볼 필요가 있다. 소진은 다양한 신체 특징을 동반하는데, 결국 몹시 피로감을 느끼는 것을 넘어 사람과 대화하는 것 자체가 귀찮아지고 타인의 시선을 전혀 의식하지 않은 채 다소 우울감을 나타낸다. 좀처럼 의욕이 생기지 않고 특별한 이유 없이 축 처지는 것은 소진으로 인한 무기력이라 할 수 있다. 이런 상황에 놓인다면, 우선 스스로가 교육활동이나 학교 내 분장 업무, 학생과 보호자와 동료 교사와의 관계에서 그간 보이지 않게 더 많이 애쓰고 노력해 오지는 않았는지 점검해 볼 필요가 있다.

다양한 직군의 소진 척도를 만든 말라크와 잭슨Maslach & Jackosn은 크게 세 가지로 소진을 판단했는데, 이는 정서의 고갈, 비인간적인 모습, 개인적 성취에 대한 미동기(무관심)이다. 정서의 고갈이란 어떤 상황에서도 감정적 동요가 없는 상태이다. 직무 스트레스로 감정이 소진되고 심리적 탈진으로 피로와 상실감을 느끼면서 자신이 하는 모든 일에 흥미와 열정을 잃는다. 비인간적인 모습은 주변 사람이나 직장 동료에 대해 냉소적이고 회의적인 태도를 보인다. 개인적 성취에 대한 미동기(무관심)는 직무에서 성취감을 느껴 본 경험이 없기 때문에 모든 의욕을 잃고 낮은 자존감으로 낮은 성취를 보이는 상태이다. 무기력의 원인을 소진으로 보았을 때, 무기력과 소진의 3가지 증상을 간단히 나타내면 다음과 같다.

무기력과 소진의 하위 요소

보통 소진 연구는 상담자, 교사, 간호사처럼 타인을 정서적으로 돌보는 직군을 대상으로 이루어진다. 이러한 직군은 타인에 대해 강한 정서적, 감정적 유대감을 갖고 있는 직군으로 분류된다. 가령 상담자를 대상으로 한 소진 연구의 결과를 살펴보면, 교육 비용에 비해 낮은 보수, 불안정한 고용 상태, 업무 이외의 행정적 업무, 상담 종결 후

비밀 유지 등과 같은 요인으로 강한 스트레스를 받는다고 한다.

그럼 교사 직군은 어떤 특성이 있는가? 입시 경쟁이나 입직 경쟁에 쏟은 노력에 비해 상대적으로 낮게 느껴지는 초봉, 호봉제, 성과 상여금(매출을 기준으로 할 수 없는 교육 성과의 기준이 문제가 되고 있다.), 교육 업무 이외의 행정 업무 등으로 소진을 겪을 수 있다. 상담사 연구에서는 상담자와 내담자와의 관계에서 상담자가 자신의 상담이 내담자에게 별 효과가 없다고 느끼거나, 내담자에게 일방적인 돌봄을 제공할 경우 소진되는 현상이 발견됐다. 이 연구 결과는 교사의 소진에도 시사하는 바가 크다. 상담자와 내담자의 상황을 교사와 학생의 상황으로 대입시켜 본다면, 상담자와 마찬가지로 교사 또한 학생의 의미 있는 성장을 지향하는 교육을 하고 있으며 학생을 관리하는 돌봄을 하고 있는 상황이다. 즉 교사가 자신의 교육활동이 학생에게 별 의미가 없거나 효과가 없다고 느끼면 교사로서의 성취감이나 효능감이 떨어져 소진에 취약해질 수 있다. 또한 학생이 교사의 일방적인 관리나 돌봄을 받는 경우도 교사 소진이 촉진될 수 있는 것이다. 결국 교사의 교육활동과 학생의 성장, 교육활동의 성과가 서로 긍정적인 상호작용을 이뤄 내야 교사의 소진을 예방할 수 있다는 뜻이다.

또 하나, 교사로서 주목해야 할 것이 공감피로compassion fatigue에 의한 무기력이다.

공감피로는 조인슨Joinson이 간호사가 환자와 공감적 관계를 만든 후 더 많은 에너지를 쏟으며 경험하는 소진 현상에 대해 주목하여 연구한 정의이다. 공감피로는 무관심, 우울, 비효율성, 대처 능력 상실,

분노 등을 가져올 수 있으며, 심리학적 개념으로 본다면 외상후스트레스증후군PTSD으로 분류할 수 있다. 주로 외상 사건의 피해자를 접촉하고 돕는 것에서 오는 외상후스트레스증후군에서 간접 증후군에 속하는 것인데, 아픈 사람을 돌보고 마음을 쓰면서 상대의 육체, 심리, 사회적 고통을 자신의 고통으로 생각하게 된다. 공감 능력이 뛰어날수록 쉽게 공감피로를 느낄 수도 있지만, 좀 더 정확하게 말하자면 상대에게 동감하기 때문에 공감피로를 느끼는 것이다. 따라서 교사, 사회복지사, 경찰관, 소방관, 재해구조대와 같이 주로 타인을 돌보거나 돕는 직업군이 받는 높은 스트레스가 공감피로에 의한 것이라고 할 수 있다. 공감피로는 고통받는 사람을 돕는 과정에서 전문가들이 겪는 감정적 돌봄의 비용이라고 정의되기도 하고, 이를 소진과 유사하다고 보기도 한다. 하지만 공감피로가 다른 이를 돕는 과정에서 빠르게 발생하는 반면, 소진은 전반적인 업무 환경이나 직무 등의 문제에서 점진적으로 발생한다는 점에서 둘은 차이가 있다.

공감피로는 신체적, 감정적, 사회적 건강과 안녕에 영향을 주면서 점차 소진으로 발전해 간다. 즉 공감피로는 소진으로, 소진은 무기력으로 진행되는 것이다.

공감피로는 '내가 왜 이러지? 이상하다.' 식의 피상적 신호로 느껴질 수도 있지만, 갑자기 화, 분노, 슬픔, 우울로 나타날 수도 있다. 심하면 악몽, 공포, 수면장애, 회피와 같은 증상부터 무능력감, 무관심, 극도의 무기력을 느끼기도 하고 가족, 친구, 동료와 심리적으로 분리되는 현상이 생길 수도 있다.

한편 '공감만족Compassion Satisfaction'이라는 개념도 있다. 공감만족은 피겔리Figely가 공감피로를 연구하면서 발견한 개념으로, 타인을 돕는 일처럼 이타적인 일에서 느껴지는 긍정적인 감정이다. 공감만족은 공감피로에 대항하는 역할을 한다는 점에 주목할 필요가 있다. 공감피로가 느껴진다고 해도 소진으로 연결되지 않는다면 그것은 그만큼의 공감만족도 존재하기 때문이다. 즉 공감만족은 정신적 안녕을 유지하고 공감피로를 조절하며 소진과 무기력을 막는 효과가 있다. 그렇다면 교사는 언제 공감만족을 느낄 수 있을까? 교사로서 지도한 학생이 뿌듯한 일을 성취하거나 어려움을 극복할 때, 대화와 만남을 통해 학생이 성장하고 보호자가 변화하는 모습을 보일 때, 학교 교육활동에서 여러 아이디어나 노력들이 많은 사람에게 도움을 주어 보람을 느낄 때 등등 다양한 상황이 있을 것이다.

또한 직무 환경이나 문화 속에서 공감만족을 얻을 수도 있다. 다수의 연구에 따르면 동료나 상사의 정서적 지지가 높을수록, 외상후증후군 대비 교육을 했을 경우에 공감만족이 훨씬 높아진다고 한다. 또한 경력이 높을수록 공감만족은 높은 반면 공감피로나 소진은 낮아지는 경향이 있다고 한다. 결국 공감피로나 소진은 한 개인의 심리적인 문제만은 아니라는 것이다. 따라서 교사의 입장에서도 개인의 내적인 만족보다는 학교의 인적 구성과 조직문화, 사회적 시선이 훨씬 중요하다.

"뭘 그런 걸로 힘들어 하나."라는 말보다는 "많이 힘들겠다. 조금은 힘을 빼고 해도 괜찮아."라고 지지해 주는 말이 오가는 조직문화 내에서 공감만족이 높아질 수 있는 것이다.

따라서 학교 현장에서 교사에게는 학교 동료나 관리자의 정서적 지지, 학생 생활지도나 상담과 같은 영역에서 발생할 수 있는 공감피로에 대한 대응 체계가 마련되어야 한다.

정서적 지지와 연대가 필요한 무기력

교사가 무기력을 경험하는 이유는 교육활동 안에 학생의 학습지도와 더불어 학생의 심리 성장도 포함되어 있기 때문이다. 이를 위해 지속적으로 학생들의 상황을 살피고 문제가 있을 때 이를 해결하려고 애쓰다 보면 감정 소진이나 공감피로에 이를 수 있다. 그럼 무기력을 어떻게 예방할 수 있을까? 앞서 언급했던 무기력과 소진의 원인에서 그 힌트를 얻을 수 있다. 무기력의 환경 원인인 공간은 학교를 옮기기 전에는 쉽게 바꿀 수 없겠지만, 조직문화는 시간이 걸리더라도 어느 정도 변화가 가능하다. 혹시 학교 내에 자신과 비슷한 처지의 교사가 있는지 살펴보는 것부터 시도해도 좋다. 아니면 다른 학교의 교사와 만나 조직문화에 대한 고민들을 나누는 것도 사회적 지지효과를 얻을 수 있다. 학교 안이든 밖이든 다른 교사들과 연대하려는 의도적인 노력이 필요하다. 이런 노력들은 별것 아닌 것 같아도, 학교 내 조직문화에 머물러 있던 시선을 확장시켜 타인과의 정보 교류, 정서적 지지, 연대감 형성 등을 통해 타인에 대해 무감각해지는 것을 예방하는 효과가 있다.

비슷한 처지의 교사들과
함께 마음을 나누는 시도를 해 보자.

전에는 분명 어렵게 하지 않았던 일들이 어느 순간 갑자기 힘들게 느껴지면서 지칠 때, 교사는 고개를 갸우뚱하며 '갑자기 왜 이러지?' 싶어 당황스러울 때가 있을 것이다. 아니면 갑자기 멍해지거나 마음 속으로 뭔가를 자꾸 읊조리고 있는 듯한 기분이 들 수도 있다. 건망증처럼 무언가를 자꾸 깜빡하거나, 익숙했던 일들이 갑자기 어색하게 느껴지는 순간들도 있을 것이다. 이럴 때에는 잠시 멈춰서 자신의 몸과 마음이 어떤 목소리를 내고 있는 것인지 잘 살피고, 무엇이 원인인지를 찬찬히 점검해야 한다. 감정은 마음이 신호를 전달하는 것이고, 우리는 그 신호를 통해 내 몸과 마음에 생채기가 생겼거나 앞으로 생길 수 있다고 해석할 수 있어야 한다. 이것이 바로 자신의 감정을 이해하고 존중하는 첫걸음이다.

'이상하다? 안 그랬는데 왜 이러지?'라는 느낌은
감정이 나를 돌보라고 말하는 신호다.

무기력을 포함한 소진, 공감피로를 감소시키기 위한 좀 더 적극적인 전략으로 mindfulness를 해 보자. 우리나라에서는 mindfulness

를 '마음챙김'으로 해석하고 있는데, 이는 MBSRMindfulness Based Stress Reduction과 같은 명상법에서 유명해지기 시작했다. 마음챙김은 알아차림awareness을 통해 자신의 신체 감각, 생각, 감정, 느낌, 욕구를 평가하지 않고 지금-여기 매 순간을 그대로 수용하는 것이다. 그러기 위해서는 자신의 내면을 모니터링, 집중, 비판단적 생각을 활성화시키는 전략을 쓴다. 가령, 마음챙김 명상을 할 때 '판단하지 않기, 초심자의 마음, 신뢰하기, 애쓰지 않기, 수용하기, 베풀기, 감사하기, 나에게 자애롭기'와 같은 단어들을 떠올리면 자신의 내면에 좀 더 집중할 수 있다. 이런 과정을 통해 마음이 이완되고 심리적으로 유연해지는 효과를 볼 수 있다. 마음챙김 명상은 목적에 따라 방법도 다양한데, 기본 원리는 한 가지다. '현재 지금의 나, 여기의 나에 집중하여 아무런 판단 없이 이 순간을 느낄 수 있게 호흡하고 편안한 상태가 되어야 한다'는 것이다. 이런 상태가 되기 위해 의식의 '알아차림' 또는 '깨어 있기'가 필요하다. 명칭이나 방법들은 조금씩 다르지만 위빠사, 참선, 호흡 명상 등도 알아차림을 위한 의식의 조절을 연습한다는 데 있어 모두 목적이 같다. 이런 연습법은 감수성훈련 또는 참만남 집단상담 encounter group, 게슈탈트 심리치료에서도 전통적으로 쓰이는 방법이다. 이 모든 방법은 명상과 호흡 방법, 신체 자각과 감정 알아차리기를 통해 외부로 향해 있는 마음의 시선을 자신에게로 집중시켜 스트레스나 외부환경의 문제를 흘려보내고 스스로 문제를 해결할 통찰과 유연함을 얻고자 하는 것이다.

나 자신에게 집중하는 것이 최고의 치유법이다.

　교사의 무기력이 가장 큰 문제가 되는 상황은 그 원인이 무엇이든 무동기 상태가 되는 것이다. 무기력은 심신의 피로감과 차원이 다르다. 단순한 피로감은 여가와 휴식을 통해 금세 회복이 되지만, 무기력은 쉰다고만 해서 해결되는 것이 아니다. 무기력에서 회복되려면 조금 더 적극적인 전략들이 필요하다. 예를 들어, 무기력을 느끼는 장소에서 벗어나 새로운 환경의 자극을 받거나, 소소한 취미 생활이나 여가를 즐기는 것도 효과적이다. 이런 것들은 무기력의 원인과 조금 거리를 두는 방식의 전략이다. 특히 퇴근 이후에는 학교 일에 대한 과도한 압박과 스트레스를 받지 않아야 한다. 물론 동료 교사들과 이야기 나누며 고민과 스트레스를 소소하게 푸는 것도 좋다. 하지만 학교 일에서 느끼는 피로감을 근무 시간 이후까지 동료 교사와 이야기 나누는 것은 한두 번이면 족하다. 이런 방법은 처음에는 속 시원하고 위로도 되겠지만, 같은 공간에서 일하며 다른 입장을 가진 교사가 모여 서로를 위로하는 것도 분명히 한계가 있기 때문에, 건강한 관계를 지속하는 데 있어서는 장기적인 효과가 크지 않다. 다만, 나와 비슷한 처지에 놓인 학교 밖의 다른 교사들을 찾아 마음을 나누는 것은 분명한 연대의 목적이 있고, 정서적 지지 그룹을 찾는 것이므로 조금 이야기가 다르다.

　퇴근 이후의 여가 생활이나 성취를 할 수 있는 아주 소소한 목표 등을 정해서 계획을 세워 보자. 신체 활동이 좋은 교사는 운동, 산책,

동아리 활동, 악기 배우기 등을 할 수도 있고, 정적인 활동을 선호한다면 영화, 독서, 영상 제작 등을 할 수도 있다. 이러한 소소한 계획을 달성하여 성취했을 때 자기 자신에게 보상을 주는 방식이 효과적이다.

소소하게 성취할 수 있는 여가 계획은
교사로서 최선을 다한 나에게 보내는 시간 선물이다.

선생님을 위한 마음 챙김

학습된 무기력, 이렇게 극복하세요.

선생님, 아무리 발버둥 쳐도 바뀌지 않는 현실에 실망감을 넘어 제 삶 전체가 무기력해지는 것 같아요. 주변에서는 학습된 무기력이라고들 하는데 어떻게 해야 하죠?

학교 현장에서 보호자, 학생, 동료 교사들과의 관계 속에서나, 혹은 점점 늘어나는 행정 업무나 정리되지 않은 각종 요구 자료 등을 처리하다 보면 답답하기도 하고 화도 나시죠. 조금만 바뀌어도 좋을 것 같은데 바뀌지 않는 상태가 지속되면 점점 지치고 무기력해질 수밖에 없습니다. 무기력 극복 전략의 한 가지로 선생님의 귀인 양식(attributional style)을 점검해 보는 것도 좋습니다.

귀인 양식이요? 원인을 설명하는 방식을 말씀하시나요?

네, 귀인(attribution)은 사건과 상황의 원인이고, 양식(style)은 그것을 설명하는 방식과 패턴이니, 귀인 양식은 어떤 상황의 원인을 설명하는 패턴이지요. 사람마다 상황을 설명하는 습관화된 패턴이 존재하거든요. 그것을 살펴보는 것입니다.

그런데 그게 왜 중요한가요? 무기력에 대한 원인의 설명이 반드시 필요한가요?

우리는 스스로 상황을 통제(control)할 수 있을 때 자존감(self-esteem)이 높아지고, 심리적인 안정감을 얻기도 합니다. 또 이때 자신의 영역에서 좋은 결과를 성취할 수 있다는 기대를 하면서 노력을 이끌어 내는 자기효능감(self-efficacy)이 생겨 실제로 좋은 성과를 이루곤 하지요. 하지만 개인이 통제할 수 없는 상황이나 현실이 주는 압력이 강한 상황에서, 뭔가 변화를 시도해도 바뀌지 않는다는 좌절을 느끼며 내적 귀인, 즉 자기 탓을 하는 경우가 많습니다. 문제의 근본적인 원인은 환경에 있는데 자신이 부족한 탓이라고 생각하면서 더 무기력해지는 것이죠. 그러다가 어느덧 마음속에 '내가 뭘 해도 변하지 않을 거야', '원래 그런 건데 내가 뭘 어쩌겠어' 하는 사고(생각)가 신념(beliefs)처럼 자리하곤 합니다. 신념화된 생각은 비슷한 상황 혹은 그렇지 않은 상황에서도 사건과 세상을 해석하는 도구의 역할을 하지요. 그래서 잘못 해석하기도 합니다.

상황을 해석할 때 점점 무기력을 당연하게 여기는 믿음이 생긴다는 거군요?

네, 그런 믿음은 자신이 경험한 현상을 해석한 것이기 때문에 설득력 있어 보이지만, 사실 이렇게 형성된 신념이 다른 환경에서까지도 생각과 사고를 비관적으로 만들며 무기력을 확장시킬 수 있어요. 따지고 보면 그닥 비관적이지 않은 상황도 그 신념에 따라 해석하기 시작하거든요. 특히 교사는 책임감이 높은 경우가 많아서 안 좋은 결과를 자신의 탓으로 돌리는 경우가 종종 있는데, 그럴 때 이런 신념들이 자꾸 교사로서의 자기효능감과 자존감을 떨어뜨리는 악순환이 되어 무기력이 더 짙어집니다.

그래서 귀인 양식을 바꾸는 것이 중요하겠군요. 그럼 귀인 양식을 어떻게 바꿀 수 있을까요?

네, 맞습니다. 비관적인 귀인 양식을 바꿔야 하죠. 언제부터인가 알게 모르게 무기력이 학습되는 것을 막기 위해서는 우리 사고를 낙관적으로 바꿔야 하는데, 언어 습관부터 바꾸는 것이 중요해요. 《학습된 낙관주의》의 저자 마틴 셀리그만도 언어 습관을 바꾸는 것이 매우 중요하다고 강조하고 있어요.

언어 습관! 학생들에게는 늘 강조하는데, 교사에게도 언어 습관이 중요하군요.

언어는 사고 형성에 많은 역할을 하니 당연히 중요합니다. 비관적인 사람의 경우, 나쁜 일은 오랫동안 지속되고 자신이 부족하고 못나서 그렇다고 생각하는 귀인 양식을 갖는 특징이 있어요. "안 좋은 일은 언제나 나에게 일어나. 내가 못나서 그런 거지 뭐." 이런 식으로 해석하지요. 반면에 낙관적인 사람은 만족스럽지 못한 상황에서도 그것을 자기 비난으로 돌리지 않고 상황에 그 원인을 둡니다. "이번에는 좀 특수한 상황이었네, 이건 사실 내 잘못은 아니야."라고 말하지요.

선생님, 그런데 좀 이상하네요? 저렇게 생각하는 건 학생들이 잘못에 대한 궁색한 변명을 할 때 하는 말과 비슷한 것 같은데요? 그럼 좀 뻔뻔해 보이고 핑계 대는 것처럼 보이지 않나요?

네, 얼핏 이 말만 놓고 보면 그렇게 보일 수 있습니다. 이때 고려해야 할 것에 대해서 잘 말씀해 주셨어요. 상황이나 맥락에 따라 다르겠지만, 특정 실패 상황에 대해 낙관적인 귀인 양식을 사용한다고 해서, 예를 들자면 '2층에서 뛰어내려도 나는 다치지 않을 거야'와 같은 비현실적 낙관주의를 뜻하는 것은 아니기 때문에 괜찮습니다. 여기서 말하는 낙관주의의 핵심은 비관적인 사건을 자신의 탓으로 돌리지 않고, 앞으로도 영원히 안 좋을 것이라고 생각하지 않으며, 자신의 삶 전체를 비관적으로 보지 않아야 한다는 점이에요. 예를 들어 좋은 일이 일어나는 경우를 떠올려 봅시다. 비관적인 사람은 "오늘만 운이 좋았네.", "다른 사람들 덕분이지 뭐.", "내가 노력해서 그나마 이 정도지 뭐." 식의 패턴으로 생각하고 말하는 반면, 낙관적인 사람은 "나는 늘 행운이 따르는 편이야.", "나는 능력이 있으니까." 식의 패턴으로 생각하고 말합니다. 그런데 가만 보면, 기존의 우리 문화에서 강조하는 겸손하곤 좀 차이가 있지요? 내가 나를 이렇게 생각하는 것과 다른 사람에게 그것을 강조하는 것은 별개거든요. 그래서 불행 또는 좋은 일이 생길 때 그것을 내 언어 습관이나 귀인 양식을 통해 낙관성을 학습하도록 노력한다면, 힘든 학교생활에도 덜 무기력해질 수 있습니다. 어릴수록 무엇이든 될 수 있다고 낙관적인 생각을 하지만, 나이 들수록 할 수 없는 것이 더 많아지는 현실이 우리 삶이잖아요? 그러니 살아가면서 어느 순간에는 비관적인 생각을 하는 게 실패에 대한 충격을 덜 받기 위해 필요하기도 합니다.

그렇지만 무기력이 삶을 지배하지 않게, 불행은 줄이고 행복은 늘리려는 낙관성을 학습하는 노력을 해 보면 어떨까요? 혹시 좋지 않은 결과가 나왔다면 내 탓을 하며 에너지를 소모하기보다는 상황을 탓하며 다시 도전할 수 있는 용기를 내는 것, 좋은 결과가 나왔다면 내가 노력한 것에 대한 결과로 인식하며 더 지속할 수 있는 힘을 기르는 것이죠. 이는 무기력에 대응하는 효과적인 방법이기도 하면서 행복한 삶을 가꾸시는 데 도움이 될 거예요.

아, 이해가 되네요. 시간이 지날수록 낙관적인 것들을 점점 잃어 가는 생활이었는데, 이제는 내 삶의 전반적인 것을 낙관적으로 생각해도 괜찮다는 것이죠?

그럼요, 그래도 괜찮아요. 말하자면 좋은 일은 영원히 지속될 것처럼 느끼자, 좋은 일은 나에게 원래 잘 생기는 것처럼 느끼자는 것입니다. 만약 내가 원하지 않던 일이 생겼을 때는 그 이유를 그 일이 일어난 지금 이 순간에 국한해서 생각하여 불행의 범위를 축소시키자는 것이지요. 그런데 여기서 한 가지 중요한 핵심이 있어요. 그렇다면 비관주의가 다 나쁜 것인가 하는 거예요. 비관주의는 우리가 나쁜 일에 대비하게 만들어 주기도 하죠. 그래서 생존율과 실패 확률을 낮춰 주기도 합니다. 비관주의가 무조건 나쁜 것만은 아니랍니다. 다 쓰임이 있거든요. 단, 그 쓰임이 상황과 맥락에 따라 독이 될 수도, 약

이 될 수도 있습니다. 가장 좋은 것은 유연한 낙관주의자가 되는 것이죠.

네, 선생님. 비관주의나 낙관주의나 모두 쓰임이 있고, 결국 이들의 역할을 제대로 이해하고 활용하도록 잘 해석한다면 균형 잡힌 삶을 살 수 있을 것 같네요. 낙관성에 대해서 제가 오해한 부분도 있었던 것 같아요. 잘 활용할 수 있도록 제 귀인 양식을 잘 돌보겠습니다.

나를 보호하기 위한
가장 빠른 반응

두려움 fear

③

"감정은 원인이 아니라 결과다.
그것이 감정을 자세히 봐야 하는 이유다."

무섭고 두려움,
불편한 감정들의 출발점

* 특별히 두려워할 것 없는 학교에서 느끼는 생존 욕구

* 한번 느껴지면 다양한 감정들이 파생될 수 있는 불편한 감정의 플랫폼

* 해소되기 전에는 극심한 공포감으로 힘들지만 해소되면

  의외로 금방 안정을 되찾는 감정

* 용기 내서 맞닥뜨리면 사라지고 더 강인하게 만드는 감정,

  그러나 상상하기 싫은 것

감정은 그 기능과 역할, 반응에 따라 다양하게 설명된다. 연구자의 관심이나 연구 방법에 따라서도 다양하게 설명되지만, 공통적으로 공포(두려움)는 기본 감정으로 분류된다. 아마도 인간의 가장 기본적인 생존을 위해 즉각적인 반응을 일으키는 대표적인 감정이기 때문일 것이다. 또 공포는 다른 감정에 비해 다른 문화권 사람끼리도 쉽게 인식된다.

공포는 구체적인 상황, 자극, 대상에 대한 일시적이고 강렬한 반응으로 '두려움'이라 불리기도 한다. 공포를 일으키는 대상이나 상황을 맞닥뜨리기 직전의 공포는 그 강도가 크지만, 막상 그런 상황을 맞닥뜨리면 공포는 오히려 수그러들기 시작하는 특징이 있다. 한편, 공포나 두려움은 개인마다 느끼는 강도나 취약성이 모두 다르다. 흔히 불안과 유사한 감정으로 인식되지만, 사실은 뚜렷하게 구별되며 속성도 서로 다르다. 공포나 두려움이 느껴지면 우리 몸은 생존을 위한 태세 변환으로 다른 생각을 할 여유가 없어진다. 모든 생각과 감정이 위축되며, 2차적으로 또 다른 불편한 감정들을 불러오기도 한다. 그래서 공포를 기본 감정 또는 1차 감정이라 하며, 다양한 감정의 아버지, 어머니로 부르기도 한다.

우리는 보통 공포 상황의 문제가 해결되면 금세 일상으로 돌아오지만, 다시 그런 공포 상황이 발생할까 걱정되고 불안해 할 때도 있다. 이 불안함은 타인이나 자신에게 수용되면서 점차 사라지지만, 불안이 심하면 구체적인 계획을 세우고 이를 실천하며 행동하게 된다. 두려움은 사람을 움직이고 생산성과 효율성을 높여 주는 방안을 갖고 있다.

"다 죽어! 죽여 버릴 거야!"

체격이 제법 큰 학생이 닥치는 대로 물건을 집어던지면서 고래고래 고함을 지른다. 주변의 학생들은 비명을 지르며 도망가고 간간이 날아오는 학용품들을 피하며 두려움에 떨고 있었다.

"이게 무슨 일이야?"

반사적으로 학생을 향해 고함을 지르긴 했지만 선뜻 가까이 다가서기 힘들었다. 의자라도 던질 기세였기 때문이다. 학생의 얼굴은 벌겋게 달아 있었고 100미터를 전력 질주한 것처럼 숨을 헐떡이고 있었다. 흰자가 더 많이 보이는 눈을 보니 왠지 힘으로 누르기도 어려울 거 같아 내심 겁이 났다.

"도대체 왜 그러니?"

말을 건네며 다가가는데 의자가 날아왔다. 다른 반 선생님이 한 분 더 오셔서 학생의 팔을 잡아 진정시킨 후에야 상황은 종료되었다.

"아까는 온몸이 다 굳었어요. 뭘 어떻게 해야 하나 싶고, 아무 생각도 나질 않더라고요."

이 상황을 옆에서 지켜보며 어쩌지 못하고 굳어 있던 선생님들이 한마디씩 했다. 학생을 진정시키고 주변을 다시 수습하면서 한숨을 길게 내쉬시길 반복했다.

분노 조절이 잘 안 되는 학생들이 많다는 이야기를 자주 들었지만 막상 실제로 접하고 나니 덜컥 무섭고 공포감을 느꼈다.

예전에는 화를 내던 학생도 교사가 말리면 일단 멈추었는데, 요즘은 참 쉽지 않은 현실이다. 평범한 학생도 그렇지만 분노 조절이 어려운 학생은 더욱 통제가 어렵다. 한 학년에 적어도 한 명, 많으면 한 학급에 한 명 정도는 꼭 그런 학생이 있다는 이야기를 많이 들었어도, 교사로서 이런 상황을 처음 마주하면 위축되고 떨리는 마음을 진정시키기가 힘들다. 특히 교사가 교실을 비운 상황에서 분노 조절이 잘 안 되는 학생이 다른 학생에게 상처를 주는 일이라도 생길까 불안하고 걱정이 된다. 학생 중 누군가 다치거나 상처받아 학교폭력 등의 조치가 내려지는 일은 상상만 해도 끔찍한 일이기 때문이다.

예전에 비해 교사의 권위가 많이 떨어졌다고는 하지만, 여전히 교사의 한마디는 학생들에게 힘이 있다. 사실상 학생이 교사의 통제를 벗어나는 상황은 그리 자주 있는 일이 아니다. 그렇기 때문에 분노 조절이 안 되어 교사의 통제가 불가능한 학생을 만나면 교사는 크게 놀라고 당황할 수밖에 없다. 통제할 수 없는 상황에서 위협적인 일들이 생기는 것은 충격적인 사고에 가깝고 공포를 유발한다. 이런 상황이 종료된다 해도 교사 입장에서는 심리적으로 잘 갈무리되지 않으면 마음속에 새겨지기도 한다.

이 사례를 보면서 '그냥 다른 교사들과 힘을 합해서 학생을 저지하면 되지 않나?'라는 생각을 할 수도 있다. 하지만 공포를 느끼는 순간에는 몸이 즉각적인 반응을 먼저 하게 되고, 이성적인 사고를 통한 의사결정과 그에 따른 행동을 할 틈이 없다. 그렇다면 이런 상황에서 교사는 어떻게 대처해야 할까?

분노 조절이 안 되는 사람을 만났는데 힘으로 통제가 되지 않는다면, 그가 스스로 분노를 가라앉힐 때까지 잠시 떨어져 있는 것이 가장 안전하다. 그리고 나서 분노가 얼마나 떨어지기 시작하는지 자세히 관찰한다. 분노 상태는 강한 스트레스호르몬이 분출되며 신체 지각 능력이 사라진 상태이다. 즉 자신의 신체적 아픔도 느끼지 못할 만큼의, 일종의 마비 상태라고 할 수 있다. 그렇기 때문에 주변 상황을 인식하는 능력이 없다. 쉽게 말해, '눈에 뵈는 게 없기' 때문에 자칫 잘못 통제하려다가는 사고로 이어질 수 있다. 우리 몸은 분노 상태를 오래 유지하면 치명적인 상처를 입기 때문에 어느 정도 표출을 하면 분노가 가라앉게 되어 있다. 따라서 분노에 바로 대응하기보다는 저절로 가라앉을 때까지 잠시 기다렸다가 그 후에 2차 피해가 없도록 조치하는 것이 효과적이다. 교사는 분노한 학생이나 주변 학생의 안전에 영향이 없는지 관찰하고 학생의 분노가 어느 정도 사그라든 이후에 개입하는 것이 좋다. 분노의 표현이 강렬하기 때문에 각인이 되는 것뿐이지, 분노의 지속 시간은 생각보다 길지 않다는 것을 기억하자.

그렇다면 여기서 한 가지 의문이 들 수 있다. 분노 조절이 안 되고 통제가 불가능한 학생을 마주한 상황에서 공포를 느끼는데, 과연 주변의 안전 상황을 관찰할 겨를이 있을까?

물론 쉬운 일은 아니다. 그렇지만 교사는 직업의 특성상 학교라는 공간에서 자신의 역할, 지위, 책무를 무의식적으로 늘 기억하고 있기 때문에 공포에 그렇게 쉽게 함몰되지는 않는다. 특히, 이 글을 읽고 있는 교사라면 이제는 대처 방법을 알기 때문에 비슷한 상황에서 공포 반응이 온다 하더라도 '위험한 학생은 없는지 주변을 살펴봐야 한다'는 생각과 동시에 주변을 살피게 될 것이며, 공포는 마음속에서 제어되기 시작할 것이다.

미움 받을까 두렵다

며칠째 잠을 설쳤다. 교사 발령 받은 이후 그동안 쉼 없이 달려왔다. 아무리 좋아하는 일이라 해도 중간에 쉼이 필요한 법인데, 그동안 부장을 맡을 사람이 없다고 해서 덜컥 받은 업무 부장 일이 계속 나에게 왔고, 해마다 만만치 않은 업무에 자꾸 소진되어 가는 기분이다. 갈수록 무기력해지는 것 같은 내 모습에 오래 고민했다. 그래서 내년에는 업무 부장을 맡지 않는 것을 넘어 연수 휴직을 신청하기로 결심했다. 요즘은 육아 휴직, 연구년 휴직 신청에 눈치를 많이 안 본다고는 하지만, 그래도 당당하게 말하기가 왠지 어려워서 계속 고민이 된다. 적당한 때에 교감 선생님께 말씀드려야지 하고 있는데, 박선생님 이야기가 들려온다.

"박선생님이 연구부장을 그만하고 일반 휴직 신청하려고 했는데, 교장, 교감, 교무 선생님이 다 말리고 읍소하고 난처한가 봐요. 박선생님은 이러지도 저러지도 못하고 난감한 상황에서 오히려 일주일 동안 불려 다니다가 결국 또 연구부장 하기로 했대요. 스트레스만 받고 괜히 관계만 껄끄러워지는 거 아닌지 모르겠어요."

해마다 업무 분장 희망서를 낼 때 이런 일들이 한 번씩은 있었다. 그런데 막상 내가 휴직 신청하러 갈 때 즈음 이런 말을 들으니 갑자기 턱 숨이 막혔다. 어떻게 말을 꺼내야 할까, 막막하고 두려워지기 시작했다. 교감 선생님께서는 별 말씀 안 하시겠지만, 작은 학교의 어려움을 모르는 척하는 이기적인 교사로 괜히 낙인만 찍히는 건 아닌가 걱정이 된다. 평소 당당하게 할 말을 하는 편인데 너무 오래 고민을 해서 그런지 걱정의 수준을 넘어 두렵다.

매일 정신없이 학생들과 부대끼며 살다가도 어느 순간 열정과 에너지가 소진되는 느낌이 들 때가 있다. 그럴 때마다 한 번씩 생각해보게 되는 휴직은 경제적인 어려움마저도 극복하겠다는 용기와 자신감이 있어야 실행으로 옮길 수 있다. 이 사례의 교사는 이미 휴직하기로 결정했지만, 다른 동료 교사 이야기를 전해 들으니 마음에 부담이 생긴다. 다른 동료에게 업무의 짐이 넘어가지 않을까, 교감 선생님과의 관계가 괜히 껄끄러워지지는 않을까 등등의 생각 때문에 말을 꺼내는 게 쉽지가 않다. 동료 교사 이야기를 전해 듣지 않았다면 어쩌면 조금 편했을 텐데 말이다.

현재 교사의 고민과 감정은 복합적이다. 걱정과 불안도 있고, 조심스러워서 긴장되는 마음도 있다. 그러나 마음속 깊은 곳에 가장 크게 자리하는 것은 지금까지 유지해 온 사회적 관계가 깨질지도 모른다는 '두려움'이다. 이 두려움은 신체적인 반응이 나오는 공포와는 사뭇 다르다. 공포는 즉각적인 반응이지만 두려움은 강도가 낮은 대신 지속성이 강하고 불안과는 또 다른 감정이다. 연구자에 따라 공포와 두려움을 동일한 개념으로 설명하기도 한다.(여기서는 공포를 신체적 반응 위주로 보고, 두려움을 공포보다는 강도가 낮은 감정으로 보며, 사회적 관계 손상에 대한 부분으로 한정하여 설명하고자 한다.)

사례 속의 교사가 느끼는 두려움은 자신의 행동이 타인의 바람과 어긋나는 데서 오는 관계 손상, 배척과 외면을 당할 수도 있다는 데서 오는 두려움이다. 사실 이 안에는 걱정이나 불안도 함께 있다. 두려움, 걱정, 불안이 함께 뒤섞여 있지만, 상황에 따라 어떤 감정이 더 강하게 올라올지는 두고 볼 일이다. 교사의 입장에서 자신의 권리를 행사하는 것은 당연히 눈치 볼 일이 아니다. 이는 누구나 다 알고 있는 사실이다. 그러나 괜히 주위에서 수군대지는 않을지, 동료 교사들의 눈에 자신만 생각하는 이기적인 교사로 보이지는 않을지 불안과 걱정을 넘은 두려움이 생기는 것이다. 특히 교감 선생님이나 업무 담당자와 평소 꽤 두터운 친분 관계를 유지하고 있었다면, 더욱더 이런 두려움이 생길 수 있다.

우리나라는 아시아 유교권 문화 중에서도 관계적인 유대를 중요시하고 밀착 정도가 강한 편이기 때문에, 사회적 신뢰나 유대감을 매우

중시하는 성향이 있다. 유교권 국가 중에 한국인의 자기개념self-concept
이 서양과 가장 비슷한 경향성을 보인다고는 하지만, 그것은 어디까
지나 유교권 문화에 속한 나라 중에 상대적으로 구별된다는 의미이
지 서양식 관계성을 갖고 있다는 것은 아니다.

이 사례의 핵심은 다음과 같다. 처음에는 분명하게 연수 휴직을 두
고 고민하다가, 이제는 연수 휴직을 어떻게 말할지에 대한 혼란과 주
저함이 생긴 상황이다. 겉으로는 불안, 걱정, 우울 등의 감정이 발현
되었지만 그 기저에는 거부당할 수 있다는 두려움이 있다. 즉 불안,
걱정, 우울은 모두 두려움에서 파생된 것이다. 이는 두려움이나 공포
가 신체의 위협만 감지하는 것이 아니라, 인간관계의 위협도 감지한
다는 뜻이다.

'공포'와 '두려움'은 어디에서 올까

우리 몸에서 공포와 두려움을 느끼는 곳은 대뇌의 편도체로 알려
져 있다. 실제 실험에서 편도체가 손상된 원숭이는 뱀을 두려워하지
않았다고 한다. 공포를 느끼면 본능적으로 생존의 위협을 느끼므로
이성적인 판단을 내릴 여유가 없다. 특히 신체가 어떤 위험에 처하면
공포는 즉각 반응한다. 그래서 흔히 공포를 '위험에 대한 반응'이라
고 한다. 만약 고양이가 우는 소리에 생쥐가 얼어붙었다면 그것은 공
포의 반응이다. 공포는 불안과 비슷한 점이 있지만 느끼는 강도를 따

져 보면 분명히 구별된다. 공포는 불안보다 강도가 강하고, 불안은 강도가 약한 편이지만 그 대상이 분명하지 않다. 반면 공포는 특정 대상, 사건과 직결된다. 또한 공포는 자신과 의미 있는 사람, 예를 들면 가족이나 사랑하는 사람이 위험하다고 느낄 때에도 나타나는 반응이다. 공포는 즉각적으로 반응하기 때문에 위협이 사라지면 곧 가라앉는다.

공포와 두려움의 본질을 알려면 신체 반응부터 살펴봐야 한다. 공포와 두려움을 느끼면 우선 동공이 확장되고, 심박동수가 증가한다. 어깨 근육은 경직되며 숨이 얕아진다. 또 위산 분비가 증가하고 혈관이 수축되기 때문에 극심한 스트레스나 공포, 두려움, 불안을 겪으면 급체하기도 한다. 이런 신체 반응은 호흡, 소화와 같이 평소에 인식하지 않아도 자동으로 작동하는 자율신경계가 공포 상황을 해결하기 위해 몸의 모든 신경을 초집중하기 때문에 일어나는 현상이다.

이런 신체 반응은 다른 기본 감정(1차 감정)인 불안, 분노, 화 등의 반응과 동일하다. 따라서 우리가 기억해야 할 것은 이런 신체 반응이 올 때, '무엇(사람, 상황, 사건)이 지금 나를 심리적으로 혹은 신체적으로 위협하고 있는가?'를 차분히 점검하고, 이 질문에 대답할 수 있도록 인지적인 조절을 시도해야 한다는 것이다. 이 질문의 답을 찾으려는 시도를 하는 것만으로도 공포, 두려움, 분노, 화의 반응으로 인한 자기파괴적 사고와 행동을 막을 수 있다.

대부분의 불쾌 감정들과 마찬가지로, 공포와 두려움을 느끼면 혼란스러워진다. 그래서 누구나 되도록이면 피하고 싶은 감정이다. 그럼에도 불구하고 공포와 두려움은 분명 이점이 있다. 공포와 두려움은 위험한 상황을 피하게 하여 생존 확률을 높여 준다. 지금 우리가 사는 환경이 수백만 년 전과 같은 야생 상황은 아니지만, 공포와 두려움은 각종 질병이나 사고로부터 스스로를 보호하는 역할을 하고 있다. 만약 분노에 휩싸인 사람이 거센 힘을 마구 휘두르는 상황을 두려워하지 않거나 조심하지 않는다면 다치거나 피해를 입을 수 있다. 자신에게 닥칠 위험을 확실하게 인지하는 공포가 있어야 위험을 피하거나 그에 대처하는 행동이 나올 수 있다.

이러한 공포 감정을 현대에는 심지어 즐기기도 한다. 사람들은 비용을 지불해서라도 공포가 주는 짜릿함을 느껴 보고 싶어 한다. 학생들이 비 오는 날 불 끄고 무서운 이야기를 해 달라고 조르거나, 공포 영화를 보여 달라고 조르는 것도 마찬가지다. 이는 현재 자신이 이미 안전하다고 인지한 상태에서 공포 자극에 심장이 반응하는 아슬아슬함이나 스릴을 즐기려고 하는 것이다. 무서운 이야기나 스릴러 영화, 짜릿한 놀이기구나 귀신의 집, 스카이다이빙 같은 익스트림 스포츠도 모두 마찬가지다. 통제 가능한 스릴과 공포는 사람들에게 매력적으로 느껴진다.

공포를 느끼면 상황을 판단하는 속도가 매우 빨라지면서 이후에 따라오는 감정과 반응도 다양하게 발현된다. 심장 두근거리는 소리가 눈에서 느껴지는 것처럼 심장이 강렬하게 반응하기도 한다. 이는 죄책감, 수치심, 질투, 시기와 같은 다른 사회적 감정들과는 다르게, 매우 또렷하게 인식되는 감정이다. 현대사회의 공포는 위험 상황으로부터 응급 대처를 이끌어 내는 버튼이라고 할 수 있다. 대부분의 감정이 그렇듯, 공포도 학습에 의해 재생산되는 감정으로 본다. 다만 다른 감정에 비해 좀 더 직관적이고 강렬해서 학습이 쉽게 이루어진다. '자라 보고 놀란 가슴 솥뚜껑 보고 놀란다'는 속담만 봐도 알 수 있듯이, 자신에게 위협이 될 만한 것과 비슷한 것을 마주하면 학습이 되어 공포를 느낀다. 공포를 주는 상황, 대상과 비슷한 상황, 대상을 모두 조심해야 할 것으로 학습되기 때문에 모든 신체, 인지 활동이 생존에만 집중하게 학습이 되는 것이다. 공포와 관련된 상황은 학습이 잘 일어나기 때문에 복습도 필요 없다.

공포와 두려움이 학습된 것이라면 문화에 따라 공포의 작동 기제도 달라질까? 심리학자들은 37개국 사람들에게 슬픔, 공포, 분노, 혐오를 언제 느끼는지 기술하는 실험을 하였다. 그 결과 문화에 따라서 몇 가지 차이는 있었지만, 공포에 대해서는 공통적으로 '기대하지 않음, 불쾌, 외부적 요인, 통제할 수 없음'의 감정으로 느끼고 있었다. 다만, 슬픔도 공포와 같이 기대하지 않고 불쾌하며 외부적 요인이고 통제할 수 없지만 공포는 불확실성까지 포함한다는 점에서 슬픔과는 구별되었다.

신체 반응을 보면 공포와 분노가 거의 동일하다는 것을 눈치챌 것이다. 하지만 공포와 분노를 구별할 수 있는 결정적인 인지적 정보가 있다. 그것은 바로 공포와 분노를 느끼게 만드는 대상과 나의 힘 크기이다. 만약 학교에서 학생이 교사에게 매우 불쾌하고 모욕적인 말이나 행동을 했다면, 교사는 공포를 느낄까 분노를 느낄까? 아마도 대부분의 교사는 분노를 느낄 것이다. 그런데 학교 퇴근길에 험상궂고 덩치가 훨씬 큰 사람이 학생이 했던 것과 똑같은 말이나 행동을 했다면 공포와 분노 중 어떤 감정을 느낄까? 이런 상황에서 대부분의 사람은 공포를 느낄 것이다. 상대가 나보다 더 힘이 세고 강해 보이기 때문이다. 그러나 그 상대가 노약자를 일방적으로 폭행하는 식의 비인간적인 행동을 한다면 어떤 감정을 느낄까? 아마 공포를 넘어서 분노를 느끼게 될 것이다. 힘이 센 사람이 약자를 폭행하는 것은 도덕적, 사회적으로 용인될 수 없는 일이며, 내가 속한 사회의 질서를 파괴하려는 침입자의 폭력으로부터 본능적으로 공동체를 지키고자 하는 정의와 용기가 작동하기 때문이다.

그런데 이와 관련한 의미 있는 실험 결과도 있다. 앞서 언급한 실험에 참여한 37개국 모두 앞서 예를 든 상황에서 많은 남성들은 분노를 느낀다는 결과를 보였다고 한다. 한편, 동일 상황에서 여성들은 슬픔을 느끼는 경우가 많았다고 한다. 이런 결과는 무엇을 뜻할까? 상대적으로 남성들은 상대보다 자신이 힘이 세다고 인식하고 있고, 여성들은 스스로 상대보다 힘이 약하다고 인식하고 있는 것이다. 이는 모든 문화권에서 남성이 사회적 권력이나 힘을 더 많이 갖고 있다는 것과 여성이 사회구조적 약자임을 인식하고 있다는 반증이라 할 수 있다.

공포나 두려움이 발현되면 우리 몸에서는 두 가지 반응이 일어난다. 하나는 '싸움-도주 반응'이고 다른 하나는 '행동억제체계BIS, The Behavioral Inhibition System의 활성화'이다. '싸움-도주 반응'이란 생존하기 위해, 나를 해칠 수 있는 대상과 싸워 이기거나 혹은 도주하기 위한 반응을 말한다. 행동억제체계가 활성화된다는 것은 위험 요소가 눈치채지 못하고 그냥 지나가도록 최대한 숨죽이는 반응이다. 공포나 두려움이 생기는 순간, 우리 몸은 이 두 가지 상반된 반응을 동시에 준비한다. 싸움-도주 반응으로 심박동은 빨라지지만, 행동억제체계의 활성화로 몸은 얼음처럼 굳어 버린다. 이는 행동이 억제되어도 공포 대상이 사라지지 않으면 언제든 싸우거나 도주하도록 준비하게 만드는 상태가 되는 것이다.

공포, 두려움은 주의집중과 정보처리에 영향을 미치는데, 공포를 강하게 느끼는 사람은 공포에서 벗어나기 어렵다. 즉 공포 감정에게만 주의집중하기 때문에 정보처리의 결과도 부정확하거나 만족스럽지 않다. 즉 공포나 두려움이 이성과 신체를 지배하고 있을 때에는 정상적인 의사결정이나 행동이 어려워지므로, 공포 수준을 낮추기 위해 노력해야 한다.

공포와 두려움에 맞서는 마음과 행동

앞서 잠시 살펴보았던 공포와 두려움에 대한 다양한 연구 결과들을 보면, 공포나 두려움을 조절하는 것이 어렵게 느껴질 것이다. 이 감정들은 인간의 생존을 위해 아주 오래전부터 형성된 기본 정서이자, 보호 시스템이기 때문이다. 그런데 학교의 장면들을 한번 떠올려 보자. 학교에서 교사가 느끼는 공포나 두려움은 대부분 관계 문제이거나 예상치 못한 충격적인 경험 때문일 것이다. 학교 구성원과의 관계 문제는 사실, 불편한 관계가 되는 것에 대한 두려움과, 이에 따라 파생되는 불안함을 일으킬 것이다. 이는 생존을 위협하는 수준의 공포나 두려움과는 차원이 다르다. 사실 학교는 한정된 공간에서 많은 사람들이 함께 생활하기 때문에 어떤 일이 발생하면 의외로 대처가 빠른 편이라 통제 불가능한 일이 그렇게 많지는 않다. 따라서 관계의 불편함이나 통제 불가능한 일에서 느끼는 감정은 어쩌면 두려움보다는 불안함에 가까울지도 모른다. 공포와 불안의 속성을 고려했을 때, 불안을 공포로 오해한다면 우리 마음은 더 힘들어질 것이다. 따라서 공포나 두려움이 느껴진다는 생각이 들었을 때, 공포와 두려움이 생길까 봐 불안한 것인지 아니면 정확한 공포와 두려움의 대상이 있는 것인지 따져 볼 필요가 있다.

공포, 두려움이 생겼다면
두려운 일을 겪을 것 같은 불안과 착각한 것은 아닌지,
대상이 있는 두려움이 맞는지부터 확인하자.

만일 공포와 두려움의 감정이 확실하다면, 정확히 무엇에 대해 공포를 느끼는지 그 대상을 찾아보자. 그 대상이 지니는 어떤 힘이 나에게 두려움으로 작용하는지 살펴봐야 어떻게 대처할지 생각할 수 있다. 이 과정까지 들어섰다면 공포는 더 이상 통제 불가능한 감정이 아닌, 조절 가능하고 대처 준비를 할 수 있는 것이 된다. 즉 이제는 감정이 아닌 해결할 사안으로 성격이 바뀌어 버린다. 그렇다면 어떤 대처를 준비할 수 있을까? 신체적 위협을 받는 공포를 느꼈다면 그 자리를 피하거나 주변 사람들의 도움을 받아 함께 맞서는 방식으로 대처할 수 있다. 만약 인간관계 훼손에 대한 두려움이라면 이는 불안에 가까운 것으로 생각해야 한다. 뒤에서 불안에 대해 더 자세히 다루겠지만, 불안은 하나씩 실행하면서 그 강도를 낮출 수 있다. 대인관계로 인한 불안은 실제의 위험성보다도 과장되게 인식하는 데서 오는 경우가 많다. '다른 사람이 나를 나쁜 교사로 생각하면 어떡하지?'와 같은 것이라면 실제로 그런 것인지 아닌지를 부딪혀 경험해 보는 것도 좋다. 가령 누군가에게 반대 의견을 냈다고 해서 그 사람이 나를 잘못된 사람으로 볼지 아닐지는 사실 모르는 일이다. 관계 훼손이 두려워 아무 말도 못하고 있는 것보다는 용기를 내서 실제로 확인해 보는 것이 보다 건강한 관계 유지에 도움이 될 것이다. 만약 그럴 용기나 엄두가 나지 않는다면 그 관계는 포기하는 것이 낫다. 어느 한쪽이 일방적이거나 건강하지 않은 관계일 가능성이 크기 때문이다.

대인관계의 공포나 두려움은 불안이나 걱정에 가깝다.
과감히 확인해 볼 용기를 내 보자.

사람들과의 관계를 망칠까 느껴지는 두려움이 있다면, 그동안 다른 사람들과 어떤 식으로 관계를 유지해 왔는지 한 번쯤 반추해 보

자. 예를 들면, 그동안 자신이 무언가를 계속 희생하여 관계를 유지해 왔던 것은 아닌지, 사회적 기술로 관계를 맺고 유지하기 위해 확실한 주장이나 제안, 단호한 거절을 전혀 하지 못했던 것은 아닌지 살펴보는 것이다. 감정에 대한 반응 양식이 습관처럼 형성되면, 감정은 그대로인데 해결이 안 되는 문제 상황으로 힘들어질 수 있다. 만약 이런 일들이 누적되어 왔다는 것을 알아차렸다면, 이제는 상대에게 진심을 전달해야 할 때가 된 것이니 과감한 실행에 도전해 보자. 물론 이런 도전을 할 때에는 감당할 수 있는 일로 선별해야 한다. 지금 만약 5가지의 두려움이 있다면 2가지 정도는 충분히 극복이 가능하고 감당할 수 있는 것이니, 두려움을 일으키는 대상에게 과감히 진심을 전달해 보자.

"우리가 두려워해야 할 것은 두려움 그 자체다."
– 루즈벨트, 몽테뉴, 프란시스 베이컨 등

일상에서 반복되는 공포, 두려움이 느껴질 때는
용기勇氣를 떠올린다.

용기는 공포와 두려움을 소재로 자신감이나 자기효능감을 높이는 기회를 제공한다. 용기는 무모함이나 객기客氣와는 분명히 다르다. 용기는 문제 상황을 냉정히 분석하고 그것을 해결할 때 어떤 어려운 점이 있는지를 알게 해 준다. 또 문제 해결에 대한 뚜렷한 신념을 가지게 하며, 타인에게 해를 끼치지도 않는다. 반면 무모함과 객기는 "에라 모르겠다! 될 대로 되라!" 식의 태도로 행동하게 만들기 때문에 때에 따라서는 결과에 대한 책임이 커지고, 행동에 따른 결과를 알면서도 무시하게 만든다. 따라서 그 행동의 대가를 감당하기 어려울 수도 있다. 용기는 도전에 실패하더라도 그 결과를 온전히 자신의 마음으로 수용할 수 있는 내면의 힘을 만든다. 이를 통해 그동안 반복되어 왔던 회피 패턴과 습관에서 벗어나 생각이나 행동에 변화를 주도록 돕는다. 용기는 두려움이 없는 상태가 아니라, 두려움을 직시하고 그것에 맞서는 마음과 행동이며, 용기는 최악의 상태에서 최선의 선택을 하려는 노력이다. 공포나 두려움에 대한 우리의 즉각적인 반응은 어쩔 수 없는 본능이지만, 그에 대처할 수 있는 용기는 우리의 선택이다.

공포는 반응이고 용기는 선택이다.

선생님을 위한 마음 챙김

두려움을 이겨 낼 수 있는 방법 연습하기

선생님, 저는 중학교 교사입니다. 작년 학교 폭력 가해, 피해 학생들의 보호자(학부모, 친척)들이 시도 때도 없이 전화로 폭언을 해 왔어요. 그래서 언제부터인가 전화벨이 울리거나 진동만 느껴져도 깜짝깜짝 놀라요. 심장이 철렁 내려앉을 때마다 내가 정말 크게 스트레스 받고 있구나 싶어요.

선생님께서 보호자들의 폭언으로 많이 힘드셨겠어요. 교권보호위원회 개최나 기타 조치들을 학교에서 하셨으리라 생각되는데요, 지금 선생님께서 가장 힘드신 게 전화벨이나 진동 소리에도 크게 놀라는 것이니 그 부분에 대해 말씀드려 보고 싶어요.

한 번씩 혈관이 다 느껴질 만큼 놀랄 때가 있어요. 이러다가 심장에 무리가 가는 건 아닌지 정말 걱정입니다. 말씀하신 부분도 다 처리했고 이제 과거형인데도, 아직 남아 있어서 걱정돼요.

네, 그러실 듯해요. 교사들에게는 아예 잘 알지 못하는 사람에게 폭언을 듣는 것보다 보호자의 폭언이 더 심리적 내상이 클 거라고 생각해요. 선생님께서도 폭언으로 얻게 된 수치심과 나에게 해를 끼칠까 싶은 불안이 유발된 상황인데다가, 폭언과 전화가 연합이 되어 있어서 더 그러신 것 같아요. 일단 선생님께서 이렇게 스스로 인식하고 도움을 청하신 것 자체가 이 불안과 공포에서 주체적으로 벗어나기 시작하신 것입니다.

아, 그런가요? 그런 말씀을 하시니 조금 안심이 돼요. 제가 잘못되어 가고 있는 건 아닌지, 신경정신과라도 가 봐야 하나 정말 고민했거든요.

네, 선생님 증상이 나아지지 않고 더 심해지거나 일상생활에 문제가 있을 정도라고 느끼시면, 혹은 전화가 오지 않은 상태에서도 전화가 올까 봐 불안해지는 상황이라면 꼭 상담 센터나 신경정신과에서 보다 체계적인 상담과 진료를 받는 것을 추천해요. 상담과 치료를 받으시면 의외로 쉽게 극복이 될 수 있습니다. 일단 지금은 제가 지식적인 부분을 말씀드려서 대처하실 수 있는 자원을 하나 늘리고, 그런 부분들을 알고 계셔서 공포나 두려움, 불안을 조금씩 줄이실 수 있으면 좋겠어요. 혹시 '체계적 둔감법'이라는 것을 들어 보셨나요?

체계적 둔감법은 두려움을 일으키는 장면을 상상하면서 두려움을 점차 통제하고 이완시키는 연습을 하는 것입니다. 이것은 치료자와 함께 해야 합니다만, 스스로 할 수 있는 방법으로 변형해서 설명을 드려 볼게요. 처음에는 편안하게 심신을 이완합니다. 가장 좋은 방법은 편안한 자세로 자신의 호흡에 집중하는 것입니다. 한번 해 볼까요? 편안하게 앉은 상태에서 눈을 감고 코로 숨을 들이쉬고 입으로 내쉬는 것을 천천히 3회 반복합니다. 숨을 들이쉬고 내쉴 때에는 천천히 다섯을 마음속으로 세어 보세요. "하나, 두울, 세엣, 네엣, 다섯엇~" 잠시 멈췄다가 입으로 가늘고 길게 숨을 밀어내듯 내보냅니다. "하나, 두울, 세엣, 네엣, 다섯엇~"

두 번째는 두려움을 유발하는 상황을 떠올려 봅니다. 친구에게 전화가 오는 상황을 떠올립니다. 전화벨이 울리고, 전화번호를 확인하는 순간을 상상해 보세요. 그때 내 심장은 어느 정도 뛰고 있는지도 상상해 보세요. 이렇게 친구부터 시작해서 선생님께 자주 전화를 하시는 분들을 떠올려 봅니다. 그 전화를 확인하는 순간을 상상하며 호흡을 계속 진행합니다.

세 번째는 이완 호흡을 유지하면서 보호자의 전화가 오는 것을 상상합니다. 어느 정도의 강도로 가슴이 떨리는지 상상하면서 호흡을 유지합니다. 그리고 이완 호흡을 3회 정도 하면서 어느 정도 적응했는지 스스로 생각해 보세요. 처음의 상상이 100점의 강도로 놀라고 떨렸다면 나중에 이완 호흡을 하고 난 후의 강도가 몇 점 정도가 되는지 살펴보세요. 상상을 하실 때는 천천히 코끝의 호흡에 집중하면서 해 보세요. 이 방법을 시도해 보았는데 상상 속에서 놀라는 것이 줄어들면 점점 둔감화가 진행되고 있는 것이라고 생각하시면 됩니다.

아, 그러니까 호흡에 집중하면서 처음에는 일반적인 전화라고 생각하며 나의 심박동수나 신체 상태를 스캔하는 것이고, 점차 다양한 전화가 오는 것을 상상하다가 준비가 되면 보호자 전화가 오는 것을 상상하면서

호흡에 집중하라는 말씀이시죠?

네, 맞습니다. 원래 체계적 둔감법은 근육 이완, 두려움에 대한 위계 목록표 작성, 위계표에 따른 상상과 더불어 이완 상태를 유지하는 것으로 구성되어 있습니다. 여기서 핵심은 호흡과 이완을 유지하면서 불안이나 공포에 대한 위계를 작성하는 것이죠. 세분화하여 점차 적응할 수 있는 몸의 호흡과 이미지, 심상을 만들어 주는 것입니다.

체계적 둔감법을 연습하면 어떤 점이 좋은가요?

선생님의 경우 전화벨 소리나 진동이 울리더라도 많이 놀라지 않을 정도의 수준이 되면 일상생활 속에서 불편함은 덜하실 거예요. 호흡을 유지하는 것에 집중하면서 상상하셔서 점차 적응할 수 있도록 하시면 돼요. 이 연습을 하다 보면, 주의집중력도 향상되고 상상을 통해서 두려움과 공포에 대처하는 적응 능력도 향상됩니다. 이것을 연습하려는 것 자체가 적응 능력의 시작임을 기억하시고 한번 해 보시길 권해요.

친한 사람과 함께 연습을 해도 될까요?

그럼요, 증상이 너무 심하지 않다는 것을 전제로 하면 충분히 가능합니다. 오히려 함께 연습하면 전화벨이 울리더라도 함께하는 느낌이 있으실 테니 도움이 되실 것입니다.

체계적 둔감법으로 연습을 하면서 저도 제 마음을 튼튼하게 만들어 봐야겠어요. 감사합니다.

편안하지 않고
죠마죠마한 마음

불안 anxiety
걱정 worry

* 보호자로부터 온 문자에 혹시 내가 뭘 잘못했나 싶어

  확인하기도 전에 긴장되는 마음

* 아무 문제없이 학교생활 잘하고 있다고 생각했는데,

  불현듯 정말 잘하고 있나 싶은 생각

* 막상 닥치면 결국 해결하지만,

  가끔 너무 긴장되어 영혼이 다 타 버릴 것 같은 질림.

* 가까운 미래를 준비하게 하는 마음 신호등

* 가벼운 긴장으로 지나가면 좋겠지만 그러지 못할 때

  자꾸 스스로를 다그치게 되는 감정

우리 삶 속에 가장 밀착되어 있는 감정 중에 하나가 바로 '불안'이다. 일상생활 속에서의 불안, 대인관계에서 오는 불안, 특정 상황에서의 불안, 어떤 과제를 해결할 때 '잘될까?' 하는 긴장에서 오는 불안 등등 불안은 우리 삶의 전반에 걸쳐 있는 감정이다. 인간은 살아 있는 동안 어떤 방식으로든 끊임없이 불안을 느끼게 된다.

하나의 불안이 사라지면 또 다른 불안이 찾아온다. 이것은 미래가 현재로 다가왔다가 이내 과거가 되는 것과 같다. 우리는 앞선 미래가 현재가 되는 순간, 다가오고 있는 새로운 미래를 바라보게 된다. 불안은 늘 현재와 미래의 간극만큼 존재한다. 이와 비슷하게 이상과 현실, 욕구와 능력처럼 서로 다른 두 가지 상태의 차이만큼 불안해진다. 인간은 누구나 완벽하지 않으며, 매 순간 다양한 욕구의 변화를 겪기 때문에 불안을 느끼는 것은 어쩌면 운명과 같다.

불안은 무언가 행동하게 하고 대비하며 준비하게 하는 자극을 주기도 한다. 그러나 마음속에 불안을 계속 담아 둔다면 불편함을 넘어서 감당하기 버거워질 수 있다. 어떤 불안은 금방 해소되지만, 어떤 불안은 계속 마음에 남아 무기력과 우울을 불러일으키거나 한없이 주눅 들게 만들 수도 있다.

문자 수신만으로도 불안해지는 순간

업무 폰이 지급되지 않은 학교로 전입하고 오랫동안 고민하다가 학생들을 케어하기 위해 개인 번호를 보호자들과 공유했던 터였다.

'선생님, 시간 되실 때 전화 좀 부탁드립니다!'

수업을 마치고 한 보호자의 문자 수신을 확인하자 가슴이 철렁 내려앉았다. 단 한 줄의 문자에 갑자기 심장이 두근거리는 게 느껴졌다.

'무슨 일이지? 그냥 문자로 이야기하시지.'

아무리 생각해 봐도 내가 뭘 실수한 건 없는데, 이상하게도 떨리고 긴장된다.

"네, 어머님. 수업 중이라 문자를 늦게 봤어요. 무슨 일 있으신가요?"

몇 번이나 심호흡을 하고 전화를 걸었지만, 통화하는 내내 왠지 위축된 마음을 들킨 것 같아서 기분이 좀 찜찜했다. 막상 전화하니 보호자는 결석계 제출 방법을 잘 몰라서 문의하는 내용이었다. 통화를 마치고 생각해 보니 문자로 문의하긴 애매한 내용이었고, 그렇다고 바로 전화하기엔 수업 등의 이유가 있어서 나름 보호자 입장에서는 교사를 배려한 문자였다.

'내가 왜 이리 불안해 했을까?', '무엇이 나를 이렇게 만들었지?' 생각하니 씁쓸했다.

최근 들어 교사는 보호자들로부터 많은 요구를 받고 있다. 특히 초임 시절에 은근히 대놓고 교사를 무시하는 보호자를 만나는 경험이나, 무슨 빚 받을 채권자라도 된 것처럼 교사에게 사사건건 따지고 요구하는 보호자를 만나는 경험을 하다 보면, 어느 순간 보호자의 반응을 지레짐작하게 되는 경우가 있다. 사실 보호자들과 대화하는 일이 교사로서 그리 편하지만은 않은 것도 사실이다. 대부분의 보호자들은 교사에게 협력적이지만 그렇지 않은 몇몇의 보호자로부터 크게 항의를 받으면 교사로서 여간 힘든 일이 아니다.

별일이 아닌데도 '내가 왜 이리 불안해 했을까?'라는 생각 자체가 씁쓸하고 착잡하다. 조금만 차분히 생각해 보면 아무것도 아닌데 지레 겁먹었다는 생각에 내가 아직 '부족한 사람'인가 하는 자격지심도 생긴다. 매사 불안해 하며 살지 않아도 될 만큼 충분히 최선을 다하며 열심히 살아왔는데, 도대체 어디까지 노력해야 하는 걸까 생각하며 지치기도 할 것이다.

불안은 특별한 위험을 감지할 만한 단서가 없는데도 '나쁜 일이 일어날 것 같다'고 스치듯 예상되어 생기는 감정이다. 보호자의 문자 수신을 확인한 순간 '내가 뭘 또 잘못했나?'라는 생각이 불현듯 먼저 떠오르면, 불안한 마음에 심장이 뛰거나 어디에도 집중하기가 어려워질 것이다.

이 사례만 보면 '저런 문자 한 통에 왜 벌벌 떠나?', '보호자를 심하게 무서워하는 거 아냐?'라고 생각할 수도 있다. 하지만 모든 현상을 단편적으로만 보면 안 되듯이 교사가 그렇게 불안해 하기까지는 분명 위협적인 경험들이 각인되어 온 맥락이 있을 것이다. 사람마다 생긴 모습이 모두 다르듯, 저마다 경험을 해석하는 방법이나 대처하는 방식도 다르기 때문에, 이런 상황에서 불안해 한다고 해서 전혀 이상할 일이 아니다. 단 한 번의 위협적인 경험만으로도 얼마든지 공포나 불안을 느끼며 걱정할 수 있는 것이다.

휴일까지도 계속되는 걱정

4년의 대학 생활과 임용시험 등의 준비 기간, 정말 오래 꿈꾸고 준비해 온 교직이었기에 발령 통지를 받자마자 기대와 설렘이 컸다. 그런데 발령일이 다가올수록 걱정이 되기 시작했다. 초조함은 점점 불안함으로 번져 가는 것 같았다. 첫 학년과 업무 분장을 받고 보니 나 스스로 할 수 있는 게 거의 없다는 생각에 자괴감마저 들었다.

"부장님, 업무 포털은 어떻게 쓰는 건가요?"

이미 교직에 들어선 많은 선배들로부터 익숙하게 들어 온 NEIS와 업무 포털. 그러나 처음인 나는 그저 낯설 뿐이다. 사용자 교육 동영상을 보니 알 것 같긴 한데, 공문서 양식을 어떻게 작성하는 게 맞는지 모르겠다. 한 칸 띄우고, 두 칸 띄우고, 한 줄 바꾸고…… 공문이란 말 자체가 주는 압박감에, 형식도 이유 없이 꽤나 까다로워 보인다. 학생생활기록부는 하나의 입력 공란에 수많은 입력 방법이 있고 뭔가 옵션이 복잡하다. 차라리 수기로 하는 게 더 낫겠다는 생각과 괜히 잘못했다가는 학생의 생활기록부가 통째로 삭제될 것만 같은 두려움마저 든다. 이렇게 하루하루 지내다 보니 처음 설렘이 있던 자리에는 어느덧 긴장과 불안이 와 있고

집에 가면 늘 곯아떨어지기 일쑤인 나날들이다.

교실에서 만난 학생들도 내가 생각했던 모습과 달랐다. 친절하면서도 단호한 교육 전문가가 되고 싶었지만, 학생들은 그저 나를 만만한 선생님으로 대하는 것 같다. 교생실습 때도 이 정도는 아니었던 것 같은데 당황스럽다.

'어디서부터 어떻게 해야 하지?' 자신만만했던 초심은 어느새 아련해져 가고, 이제는 주말만 기다렸다가 주말 저녁이 되면 아쉬움과 걱정 속에 월요일을 맞이하고 있다.

스스로 준비된 교사라고 생각했지만, 현장에 나와 보니 생각 외로 익숙하지 않은 업무들과 만만치 않은 학생들 사이에서 무척 당황하며 한 학기를 보낸 교사의 사례이다. 잘할 수 있다고 생각했던 자신감은 사라지고 그 자리엔 걱정과 불안, 자괴감이 자리하고 있다. 한 번도 해 본 적 없던 고민들이 늘어나다 보니 점점 위축이 된다. 별다른 일이 없는데도 걱정과 불안이 몰려오고 이를 해결할 수 없으니 어느 순간, '힘들다'라는 말이 입에 습관처럼 붙는다. '어디서부터 어떻게 해야 하지?'라는 생각을 너무 많이 하다 보니 스스로 지쳐 가는 것이다.

교직 생활에 대한 기대와 자신감이 한 번에 무너지는 것을 경험한 교사들은 어떻게든 이 문제를 빨리 해결하려고 노력한다. 그러나 교육에 있어서 자신감 회복이란 즉각적인 효과가 나오기 어렵기 때문에, 어느 정도 시간이 필요하기에 다시 초조해지고 불안해진다. 이렇게 자신감이 무너지는 이유는 무엇일까? 원인을 찾아 해결하는 것이 좋겠지만 뚜렷한 원인을 찾는 것이 어렵다면, 자신감이 무너질 때 어떻게 해야 할지 전략을 찾는 것이 효과적이다.

교사가 학생 시절에 경험했던 학교와 교사로서 경험하는 학교는 많은 차이가 있다. 입직 전에는 몰랐던, 교직 사회에 들어오는 순간 보이게 되는 수많은 일들을 직접 맞닥뜨린다. 사실 이는 어느 직군에서나 흔히 있는 일이며 당연한 일이다. 기대했던 것과 다른 환경에 적응하기 위해서 일정 기간 동안 겪는 혼란은 필수적이다. 이 기간 동안 마음이 혼란스럽고 불안이 심해지는 이유는 여러 가지가 있겠지만, 빨리 정상궤도로 올라 안정되고 싶은 마음, 교사가 되기 전 상상했던 것들을 완벽하게 이루고 싶은 마음, 다른 사람들은 다 잘하고 있을 것만 같은 조바심 등이 그 이유일 것이다. 그러나 이런 마음이 나쁜 것만은 아니다. 이런 불안은 사람을 움직인다. 열정이 가득할 때의 불안은 뭔가를 더 배우게 만들고 힘들어도 끊임없이 뭔가에 도전하게 만들어 성장으로 이끌기도 한다. 하지만 문제는 불안과 초조함에 매몰되는 것인데, 이때에는 내 안의 불안과 초조함을 수용하고 그 감정들을 차분히 바라볼 수 있는 전략을 써야 한다. 내 불안의 패턴은 무엇이고 그것에 어떻게 대처해야 할지 살펴보는 게 도움이 되기 때문이다. 또한 새로운 환경을 자신의 것으로 만들 때까지 스스로에 대한 성취 기대 수준을 조금 낮추고 주변 사람들의 도움을 받아 노하우를 익히는 것도 필요하다.

'불안'과 '걱정'은 어디에서 올까

불안은 '무엇인가 좋지 않은 일이 일어날 것 같다'는 예상에서 발현된 감정이다. 뚜렷한 대상이나 분명한 이유를 말할 수는 없지만 지속적으로 인식되기 때문에 쉽게 힘들고 지친다. 설령 불안한 상황에서 벗어났다 하더라도 머릿속에는 그 위협 요인이 남아 있기 때문에 좀처럼 떨쳐지지 않는 감정이다. 특히 불안은 의사결정, 전략 선택, 문제 해결 과정 중에 심리적인 압력을 가하기 때문에, 정보를 왜곡시키고 문제 해결 전략을 잘못 채택하게 만들 수도 있다. 또한 불안을 일으키는 문제 자체를 회피하기 위해 다른 일에 몰두하게 만들기도 한다. 시험 기간에 평소 읽지도 않는 장편소설을 몇 권씩 읽는 것도 그런 불안의 일종이다.

불안, 걱정은 공포와 더불어 직관적으로 감지되고 자율신경계의 반응을 일으킨다. 지속적인 생존을 위해 우리 몸이 반응하게 만드는 것이다. 또한 불안과 걱정은 삶의 경험에 의해 학습된 감정일 가능성도 높다. 그런데 문제가 되는 것은, 불안이나 걱정이 비합리적인 신념 체계에 기인할 때다. 불안이나 걱정은 재생산되는 특징이 있는데, 그 안에서 자책하며 점점 지쳐 가는 경우가 그렇다.

불안은 다양하게 분류된다. 우선 '사회불안social anxiety'이 있다. 미국 정신의학회American Psychiatric Association에서는 타인의 평가를 받는 사회적인 상황에서 보이는 과도한 불안을 '사회불안장애'라고 정의하였는데, 흔히 '대인공포증'이나 '사회공포증'이라고도 한다. 교사는 대인관계와 밀접한 직군에 속하기 때문에 사회불안social anxiety의 수준이 높은 사람은 드물다. 다만 학생, 보호자, 동료 교사, 사회적 시선을 의식할 수밖에 없는 직군이기 때문에, 치료가 필요한 수준의 사회불안까지는 아니더라도 타인의 시선이나 기대에 더욱 민감할 수 있다.

불안은 인지적인 생각이나 감정으로만 인식되는 것이 아니라 신체적인 증상도 동반한다. 불안하면 심장박동이 빨라지고 가슴이 두근거리거나 손에 땀이 나는 것, 호흡이 빨라지고 얼굴이 붉어지는 경우가 있다. 불안이 강할수록 여러 가지 신체 증상이 동시에 또는 강하게 일어날 수 있다. 이런 신체 증상은 긴장하거나 공포를 느낄 수 있는 일반적인 상황에서도 겪는 것이지만, 불안에 민감한 사람들은 훨씬 더 강한 증상을 경험한다.

불안은 심리학, 정신의학뿐만 아니라 철학에서도 오래전부터 논의되었던 것으로, 우리 인간의 삶은 불안과 안정의 시소 타기라 할 만큼 매우 일상적인 감정이다.

실존주의 심리치료 관점에서는 자신의 존재에 대한 인식과 현재의 삶의 모습에 괴리가 있을 때 그 크기만큼 불안을 느낀다고 본다. 바라는 바와 현재 자신의 모습에서 느끼는 차이, 예를 들면 학급운영, 수업, 업무, 생활지도, 상담 등 모든 영역에서 완벽한 교사가 되고 싶은 욕구가 있지만, 현실적으로는 스스로 만족할 만한 기준에 미치지 못한다면 '내가 계속 이렇게 교직 생활을 하게 되면 어떡하지?'라는 불안이 생기는 것이다. 또한 교사로서 자신의 행위나 삶에서 '의미'

를 찾지 못했을 때에도 불안할 수 있다. 여기서 말하는 의미는 숨어 있는 것을 찾는 개념이 아니라, 스스로 부여하여 창조하는 것이다. 즉 교사로서 최선을 다해 몰입하여 교육활동을 할 때, 불안 대신 의미가 생길 것이다. 권한이나 자유에는 책임이 뒤따르는데, 학급운영이나 수업, 생활지도와 상담, 각종 행정 업무 영역에서 교사는 자율권과 함께 책임을 지닌다. 이 자유와 책임의 무게가 한쪽으로 기울 때 불안이 생긴다. 한치 앞도 모르는 삶의 궤적에서 수없이 선택하며 살아가야 하는 우리는 그 선택의 결과를 감당할 수 있을 때 덜 불안하다. 불안을 실존적으로 해석한 빅터 프랭클은 자유와 책임을 강조하면서 인간은 자유의 크기만큼 불안할 수 있다고 보았다.

신경과학 분야에서는 불안을 공포와 함께 다룬다. 불안으로 인한 신체 반응들은 우리의 의지와 상관없이 자동적으로 나온다. 예를 들어서 심박동이나 두근거림, 호흡이 빨라지고 얼굴이 붉어지는 것, 손에 땀이 나는 것 등은 우리가 위험에 처했을 때 생존을 위하여 스스로 작동하는 신체적 기능이다.

프로이트의 관점에서 볼 때, 정신분석학에서는 불안을 성적性的 에너지, 공격성과 관련 있다고 보는데, 위험에 대한 신호라고 주장하기도 하였다. 그러나 자아ego와 관련된 설명이 가장 설득력 있다. 프로이트는 불안을 현실적 불안, 신경증적 불안, 도덕적 불안으로 나눴는데, 현실적 불안은 두려움, 공포로 이어지는 불안이다. 신경증적 불안은 자신의 허용되지 않은 무의식이 튀어나와서 현실화될 것이라는 불안이다. 도덕적 불안은 내면에 있는 초자아super ego가 현실 자아ego

에게 과도한 기대를 하여 완벽함을 요구할 때 생기는데, 이런 이유로 무엇인가 해야 하고, 도덕적으로 완벽해야 한다는 생각이 강하면 이 것이 사회불안으로 이어질 수 있다고 보았다. 콕스와 동료들Cox, Fleet & Stein은 사회불안이 자기 비난과 높은 상관관계가 있다고 본다. 이런 측면에서 보면 교사는 타인에게 도덕적 평가를 받는 데서 오는 스트레스와 압박이 많고, 이러한 스트레스가 다른 정서적 문제로까지 확대될 수 있다.

'걱정'은 안정하지 못하는 마음으로 불안과 비슷하다. 그러나 불안과 달리 뚜렷한 대상과 이유를 찾을 수 있다. 불안과 마찬가지로 걱정 또한 일이 잘못될 가능성을 인식하여 미래에 닥칠 일을 준비하려는 기능적 의미가 있는 감정이다. 걱정과 불안은 모두 자신의 역량이나 능력의 기대 수준은 낮지만, 과업의 수준이 중간 이상으로 높다고 인식되었을 때 느낄 수 있는 감정이다. 따라서 현재의 과업을 내가 어떻게 파악하고 있는지, 내 역량과 능력에서 무엇을 보강해야 하는 것인지를 파악하라는 신호이기도 하다. 한편 걱정은 지속적인 각성이 일어날 수 있다. 한 번 실수한 것을 계속 반추하여 자신의 고착화된 능력이라고 믿게 되는 것과 같다. 실수한 것을 계속 반추하면서 그것을 수정하면 별 문제가 안 되지만, 반추만 하고 자신은 실수하는 사람이라는 자기개념을 고착화시키면 다른 영역으로까지 전파된다. 이렇게 자신에 대한 비난과 자기파괴적인 신념이 고착화되면 이후에 자동적 사고automatic thought로 변화하여 자신도 모르게 인지 능력이 떨어져 문제 해결에 있어서 효과적이지 못한 전략을 선택할 수 있다.

사실 불안과 걱정은 과도하지만 않다면 일상에서 꽤 유용하게 쓰이는 감정이다. 화, 분노, 억울, 슬픔, 우울과 같은 불쾌不快 감정이지만 인간에게 가장 확실한 쓰임이 있는 감정이다. 특히 두려움과 마찬가지로 불안과 걱정은 모두 위험 회피 기능을 한다. 불안과 걱정이 없다면, 사고를 당할 확률이 높아지고 자신을 보호할 수 없을 것이다. 또한 적절한 긴장과 불안은 단기 집중력이나 암기력도 향상시킨다. 불안하지 않고 걱정이 없다면 평화롭겠지만 아무것도 시도하지 않을지도 모른다. 만약 교사가 교실에서 불안을 느낀다면, 앞으로 마주할 수 있는 위험이나 위협을 예상하여 우선적으로 반응하고 있다는 뜻이다. 여기서 반드시 기억할 것은 과도한 불안에 함몰되지 않도록, 불안이 주는 신호를 알아채고 그것에 대비하는 것이 중요하다는 사실이다.

불안을 몰입으로 바꾸자

불안과 걱정이 과도하면 해야 할 일에 대한 집중력이 떨어지고 긴장감 때문에 신체적으로나 정서적으로 피곤해진다. 특히 타인에게 평가받는 것에 대한 불안이 엄습하기 시작하면 그 불안은 오래도록 사라지지 않는다. 불안과 걱정에 매몰되지 않으려면 어떻게 해야 할까? 막연한 불안과 걱정에 한없이 빠져들지 않도록 그것이 나에게 어떤 의미가 있는 신호인지를 생각해야 한다. 사람마다 불안을 느끼는 강도나 패턴은 다르겠지만, 그것이 어떤 의미인지를 곱씹어 보는 것이 불안을 벗어날 수 있는 첫걸음이다.

불안이 나에게 어떤 신호를 주는지
자세히 살펴보고 분명하게 해석하라.

보호자의 문자 한 통에 심장이 쿵쿵거렸다면, 현재 그 보호자와의 관계에서 매끄럽게 해결되지 못한 문제가 있는 것은 아닌지 살펴야 한다. 보호자와 조금 껄끄럽거나 찜찜했던 상황이 있었던 것은 아닌지 반추해 보고 그 불편함을 나중에라도 해결하는 것이 좋다. 만약 특별한 일이 없었다면, 과거에 내가 다른 보호자나 이 보호자로부터 상처받거나 서운한 게 있었던 것은 아닌지, 두려움을 느낀 적이 있었던 것은 아닌지 기억을 되살려 볼 필요가 있다. 그런 경험들이 일종의 아픔으로 내면에 자리하고 있을지도 모르기 때문이다. 만약 과거의 그것이 '지금-여기'의 불안의 이유라면 그 사건에 대한 재해석을 해야 한다. 그때 내가 하지 못했던 말들, 억울했던 일 혹은 상대에게 하고 싶었던 진심을 글로 써서 풀어내는 과정이 필요하다. 이는 머릿속으로만 하는 상상과는 질적으로 다르다. 이런 작업은 실제로 행동해야 한다. 상대에게 직접 말로 표현할 수 없다 하더라도 무의식의 찌꺼기로 남아 있는 불안을 글로라도 써서 덜어 내는 행위의 효과는 생각보다 강력하다. 이런 점은 게슈탈트 심리치료의 '빈 의자' 기법이나 사이코드라마에서의 '방백', '빈 의자', '조각' 기법 등을 보더라도 알 수 있다.

불편한 사건 때문에 불안을 느꼈다면
글로라도 써서 불편했던 마음을 스스로 위로하자.

불안을 다루는 방법에는 호흡법이 있다. 호흡법은 불안뿐만 아니라 분노, 화, 억울함에도 그 감정의 수준을 낮추고 행동을 조절하도록 도와주는 좋은 방법 중 하나다. 많은 사람들은 호흡법을 머리로만 생각하여 단순하고 시시하다고 생각하는 경향이 있다. 태어나서 늘 하고 있는 것이 호흡이기 때문에 '호흡이 뭐 대단한 건가?'라는 생각을 할 수 있다. 그러나 이런 생각은 직접 시도해 볼 만큼 간절함이 없었기 때문에 드는 것일 수 있다. 결정적인 순간에 단 한 번이라도 호흡법에 몰입해 본 사람이라면, 불편하고 불쾌한 감정을 가장 심플하면서도 강력하게 다룰 수 있는 것이 호흡법이라는 것을 알 것이다.

불안, 공포, 분노와 같은 생존 관련 감정이 생기면 자율신경계의 작용으로 호흡이 짧아진다. 이때 호흡법을 써서 신체가 점차 진정된다면, 불안 신호로 세팅되어 있던 신체에 안전한 신호들이 입력되기 시작한다. 그럼 자율신경계는 다시 일상 신호로 인식하여 불안의 강도가 좀 더 낮아진다. 우리가 유용하게 쓸 수 있는 호흡법에는 몇 가지 방법이 있다.

우선 명상 호흡법이 있다. 불안, 긴장의 강도가 상대적으로 낮을 경우, 허리를 펴고 눈을 감은 채 입을 살짝 다문 뒤에 코끝으로 숨을 천천히 들이쉰다. 이때 5초 정도의 간격으로 길게 들이쉬고, 1~2초 정도 멈춘 다음에 입으로 10초 정도의 길이로 가늘고 천천히 숨을 내뱉는다. 흔히 '복식호흡'이라고 말하는 방식으로 산소를 배에 넣었다가 천천히 내뱉는 방법이다. 두 번째로 근육 이완법이 있다. 이 호흡법은 불안, 걱정, 긴장, 공포의 수준이 높거나 심박동이 빠르고 분노 조절이 잘 안 될 때 활용하면 매우 효과적이다. 누군가 이끌어 주는 사람이 있다면 지시에 따라서 하면 되는데, 혼자 해야 할 경우에는 손끝, 발끝에서부터 정신을 집중하며 서서히 힘을 주기 시작해 마지막에는 몸통 부분에 온 힘과 근육을 집중시키는 것이 좋다. 이때 명상 호흡을 동시에 하는데 들숨에 손가락 끝에서 힘을 주기 시작해 몸통 근육에 강하게 힘을 주었다가 날숨에 힘을 빼는 것이다. 자율신경계에서 우리가 직접 조절할 수 있는 것은 호흡의 속도, 근육의 긴장 강도밖에는 없기 때문에 이를 조절하여 심장박동의 빠르기를 조절하는 것이다. 머리로 생각했을 때는 정적으로 느껴지겠지만 실행해 보면 엄청난 효과가 있음을 잊지 말고 꼭 한번 시도해 보자.

간단한 방법이지만 호흡법을 바로 시작해 보자.
숨쉬기 패턴에 변화를 주자.

일반적으로 불안과 걱정에는 대상이 뚜렷하지 않다. 다만 학교생활 속에서 느껴지는 불안과 걱정에는 일정한 패턴이 있다. 학습지도, 생활지도, 보호자와의 관계, 일반적인 학사 업무 등의 영역에서 일을 수행하고 있는 와중에 특정 영역에 들어서면 집중이 안 된다든지, 여러 일을 동시에 벌이고 이도 저도 안 되는 경우가 생긴다면 그것 역시 불안하거나 걱정, 긴장이 되기 때문이다. 이런 감정을 오래도록 지니고 있으면 지치고 마음이 건조해진다. 그리고 이는 소진으로 이어질 수도 있다. 우리가 몸을 아끼고 건강을 챙기듯, 내면 또한 유한하며 쉽게 다칠 수 있는 것으로 여겨 소중히 다루어야 한다. 그런데 학교 업무의 특정 영역에서 계속 불안을 느낀다면 그것은 능력이 부족하거나 전략이 잘못된 것일 수도 있으므로, 자신에게 필요한 역량이 무엇인지를 체크해 보고 그것을 기르기 위한 단기 목표와 실천 계획을 세우는 것이 우선이다. 그 계획들을 실행하다 보면 과도한 수준의 불안이나 걱정을 마주할 힘을 얻게 될 수도 있다. 목표를 이루고자 하는 실행에 몰입하다 보면 어느 순간 역량과 전략은 채워질 것이고, 불안은 점차 자신감으로 바뀌어 가는 것을 발견할 수 있다. 이때 조심해야 할 것이 하나 있다. 반드시 '실천 가능한' 계획을 세워야 한다는 것이다. 계획만 세우고 실천하지 못하면 불안과 자책감만 키워 오히려 더 안 좋아질 수 있다. 따라서 목표는 조금 낮게, 계획은 좀 더 여유 있게 세우고 성취를 기준으로 수립하는 것이 효과적이다.

불안할 때는 실천할 수 있는 계획을 세우고
그것을 수행함으로써 불안을 몰입으로 바꾼다.

선생님을 위한 마음 챙김

교사 정체성이 흔들릴 때 떠올려야 할 것들

언제부터인가 다른 사람들에게 비치는 제 모습이 좋은 교사가 아니면 어떡하나 하는 생각이 들면서, 저 자신이 잘하는 것도 없는 것 같고 실수투성이인 것만 같아요. 왜 이럴까요?

어떤 특별한 계기가 있었나요?

아니요, 사실 특별한 계기는 없었어요. 다만 육아휴직을 끝내고 복직해서 학교생활을 하다 보니 제가 일을 잘 못하는 것 같기도 하고, 학생들에게 의미 있는 교육을 하고 있는 건지도 잘 모르겠어요. 요즘 다양한 교육 방법이 있는데 다 배우기도 어렵고 자신감이 떨어지면서 불안해져요. 보호자님들도 점점 어렵게 느껴지고요. 다시 신규 교사 때로 돌아간 것 같은 느낌이 점점 심해져요.

특별한 계기는 없지만, 지금보다 더 의미 있는 교육을 하고 싶은 욕구와 뭔가를 새롭게 배워야 한다는 어려운 현실이 거리가 있어서 그러신가 봐요. 욕구와 현실의 차이에서 오는 불안이 원인인 듯한데, 제 생각에는 선생님의 성장 욕구가 스스로 인식하고 계시는 것보다 더 높다 보니 조급해지는 것일 수도 있고요.

맞아요, 선생님. 요즘 선생님들은 저마다 자신만의 고유한 콘텐츠를 새롭게 시도하며 선보이고 꽤 멋지더라고요. 저는 그런 재주도 능력도 감각도 없다는 생각이 들어서 더 힘들어지고요. 저는 저만의 노하우와 색깔이 있다고 생각했는데, 이제는 제가 그냥 무색무취의 인간 같은 느낌이 들어요.

다른 선생님과 비교되고 내가 이루어 놓은 것은 없는 것 같고 앞으로도 달라질 게 없다고 예상하시는군요?

네, 그런 거 같아요. 원래 그러지 않았는데 후배 선생님과 저를 비교하면 저는 창의적이지도 재미있지도 않고, 선배 선생님과 비교하면 확실한 노하우가 있는 것도 아니고. 뭐랄까 제가 어떤 위치인지 모르겠어요. 좀 붕 뜬 느낌이 들어요. 잘살고 있는 건 맞나 싶고, 그래서 불안해지기 시작했는데 그 불안이 점점 더 커지고 있는 것 같아요.

선배나 후배의 장점은 크게 보이는데, 선생님 자신은 내세울 것이 없다 생각하니 쓸쓸하고 초라해지고 교사로 지나온 시간들이 무슨 의미였나 싶은 혼란을 겪으실 것 같아요. 사실 이런 불안은 소소한 현상들로 자극을 받아 오다가 이제 그 역치 수준을 넘어서 확 크게 다가온 것 같아요. 학교는 일반 기업과는 다르기 때문에 눈에 바로 드러나는 성과를 내기가 쉽지 않죠. 그렇지만 눈에 드러나지 않는 성과, 즉 학생, 보호자, 동료 교사

및 사회에서 받는 교사에 대한 평판, 평가가 지속적으로 작용하는 것은 어쩔 수 없는 것 같아요. 지금까지 선생님은 그런 평가의 시선들에 크게 개의치 않고 교육을 펼쳐 오셨는데, 어느 순간 불현듯 교사로서의 정체성 혼란이 오신 것 같아요.

교사로서의 정체성 혼란! 그 단어를 들으니 딱 지금의 저를 표현하는 말 같아요.

그렇죠? 정체성 혼란이란 사춘기 아이들만 겪는 것이 아닙니다. 정체성이란 긴 호흡으로 변화하기 마련이니까요. 다만 그 정체성이란 것을 스스로 느낄 기회가 별로 없었던 것뿐이에요. 공자의 논어 <위정(爲政)> 편에서는 이립(而立), 불혹(不惑), 지천명(知天命)과 같이 공자 자신이 학문을 하면서 느낀 나이대별 모습을 술회했지요. 그 단어들이 그 시절 공자의 정체성이었는지도 모르겠습니다. 선생님께서 겪은 정체성의 혼란은 어제오늘 일은 아니었을 거예요. 사실 오래전부터 진행되어 왔는데 인식하지 못했던 것뿐이죠. 선생님의 불안이 강하게 신호를 보낸 덕분에 '아, 지금 내가 어떻게 살아야 하지?'라는 통찰을 얻으신 것이죠. 선생님의 불안이 선생님께 귀띔을 해 준 거예요.

그렇게 생각하니 불안 자체가 나쁜 건 아니란 생각이 드네요. 그럼 제가 앞으로 어떻게 하면 좋을까요?

선생님께서 지난 교직 생활에서 입고 있던 정체성의 옷은 이제 그 쓰임을 다했으니 마음으로 감사하고 추억으로 담아 보관하세요. 그리고 이제는 새로운 정체성의 옷을 만

들어 보시는 것이 좋을 듯해요. 정체성 혼란이 왜 일어나는지 알려면 우선 '현재의 나'와 '되고 싶은 나'에 대해서 알아보는 것이 중요해요. 정말 새로운 교육 방법을 배워서 젊은 선생님의 스타일로 따라가길 원하는 것인지, 아니면 또 다른 관심 영역이 생겨서 그것을 하고 싶은 것인지 판단해 보는 거죠. 주변 선생님들에게 자극을 받은 것은 사실이지만, 그분들처럼 되지 못해서 자극받으신 건 아니거든요. 선생님께서 진짜 하고 싶은 것이 무엇인지 생각해 보세요.

진짜 하고 싶은 것을 알아내는 것은 시간도 많이 걸리고 어려운 것 같아요.

그렇죠. 진짜 하고 싶은 것이 무엇인지 알아내기 어려운 것은 매 순간순간 하고 싶은 것의 우선순위가 바뀌어서 그렇습니다. 한 번에 고르긴 어렵고 선생님 자신을 모니터링하면서 내가 의미 있게 생각하는 일이 무엇인지 3가지 정도 정한 후에, 내가 그 3가지 일들에서 현실적으로 오랫동안 할 수 있는 일, 가슴 뛰는 도전이 되는 일, 한다면 너무 자랑스러워 할 일들을 구별해 보세요. 저는 예시로 말씀드린 것인데 결국 선생님께서 선택하시는 것에 대해 영감을 드리기 위한 예시일 뿐입니다.

결국 무엇을 하고 싶은지, 차분히 생각해 볼 필요가 있군요? 그러면서 내가 어떤 사람으로 살고 싶은지, 어떤 교사로 살고 싶은지 살펴보라는 말씀으로 들리는데 맞나요?

네, 맞습니다. 그렇게 하나둘씩 찾아가다 보면 선생님께서 어떤 선택을 하시더라도 확신

이 드실 거예요. 그리고 내가 좋아하는 것을 할지, 잘하는 것을 할지도 고민해 보시면 어느 순간에 확신이 생기실 거고요.

선생님의 정체성이 무엇인지 살펴보면 불안은 다시 비상 대기를 위해 물러가고 그 자리에 설렘이 들어설 것입니다. 그리고 선생님께서 하시고자 하는 일에 대해서 수행 계획을 세워 보시고 수행 결과를 점검해 나가시면 좋을 듯해요.

제가 가진 가치, 흥미, 능력 등을 고려해서 앞으로 어떻게 살아갈 것인가를 고민해 보고, 그것을 선택하는 시간을 천천히 갖다 보면 확신이 생길 거란 말이시죠?

네, 막연히 '어떻게 하지'라고만 생각하면 더 불안해지고 조급해집니다. 그러나 이렇게 하나씩 나를 다시 이해하려는 노력을 통해서 확신을 갖고 결정을 하는 것, 지금 당장 결정하지 않아도 좋으니 내가 바라는 것을 위축되지 않고 있는 그대로 탐색하는 용기가 필요하기도 해요. 그렇게 교사로서의 성장과 발전, 진로를 탐색해 가는 것이 의미 있지 않을까 싶습니다. 꼭 기억하세요. 한두 번의 고민으로 끝난다면 이 고민은 선생님께 오지도 않았을 것입니다.

나 자신을 이해하려 노력하고, 확신을 가져라, 그리고 교사로서 어떤 정체성을 가질지 지금 당장 결정하지 않아도 되니 있는 그대로 살펴보라는 말씀으로 이해했어요. 그런데 저는 한 번도 생각해 보지 않았던 단어들인데 선생님 말씀 중에 '교사의 성장과 발전, 진로'라는 단어들이 와닿았어요. 생각해 보니 직업인으로서의 교사를 넘어서는 것

이 바로 성장이 아닐까 싶네요. 어떻게 하면 그런 고민들이 점차 해결될 수 있을까요?

네, 맞아요. 자아 이해를 바탕으로 탐색이 필요합니다. '가슴 뛰는 일을 할 것인가, 오래 지속할 수 있는 일을 할 것인가'와 같은 것은 선생님 자신을 탐색했을 때 스스로 살펴볼 수 있는 내용입니다. 선생님께서 1정 이후 선생님만의 교육을 마음껏 펼치려는 순간 육아휴직을 하신 듯해요. 그런데 몇 년 휴직하고 와서 갑자기 적응하려니 분주하기도 하고, 불과 몇 년 전인데도 확 달라진 것 같은 교육 현장 느낌에 더 불안해지신 것도 있어 보여요.

왜 그렇게 뭐든지 손에 안 잡히고 불만스러웠는지 저도 몰랐는데, 정말 선생님께서 말씀하신 딱 그런 느낌이에요. 정말 뭘 어떻게 해야 할지 모르겠고 그럴수록 마음은 더 조급해지고 자괴감마저 들어요.

아! 그러고 보니 '뭘 어떻게 해야 할까?' 라는 선생님의 질문에 제가 답을 명쾌하게 드리지 못했네요. 사실 명쾌한 답을 내리는 것이 맥락에 따라서는 맞지 않을 수 있어서 잘 말씀드리지 않는데, 이럴 때는 명쾌한 답을 단계적으로 드리는 것이 좋을 것 같아요. 자, 솔루션입니다. 현재 선생님께서 가장 자신 있는 영역은 무엇인가요? 예를 들어 볼게요. 1)학습지도 2)생활지도 3)학급운영 4)보호자와의 관계 맺음 5)학교 업무 분장 6)자신 있는 것이 하나도 없다.

아, 사실은 6번인 것 같은데요. 정말 언제부터인가 모든 것에 자신이 없어졌거든요.

그럼 이번에는 질문을 바꿔 볼게요. 선생님께서 가장 자신 없는 것은 무엇인가요? 아까의 예에서 질문만 바꿨습니다. 당연히 6)은 제외입니다.

질문을 바꾸시니 고르기가 조금 쉬워지는데요? 가장 자신이 없는 것은 2번이나 3번 같아요. 학습지도나 학교 업무 자체가 별로 어려운 것 같지는 않아요.

아하! 생활지도와 학급운영에 어려움이 있으셨군요? 선생님, 일단 이 둘의 공통점이 무엇이라고 생각하세요? 가장 자신 없는 것과 그렇지 않은 것에는 뚜렷한 분류 기준이 보이는데요.

글쎄요? 뭘까요? 생활지도나 학급운영이나 모두 교과서가 필요없는 것일까요?

맞습니다. 교과서와 같은 매뉴얼이 없는 영역이라고 보시면 돼요. 생활지도와 학급운영에 대해서 다양한 방법과 노하우들이 소개되고 있지만 많은 선생님들께서 '다른 분들은 잘되는데 나는 왜 안 되지?'라고 여기는 부분들이죠.

맞아요. 저도 그런 느낌 받은 적이 많아요. 다른 분들은 다들 잘했다고 하는 방법들도 제가 적용할 때는 잘 안 되는 경우가 많았거든요.

그건 매뉴얼이나 방법의 문제라기보다는 그것을 적용할 때 반드시 고려해야 할 것들을 놓쳤기 때문에 오는 현상입니다. 반드시 고려해야 할 것들은 바로 학생과 선생님의 심리적 거리와 정서 상태입니다. 선생님께서 무엇인가 조급하게 접근하거나 너무 높은 기준으로 멋지게 하려고 할수록 학생과 선생님의 심리적 거리는 멀어집니다. 그러면 아무것도 할 수가 없어요. 이럴 때 저는 오히려 무엇인가를 하려는 욕구를 조금 덜어 내시라고 권해 드립니다. 100가지의 내용을 조급하게 모두 적용하는 것보다는 1가지의 내용을 천천히 학생과 함께 호흡해 가면서 음미해 가는 것이 선생님과 학생 모두에게 더 효과적이지 않을까 싶어요. 어떠세요? 그 호흡이 느껴지면 그때 2가지 3가지 선생님이 하시고 싶었던 것들을 하나씩 늘려서 해 보시는 것이 좋을 것 같아요. 우선 선생님의 교실에서 안정을 찾지 않으면 아무리 노력해도 결국 다시 제자리로 돌아올 가능성이 커요. 정체성이 흔들리는 가장 큰 이유도 그런 것 같고요.

그렇군요. 10가지 100가지가 아닌 1가지를 천천히 음미하면서 하기. 이제 생각해 보니 그래 왔네요. 뭔가 계속 쫓기듯 그렇게 했어요. 아이들도 뭔가를 할 때는 신나 보이고 들떠 보이긴 했는데 뭔가 수습은 안 되는 것 같았어요. 선생님, 이제 제가 뭘 해야 할지 정확하게 알았어요. 천천히 다시 시작해 보고 교실이 보일 때부터 차분히 고민해 볼게요. 감사합니다.

지금보다 나은
내가 되기 위한 신호

싫음
disgust

4

"주체자가 수용하지 않으면 끊임없이 오해받는
것이 감정이다. 돌보지 않는 감정은 외롭다."

의도하지 않아도
자꾸 생겨나는 감정

시기 envy

질투 jealousy

* 그 사람의 모든 것이 돋보기로 보듯 크게만 보여

  스트레스 받는 마음 상태

* 나도 잘살고 있는데, 마치 내가 못난 사람처럼 느껴지는 감정

* 나에게 없는 것을 다른 사람이 갖고 있어 생기는 복잡한 마음

* 이해는 되는데 인정은 안 되는 짜증스러운 마음

* 나도 하고 있는 것인데 다른 사람만 하고 있는 것처럼 보여서,

  뭔가 억울하고 나도 어필하고 싶다는 마음

'시기'는 타인과 나를 비교하면서 느끼는 감정 중 하나다. 이때 자신이 우월하다고 여기면 우월감을 느끼지만 그렇지 않다면 열등감을 느낀다. 이 열등감을 어떻게 처리하는가에 따라 '시기'가 될 수도 있고, '부러움'이 될 수도 있다. 그리고 시기나 부러움으로 인해 새로운 '성취동기'가 생길 수도 있다. 하지만 누군가가 부러워서 그 사람을 배우려고 노력하게 되기는 쉽지 않다. 결국 열등감에 빠지면 자신을 옥죄게 되고, 반복되는 시기심은 마음의 굴레가 되어 버린다. 한편 '질투'를 '칠거지악七去之惡' 즉, 배우자와 헤어질 수 있는 '7가지 잘못' 중 하나로 소개해 여성의 감정으로 치부하는 경우가 있지만 이는 사실과 다르다. 질투와 시기는 성별에 따른 감정이 아니다. 인간이라면 누구나 가지고 있는 공통 감정이다. 시기와 질투는 늘 짝꿍처럼 함께 쓰이는 말이지만, 사실은 조금 다르다.

나도 잘하는데, 왜 나는 초라하게 느껴질까

"감사합니다. 선생님 덕분에 저희 아이가 잘 성장했어요."
한 해를 마무리할 무렵, 말썽꾸러기 학생의 보호자에게 이런 인사를 받았다고 말하는 어떤 선생님을 보면서 생각이 많아졌다.
지난 몇 년 전부터 유독 보호자들의 요구 사항도 많아졌고 지치는 분들이 많았다. 그런데도 그 선생님은 시간이 갈수록 학생들도, 보호자들도 더 좋아했다. 게다가 학교폭력 담당 부장에 나이스 업무를 동시에 맡았는데도 힘들다는 내색 한 번 하지 않았다. 인간관계도 좋아서 후배 선생님들은 항상 무슨 문제가 생기면 그 선생님 교실로 찾아가곤 한다. 분명 그분은 능력도 뛰어나고 다른 사람들에게 신망도 얻는 좋은 교사임에 틀림없다. 나도 그건 안다.

그 선생님은 정말 완전무결한 사람처럼 보인다. 모든 이에게 친절하고 능력도 있고 인성도 좋은 분이다. 그런데 나는 이상하게 그 선생님을 떠올리면 짜증이 난다. 다른 선생님들이 모두 그 선생님을 좋아하는 것 같은데, 솔직히 나는 왠지 싫다. 사실 그 선생님이 못하는 것도 있다. 평소 교실 청소가 제대로 안 되어 있던데, 다른 사람들 눈에는 그런 게 안 보이나 보다.

그분이 좋은 교사인 건 알겠지만, 그냥 내 눈에는 안 보였으면 좋겠다. 자꾸만 짜증이 난다.

많은 사람들의 인정을 받고 자신의 일도 유능하게 해내는 동료 교사를 인정은 하지만 뭔가 기분이 좋지는 않다. 남들이 힘들어 하는 일도 거뜬히 해결하고 기피 업무도 싫은 내색 없이 척척 잘 해내는 동료 교사의 모습을 보며, 웬일인지 교사는 자신이 초라해지는 것 같은 느낌을 받는다. 선후배 교사들이 모두 그를 따르고 의지하는 모습도 괜히 얄밉다. 자신과 비슷한 교육 경력을 갖고 있는 동료 교사와 괜히 비교당하는 것 같고, 누가 뭐라 한 것도 아닌데 마음이 계속 불편하기만 하다.

아무리 신경 쓰지 않으려 해도 계속 그 동료 교사가 눈에 거슬리고, 그가 실제 능력보다 과하게 인정받고 있는 것만 같다.

교사는 어느 순간부터 동료 교사와 자신을 끊임없이 비교하고 있는 자신의 모습에도 점점 지쳤을 것이다. 동료 교사가 처리하는 일들도 사실 따지고 보면 그다지 잘하는 것 같지도 않다는 생각이 들면 짜증이 나기 시작하면서 그 강도는 더 세질 것이다. 이런 생각들로 동료 교사를 학교에서 마주해야 하는 것이 곤혹스러워진다.

사실 교사는 처음부터 동료 교사를 미워하거나 짜증스럽게 여기지는 않았을 것이다. 하지만 교육 경력이나 능력 면에서 자신과 비슷해 보이는 동료 교사를 학교의 모든 구성원이 좋아하는 모습을 계속 보면서, 어느 순간부터는 동료 교사의 일거수일투족이 눈엣가시처럼 박히게 되었을 것이다.

한편 그 동료 교사의 입장에서는 이런 교사의 태도를 눈치채면 당혹스러울 수 있다. 자신이 다른 사람에게 피해를 준 것도 아닌데 자신을 대하는 뭔가 불편한 교사의 태도에 찝찝하거나 껄끄러워져 스트레스를 받을 수 있다. 물론 그냥 무덤덤하게 넘길 수도 있다. 어떤 성격의 사람인지에 따라 직접적으로 불편함을 이야기할 수도 있고, 더 거리를 두며 멀리할 수도 있다. 결국 이런 상황에서는 부러움의 대상이 되는 사람 또한 스트레스를 받는다는 것이다.

그게 뭐 대단한 거라고

"우아, 김샘 정말 대단해요. 바쁜데, 이런 것도 다 준비하고 고마워요."
동학년 회의 시간에 김선생님이 회의 자료와 다과를 손수 준비한 것을
보고 학년 부장님과 다른 선생님들이 모두 너무 좋아한다. 누가 봐도 깜
짝 놀랄 정도의 일 처리와 주변 사람들을 챙기는 김선생님을 모두가 동
학년의 보배라고 생각한다.

"오, 여기 분위기 너무 좋은데요?"
지나가시던 다른 학년 부장님이 들어오셔서 웃으며 덕담을 하시는데 다
들 이구동성으로 김선생님 칭찬을 침이 마르도록 한다.

"김선생님은 주변을 아름답게 만드는 능력이 있으신 거 같아요. 학급운
영도, 수업도 정말 잘하시고 학부모님들께도 인기 많으시다고 소문이 자
자하던데요."

순간 나도 모르게 속으로 헛웃음이 나왔다. 나와 발령 동기인 김선생님
이 워낙 친절하고 무슨 일이든 잘 도와줘서 처음에는 나도 고마운 마음
이 가득했다. 그런데 매번 김선생님 칭찬을 듣고 있자니 지겹고 갈수록
마음이 불편해진다. 어색한 미소를 감추느라 얼굴 근육을 과도하게 썼는
지 얼굴 살이 살짝 떨리는 것 같다.

'다들 저 정도는 하지 않나.'라는 생각이 드는 동시에, '내가 지금 질투하
나?' 싶어서 왠지 씁쓸했다.

이성적으로 생각하면 전혀 짜증 날 상황이 아닌데, 왜 이렇게 나는 기분
이 나쁘고 짜증이 날까? 다과를 먹는 내내 불편한 생각이 들어 좀처럼

188

표정 관리가 되지 않았다.

이 사례의 교사는 김선생님과 좋은 관계지만, 어느 순간부터 다른 교사들이 김선생님만 좋아하는 것 같고 마치 자신이 비교를 당하는 것만 같다는 결론에 이르렀다. 그리고 다른 사람들의 계속되는 칭찬에 억지웃음을 짓고 있는 자신의 상황이 불편하다 못해 화가 났을 것이다.

질투가 나는 마음을 들키면 안 될 것 같아서 어색하게 더 웃고 있는 자신이 우스워 허탈한 생각도 들 수 있다. 김선생님이 크게 잘못한 것도 없고 당연히 받을 수 있는 칭찬인데, 알 수 없는 짜증이 올라오니 자신도 모르게 표정이 일그러지는 것이다. 이런 감정을 느낄 때에는 차라리 표정 관리가 되지 않는 것이 어쩌면 더 나을 수도 있다. 자신의 짜증이나 화가 표현되고 있는 것이기 때문이다. 다만 다른 사람들이 볼 때는 좀 이해되지 않을 수 있지만 어쩔 수 없다. 짜증과 화를 꾹꾹 참으면서 표정 관리까지 잘한다면 사회적인 평가나 시선에서 자유로울 수는 있다. 그러나 참았던 짜증과 화는 마음속에 갇힌 채로 계속 돌고 돌면서 심리적 에너지를 소진시킬 가능성이 크다. 사실 이런 경우 다른 사람들과 불편해지더라도 감정을 표출하는 것이 나은지, 다른 사람들과의 좋은 관계를 유지하기 위해 힘들더라도 감정을 꾹꾹 숨기는 것이 나은지, 무엇이 더 낫다고 단정 지어 말하기는 어렵다.

질투가 생길 때는 여러 가지 감정들이 함께 소환된다. '내가 왜 이럴까?' 하는 자괴감부터 슬픔, 짜증, 화 등 다양한 감정들이 스치듯 흘러간다. 그러나 질투와 함께 오는 가장 본질적인 감정은 '화' 감정이다. 질투를 느끼는 순간, 경쟁을 해서 이기든 피해서 내 존재감을 지키든 상대방과 스파링 상태가 된 것이다. 상대방도 자신도 원하지 않았지만, 결국 상황이 그렇게 만든다. 시기나 질투를 당하는 상대 또한 처음에는 혼란스럽지만 결국 화, 억울, 분노의 감정에 휩싸이기 쉽다. 자신에 대한 공격이라고 느끼는 순간 방어를 하든 피하든 해야 하기 때문이다.

'시기'와 '질투'는 어디에서 올까

시기와 질투는 동서양을 막론하고 자주 회자되는 개념이다. 《논어》 옹야편에는 '내가 일어서고 싶으면 남을 먼저 세워 주고, 내가 도달하고 싶으면 남을 먼저 도달하게 하라'는 말이 있다. 이는 상대와 경쟁보다는 협력하라는 가르침이다. 그런데 이런 가르침이 오랫동안 종교, 철학, 문학에서 지속되어 왔다는 것은 그만큼 인간의 삶 속에서 좀처럼 해결되지 않는 문제라는 뜻이기도 하다. 시기와 질투는 사회적인 인간이라면 누구나 느끼는 감정이다.

시기는 다른 사람에게는 있는데 나에게 없어서 생기는 불편한 감정이다. 흔히 사회적으로 비교가 되는 상황에서 발생한다. 시기심이 발현되면 개인의 태도, 신념이 변화를 일으키면서 행동에도 영향을 미친다. 코헨 차라쉬Cohen-Charash는 많은 사람이 시기심을 느끼면서도 그것이 자신의 행동에 영향을 미친다는 사실은 인정하지 않는 경향이 있다고 하였다. 이는 자신은 시기하지 않는다고 생각하고, 설령 시기하고 있다 하더라도 그것을 시기가 아닌 객관적인 평가일 뿐이라고 여기는 것이다. 이런 경향은 시기를 금기시하는 사회규범의 영향을 받은 결과이다. 시기심을 갖고 있으면서도 의식적으로는 인정하지 않은 채 계속 시기심의 강도가 높아지면, 그것이 사회규범에 반하는 것과 같아서 불편해지고 점차 자신의 마음을 갉아먹게 된다.

사실 시기심은 고통스러운 감정이다. 다른 이와 자신을 비교하는 데서 오는 불만, 불편함, 고통, 분노, 적대감, 허탈감과 같은 감정이다. 한편으로는 내가 갖지 못하는 것에서 오는 상실감을 만회하는 대처 방법이 되기도 한다. 다른 이를 폄훼하고 평가절하함으로써 자신과 동등하게 여기는 행동과 태도인 것이다. 시기심은 열등감을 자극하여 더 증폭된다. 자기애나 자신에 대한 존중감, 자신감이 떨어질 때 나타날 수 있으며, 현상의 원인을 자신이 아닌 타인의 결점 때문이라고 믿는 방식으로 풀려고 한다. 시기심은 사회적 감정이기 때문에 분노, 반감, 개선하고자 하는 동기, 열등감과 관련이 높다.

질투는 소유의 개념으로 많이 비유된다. 자신이 갖고 있는 명예, 가치, 사람을 빼앗기거나 잃어버릴 것 같은 두려움에 발현되기도 하는데, 일반적으로는 자신과 경쟁자, 그리고 제3자의 관계에서 발생하는 사회적 감정이다. 질투 역시 분노, 공포, 슬픔 등이 혼합된 감정이며 경쟁의식, 자존심, 애정 등이 결합된 반응이다. 질투는 자신이 갖고 있다고 인식하는 것에 대한 반응이기 때문에 다른 사람에게 직접적인 해가 되지는 않는다. 그러나 사회적 관계에서 파생되는 경우가 많아서 나와 상대, 제3자 모두에게 영향을 미친다.

질투는 지키고자 하는 것이 사람이 아니라면 시기심과 마찬가지로 집단 내에서 비교를 통해 경험하게 되므로 관계 문제를 일으킬 수 있다. 즉 생물학적 생존을 위한 것이 아닌 경쟁사회에서 생존하기 위한 사회적 정서이다.

시기와 질투를 비교하여 정리하면 다음과 같다.

시기	질투
내가 가지지 못한 것 자신-상대 자아 정체감을 회복하려는 대처	내가 가지고 있는 것 자신, 경쟁자, 제3자 소유를 증명하고자 하는 동기

시기와 질투의 소리에 귀를 기울이면

시기와 질투는 주체나 대상이나 모두가 고통스럽고 불편한 감정이다. 오랜 역사 속에서 인류가 시기, 질투를 경계해 온 이유도 관계 파괴적인 문제 때문이다. 그러나 시기와 질투 또한 우리 삶과 마음의 일부다. 인간의 감정 중에서 불필요한 감정은 없다. 다만 이 감정들을 우리의 삶이 더 나아지는 데 쓰일 수 있도록 해야 할 뿐이다. 시기와 질투가 강하게 느껴진다면 어떻게 해야 할까?

시기와 질투는 화, 분노와 같이 대상이 분명하고 오랫동안 지속되는 힘이 있다. 잘못 다루면 상대와 나, 주변 관계를 파괴하는 무시무시한 폭탄이 된다. 그러나 이것을 안정적으로 다루면 자신을 발전시키는 지속적 에너지를 얻을 수 있다. 누군가를 시기하는 마음이 든다는 것은 그 사람을 보면서 자신이 무엇을 시기하는지 인식하고, 그것을 내가 정말 원하는 것인지도 알아차릴 수 있는 기회가 생겼다는 뜻이다. 질투 또한 마찬가지로 자신이 무엇을 지키고 싶고, 무엇을 중요하게 생각하는지 알 수 있는 기회가 된다. 이러한 기회들은 현재의 내가 바라는 모습으로 가기 위한 목표를 세우고 그것을 이룰 수 있는 동기와 행동을 이끌어 낸다. 시기와 질투는 이를 지속시키는 힘이 있기 때문에, 시기와 질투의 감정을 문제로 여기기보다는 어떻게 잘 활용할지를 고민해야 한다.

시기, 질투는 원자력에너지와 같다.

시기가 파괴적인 감정이라면 부러움은 시기의 부드러운 버전이라고 할 수 있다. 학교에서의 인정, 보호자-학생과의 관계, 업무 분장, 직무 등 복잡한 환경 속에서 알게 모르게 시기심이 생겨날 수 있다. 타인의 평가에 내 마음이 크게 자극받지 않는다면 시기심이 과격하게 표현되지도 않을 것이다. 내가 가지지 못한 것에 대한 부러운 감정, 이루지 못한 것을 이룬 상대에 대한 존경이나 존중의 태도를 떠올리면 상대의 장점이 보일 것이다. 상대의 장점과 강점을 유심히 관찰하고 나에게 어떻게 적용하면 좋을지 생각해 보는 것도 좋다. 누군가에게 시기심이 든다면 그를 관찰하고 부러워해도 된다. 그의 장점을 내 것으로 만들 수 없다 하더라도 괜찮다. 애초에 모든 것을 다 가지는 것은 불가능에 가깝다. 차라리 부러움을 시기로 바꾸고 자신의 사랑을 질투로 바뀌게 만드는 학교 분위기나 그것을 조장하는 사람들을 탓하는 것이 낫다. 오히려 부적응적 열등감을 불러일으키는 구조를 바꾸는 노력이 더 필요하다.

시기는 부러움을, 질투는 자기 사랑을 바탕으로 한다.

자꾸 누군가 어른거리면서 불편함, 성가심, 짜증 등이 밀려온다면, 그것은 지금 현재 나의 마음 상태를 종합적으로 점검해 보라는 신호이다. 상대보다 내가 가치 없거나 뒤처진다는 생각, 내가 다른 사람들로부터 불공평한 대우를 받고 있다는 느낌이 든다면 종합적으로 평가해 볼 필요가 있다. 시기와 질투를 그 본질적인 속성인 부러움과 자기 사랑으로 바꾸어 느껴 보는 것도 필요하다. 이는 나를 위한 방향으로 감정을 전환시킬 수 있기 때문이다. 자존감이 높은 사람도 불안, 초조, 조바심을 강하게 느낄 때가 있다. 다만 불편한 감정들을 인식하고 관리하는 방식이 자신에게 도움이 되는 방향으로 향해 있다. 시기심이 들면 부러워하면서 배우려고 하고, 질투가 생기면 좀 더 여유 있게 생각하는 것이다. 그러나 이렇게 하는 것은 말처럼 쉽지 않다. 불편한 감정이 나오면 그보다 더 강하고 눈에 띄는 불편한 감정이 덜 불편한 감정을 덮어 버리려는 속성이 있기 때문이다.

　시기, 질투가 느껴진다고 해서 자신이 교직 경력에서 요구되는 과업에서 부족한 건 아닌지, 학교 내에서 해 보고 싶던 것을 용기가 없어 못했던 것은 아닌지, 의욕만 앞서고 제대로 시도해 보지 못했던 것은 아닌지 반성하며 자책하지 않아도 된다. 그 당시로서는 다른 의미 있는 일들이 있었을 것이다. 능력과 역량을 기르는 일은 오랜 시간이 걸리는 법이고, 그 시간 동안 다른 즐거움을 누렸다면 그걸로 된 것이다. 어차피 다른 사람이 가진 것을 내가 다 가질 수도 없는 노릇이다. 그럼에도 불구하고 자신이 용기 내지 못했던 일이 아쉽고, 제대로 시도해 보지 못했다는 반성이 든다면 지금부터 정체성을 찾으면 된다. 억지로 쿨한 척하지 않고, 있는 척, 센 척하지 않아도 된다. 자신이 만나는 학생들과 학교에서 무엇을 할 때 가장 즐겁고 행복한지를 점검해 보면 되는 일이다. 시기, 질투가 있었다는 것을 인정한 것만으로도 한 발자국 내디딘 것이다.

> **시기, 질투하는 나를 알아챘을 때**
> **나의 마음 상태를 점검해 보라는 신호로 여기자.**

　자부심自負心의 사전적 의미는 자신의 가치를 믿고 스스로 당당히 여기는 마음이다. 시기, 질투의 마음이 나에게 분명히 요구하는 것은 자신에게 자부심을 가지라는 것이다. 타인과의 비교를 통해서 얻는 우월감이나 열등감은 자부심과는 다르다. 각자의 삶 속에서 누적된 경험이 다르듯이 모든 사람은 각자의 삶에 자부심을 가져도 충분하다.

교사가 되기 위한 삶은 그리 만만하지 않았을 것이다. 충분히 많은 노력을 해서 임용이 된 지금, 이제는 자신의 모습에 집중할 필요가 있다. 지금까지 충분한 노력을 했던 자신에게 수고했다는 말을 건네도 괜찮다. 시기와 질투를 느끼는 것은 이제 새롭게 변화를 줄 때가 왔다는 신호를 받은 것이니 지금부터 자부심을 갖도록 하면 된다.

타인을 시기하여 깎아내리면서 얻는 우월함은 그리 오래가지 않는다. 사상누각沙上樓閣과 같은 모습이다. 그렇다고 해서 자신의 부족한 점을 가리려 애쓰는 것도 위험한 일이다. 지속 가능한 자부심은 자기 본래의 모습에 근거하였을 때 가능하다. 타인에 의해 얻게 되는 자부심은 나 자신을 착각하게 만든다. 잠시의 만족과 착각으로 감정을 묶어 두며 현재의 시간을 낭비하지 않는 것이 궁극적인 삶의 지혜이다. 왜냐하면 어떤 곳이라도, 또 어떤 영역에서라도 나보다 잘난 사람은 반드시 있기 때문이다.

시기, 질투가 나에게 요구하는 것은 바로 자부심

비교는 매우 효과적인 학습의 기술이다. 비교를 통해서 기존에 알고 있는 것과 새로 알게 된 것의 공통점과 차이점을 살펴볼 수 있다. 비교는 다양한 정보의 유목화와 분류를 가능하게 하고 지식을 확장시키는 인지전략이다. 이렇듯 비교는 정보, 지식을 다룰 때 유용하지만 사람에게 적용하면 얻는 것보다 잃는 것이 많아진다. 어릴 때부터 이런 노래를 배워 오지 않았는가?

"무엇이 무엇이 똑같을까? 젓가락 두 짝이 똑같아요."

우리는 어릴 적부터 비교하는 것에 익숙해 왔고, 그만큼 비교는 자연스러운 것이다. 그러나 비교를 할 때, 타인과 나의 결과를 비교하지 않고 그 과정을 비교해야 한다. 타인의 장점, 역량 형성 과정 등을 취합하고 그의 수행 방식과 나의 수행 방식은 무엇이 다른지를 비교하여 학습한다. 또 오늘의 나는 어제의 나와 어떤 차이가 있는지를 비교한다. 그럴 때 비교는 나의 자부심을 유지시킬 수 있는 도구가 된다.

결과를 비교하지 않는다.
과정을 비교한다.

선생님을 위한 마음 챙김

열등감이 보내는 신호를 알아차리세요.

제가 원래 시기 질투를 잘 안 하는 사람이 거든요? 그런데 성격이 변했는지 다른 선생 님들이 뭘 했다고 하면 저도 뭘 했다고 자랑 하고 싶어지고, 어린아이처럼 유치해진 저를 느끼곤 해요. 열등감이 자라난 거 같아 씁쓸하기도 하고 조금 걱정돼요.

시기, 질투를 느끼지 않았었는데 최근 들어 서 자주 느낀다면 그전에 없던 불편함이 생 긴 것이군요? 그럴 땐 내가 뭔가 이상해졌다, 혹은 내가 뭘 잘못하고 있는 건가 싶은 자각 이 들면서 위축될 수 있죠. 저는 일단 이렇 게 생각합니다. 어떤 변화에 민감하다는 것 은 어떤 형태로든 그 변화를 자신의 것으로 만들 준비가 되어 있다는 것입니다. 변화가 일어나는데도 스스로 알지 못한다면 그것이 오히려 큰 문제가 되겠지요.

그렇게 생각하니 좀 안심이 되네요. 열등감 하니 아들러가 생각나요. 아들러를 공부하 면 제 열등감이 좀 사라질까요?

하하, 네. 아마 아들러가 유명해지게 된 것도 열등감이라는 키워드 때문일 거예요. 아들 러의 이론은 고전 이론이지만 지금까지도 많 은 영감과 철학을 남겨 주었습니다. 열등감- 우월성 추구, 생활양식, 가족 상담에서의 출 생 순위 등을 강조했고, 유연하고 다양한 심 리치료 기법들을 소개하기도 했지요. 아들

러의 이론에 의하면, 열등감을 극복하기 위 해 노력하다 보면 결국 심리적 건강과 자기 완성을 이룬다고 보는데, 사실 인본주의 심 리학의 로저스도 '자기실현 경향성'이라는 말로 설명한 적이 있습니다. 로저스는 아들 러보다 더 인간을 그 존재 자체로 자기완성 이 되는 즉, 자기실현을 할 수 있는 존재로 봅니다. 로저스가 언급한 '온전히 기능하는 사람(fully functional person)'이라는 표 현은 '자기실현 경향성'을 충분히 이루고 있 는 사람을 뜻하지요. 즉 모든 사람은 어떤 상 황에서도 자신을 아끼고 사랑하여 자신의 삶을 가꾸려고 하는 경향이 있다는 것입니 다. 이런 점에서 매슬로우나 로저스의 이론 을 인간중심주의, 인본주의 관점이라고도 합니다.

로저스의 인간중심 상담을 처음 접했을 때, 무슨 당연한 말을 하고 있나 생각했거든요? 그런데 상담에서 무조건적 경청이 얼마나 어려운 것인지 나중에 경험해 보고 알았어 요. 온전히 기능하는 사람은 처음 들어 봤는 데 정확히 무슨 뜻이죠? 아들러의 이론과 무슨 차이가 있는 것이죠?

'온전히 기능하는 사람'은 익숙한 표현은 아 니지만 어감으로는 어떤 뜻인지 대강 느낌이 오실 것 같아요. 사람은 누구나 일관되게 자 아실현을 위해 노력하고 있는 존재라는 뜻

입니다. 다들 어떻게든 자아실현을 위해서 노력하고 있다는 것을 전제로 합니다. 다만 환경이나 상황이 뒷받침되지 못할 수도 있다고 보는 것입니다. 예를 들어 해바라기 씨앗이 2개가 있는데, 하나는 비옥한 토양에 심고 하나는 아스팔트의 작은 틈에 있는 흙에 던졌다고 생각해 봅시다. 이 두 개의 씨앗이 자라서 꽃을 피울 때 비옥한 토양에 심은 해바라기는 활짝 피어 있고, 아스팔트에 던진 해바라기는 간신히 싹만 틔워 비실비실 자라고 있습니다. 그럼 어떤 해바라기 씨앗이 더 좋은 씨앗이라고 말할 수 있을까요? 그렇게 말하기 좀 어렵죠. 두 씨앗 모두 최선을 다해 살고 있는 것이니까요. 그런 관점에서 로저스는 우리는 모두 자신의 삶에 최선을 다한다고 봅니다. 또 자아실현을 이루는 사람을 '온전히 기능하는 사람'이라고 표현한 것입니다. 한편 아들러는 자신의 신체적인 장애를 계기로 열등감, 우월감의 개념을 찾고 제안했어요. 결국 열등감은 비정상이 아니라는 말을 하고 싶었던 겁니다. 열등감으로 불편해질 수 있지만, 그것은 보편적으로 누구나 갖고 있는 것이고 상대적인 것입니다.

열등감은 당연한 것이다. 보편적인 것이다. 이 말을 들으니 뭔가 좀 안심이 되네요. 시기, 질투하는 제가 지질하게 느껴졌는데 그렇게 생각하지 않아도 될까요? 제가 누군가를 시기, 질투한 건 처음이었거든요.

그러셨군요? 아마 선생님은 예전에 '부럽다'는 생각을 자주 하셨던 게 아닌가 싶어요. 부러움이 좀 더 깊어지면 시기, 질투로 발전하는 경우가 많거든요. 결국 자신이 느끼는 감정을 어떻게 해석하는가가 핵심인 것 같아

요. 감정과 관련된 심리학적 지식을 다 알 필요는 없지만, 어떤 감정들이 생길 때 이 감정을 내가 존중하고 돌봐줘야겠다는 다짐을 하면 큰 도움이 되실 거예요.

아까 이야기한 '온전히 기능하는 사람'은 경험에 대한 개방성, 실존적인 삶, 자신의 유기체적 경험에 대한 신뢰가 있다고 합니다. 경험에 대한 개방성이란 개방적인 삶의 태도로 상대방에게 방어기제를 활용할 필요가 없다고 느끼고, 다양한 경험들을 함으로써 개방적인 태도를 지니는 것이지요. 실존적인 삶은 과정을 중심으로 사는 경향성이고요. 경험에 대한 신뢰는 말 그대로 자신의 경험을 믿는 것입니다. 로저스는 사람들이 자신의 부족한 모습을 직면했을 때 불안해 하거나, 과장된 방어를 하지 않기를 권했습니다. 또 불필요한 죄의식이나 자기 비하로 현실적인 책임이나 부담을 피하지 말라고 했지요. 자신을 있는 그대로 받아들일 때 우리는 더욱 기능하는 인간에 가까워진다는 뜻입니다.

결국 시기, 질투의 마음이 생긴다 해도 당황할 필요는 없다는 말씀이시죠?

네, 맞습니다. 어떤 감정이든 그것을 충분히 느끼신 후에 그 감정이 나에게 무슨 신호를 주는 것인지 천천히 음미해 보면 열등감도 어느덧, 나를 위한 신호라는 것을 아시게 될 거예요.

그 감정마저 나의 것이니, 온전히 기능하는 것의 일부란 생각이 드네요. 참 여유가 생겨나는 말 같습니다. 선생님, 감사합니다. 저도 제 자신을 온전히 받아들이고 인정하도록 노력해야겠어요.

치명적이지는 않지만
점점 불편해지는 마음

지루함 boredom
짜증 irritation

* 학생들과의 일상은 변화무쌍하여 지루할 틈이 없지만,

  늘 그대로인 학교 분위기에 어느새 따분해지는 마음

* 비효율적이고 무가치하다고 느껴지는 데서 오는 불편함.

* 조금 더 새로운 것을 시도해 보고 싶지만

  마음처럼 되지 않는 현재 상황에 대해 욱하는 마음

* 하던 일들이 마음처럼 되지 않고 해야 할 것이 산적해 있을 때

  여유를 가지라는 마음의 신호

'지루함'은 단조롭고 재미없는 것을 뜻하며 특정 대상이나 과업에 흥미를 잃어버린 상태이다. 따라서 무의식적으로 피하게 되는 감정이다. 지루함은 정적인 느낌이지만 편안함과는 달리 오래 지속되면 점차 불쾌해지는 감정이다. 지루함을 강하게 느끼는 사람은 얼굴에 거부, 싫음, 꺼리는 마음이 드러난다. 그래서 혐오 disgust 나 슬픔 sad 계열의 감정으로 분류되기도 하고, 때로는 화 anger 계열의 감정으로 옮겨 가기도 한다.

짜증은 스트레스를 얼마나 잘 표현하는가 지표가 되는 감정이다. 짜증을 내는 강도나 빈도에 따라서 스트레스를 받고 있는지 아닌지를 쉽게 알아차릴 수 있다. 기본적으로 짜증은 두 가지로 나뉘는데, 감각기관에서 불편한 자극을 인식하여 이를 피하고자 하는 짜증과 사회적 짜증이 있다. 전자는 칠판 긁는 소리를 들었을 때 짜증이 나는 것과 같은 경우를 말한다. 사회적 짜증은 다른 사람 또는 자기 자신을 대상으로 반응하는 짜증을 말하는데, 여기에는 다양한 원인이 있다. 예측하기 힘든 일, 문화나 예절에 벗어나는 일, 애매한 불편함, 자신의 감정을 표현하는 수단 등이 있다.

싫음을 포함하는 감정은 나를 보다 나은 상태로 이끄는 동기를 제공하며, 그것을 유지시키고 목표를 달성할 수 있는 에너지를 준다. 이런 감정을 겉에서 맴돌게 놔두지 말고 잘 돌보고 살피면 자신이 정말로 무엇을 하고 싶은지 볼 수 있다.

지루한 회의 시간

"올해 교육과정 운영을 평가하고 내년도 학교 교육과정 운영을 위한 회의를 시작하도록 하겠습니다. 우선 회의에 앞서……."

회의가 많아지는 시기가 오면 일상은 바쁜데 왠지 모를 지루함이 느껴진다. 생각 없이 자주 멍해지는 요즘, 이런 지루함이 뭔 대수냐 싶었지만 각종 회의나 수십 가지에 이르는 교원 의무 연수를 해야 하는 시간에 느껴지는 지루함 때문에 점점 힘들다.

'매번 해도 같은 결론인 회의, 또 해?' 라는 생각이 들면 지루했던 마음은 점점 더 불편해진다. 회의 시간에도 발언을 하는 선생님은 항상 정해져 있다. 모든 주제에 한마디씩 하는 분, 한마디도 안 하다가 뭔가 짜증스럽게 한 번씩 내뱉는 분, 이러지 말고 우리 잘해 보자며 대화합을 청하는 분. 그러다 보면 회의는 어느새 끝이 난다. 오늘도 평소와 다르지 않은 회의 시간. 회의 말미에 다시 심도 있게 이야기 나누자는 한 선생님의 말에 짜증이 확 난다.

"그럼, 이것으로 이번 회의는 마치고 다음에 다시 한 번 심도 있게 이야기를 나누는 것으로 하겠습니다."

1시간이나 회의를 했건만, 결론이 난 것은 거의 없다. 회의 시간의 지루함을 견디려고 일할 것을 준비해서 눈치 보며 몰래 다른 일도 해 봤지만, 그것도 집중이 잘 안 된다.

'지루함을 유난히 못 견디는 내가 무슨 문제가 있나?' 하는 생각이 들자 더 짜증이 난다.

'회의 시간은 사람을 회의적으로 만든다'는 말이 자주 회자되고는 한다. 사실 학교뿐만 아니라 일반 기업에서도 회의 시간에 대한 회의적인 시각은 어제오늘의 이야기가 아니다. 근본적인 원인으로는 여러 가지가 있지만 분명한 것은 그것이 개인의 탓은 아니라는 것이다. 이는 우리나라 전반에 퍼져 있는 회의 문화의 구조적 문제일 가능성이 크다. 교사로 발령받고 참석한 첫 회의 모습을 떠올려 보자. 뭔가 심각한 논의를 하는 것 같지만 발언자는 정해져 있으며, 회의가 빨리 끝나기만을 바라지만 결국 반복되는 공지 사항에 의사결정권은 없고 전달 사항만 있으니 회의가 지루해지는 것은 당연하다. 비교적 최근에는 민주적인 학교 의사결정 체계가 많이 정착되어 전보다 나아졌지만, 그래도 아직 갈 길은 멀다. 구성원들의 자발적인 참여 위주의 회의라면 달라지겠지만 이런 분위기나 문화를 이끌어 내기는 참 어려운 일이다. 학교에 영향을 주는 사회구조나 제도, 문화가 바뀌어야 가능한 일이기 때문이다.

지루함을 느낀다고 해서 큰 피해를 입는 것은 아니다. 그러나 지루함이 반복되어 학습된다면 알 수 없는 무기력이나 짜증의 감정에 빠질 수 있다. 사람에 따라서는 같은 상황에서도 지루함을 건너뛰고 무기력이나 짜증을 느낄 수도 있다. 무기력과 짜증의 방향은 지루함과 사뭇 다르다. 무기력은 슬픔이나 우울을 향하고 있고, 짜증은 화나 분노를 향하고 있다. 지루함을 느끼느냐 무기력이나 짜증을 느끼느냐의 여부는 개인의 생활양식, 경험이나 성격에 따라 달라질 것이다.

교사가 학교에서 지루함을 느낀다고 해서 이것이 시급하게 해결되어야 할 심각한 문제는 아니다. 지루함은 다른 상황에 의해 금방 사라질 수도 있기 때문이다. 문제는 이 지루함이 주기적으로 반복될 경우 학교 조직문화에 악영향을 끼칠 수 있다는 점이다. 조직 생활에서 느끼는 지루함은 문화나 사회적인 분위기 때문에 생겨나는 경우가 많아서, 개인이 주도적으로 해결할 수 있는 부분이 많지 않다. 그렇다고 해서 지속적으로 느끼는 지루함 때문에 불편한 마음을 그대로 두고 싶지는 않을 것이다. 바뀌지 않는 조직의 의사결정 구조 때문에 지루함이 오는 것은 어쩔 수 없겠지만, 지루함의 원인을 살펴보고 어떤 작동 기제인지 알아보는 것은 지루함에 대한 이해의 폭을 넓혀 같은 상황에서 좀 더 나은 대처 양식을 만들어 줄 것이다. 그러나 좀 적극적으로 해결하고자 한다면 대다수 구성원들이 느끼는 지루함에 대해 문제의식을 갖고 구조적으로 해결하려는 노력이 필요하다.

오늘만, 잠시만, 좀 멈춰 주면 안 되겠니

"선생님, 얘가 자꾸 저한테 뭐라고 하면서 놀려요.", "아니 저는 아무 말 안 했는데, 쟤가 자꾸 먼저 시비 걸어요." 배식을 마치고 식사를 하려는 순간 학생들이 시시비비를 가려 달라고 온다. 아침부터 여기저기서 연락이 와서 번잡하게 하루를 시작했는데, 식사조차도 힘든 날인가 보다 하며 일단 학생들의 말을 듣는다.

"어, 그래. 무슨 일이 있었니?"라고 물으니 한 학생은 억울하다고 울면서 눈물 콧물 다 쏟아 내고, 한 학생은 핏대를 세우면서 반박한다.

"얘들아, 이제 그만하면 안 될까?"

평소에 학생들과의 관계도 좋고 이런 일들을 대화로 잘 해결했지만 학생들의 징징거림에 속이 부글부글하고 슬슬 짜증이 나기 시작한다.

내 말을 무시하고 금세 투덕거리는 학생들에게 결국 못 참고 "그만해!"라고 소리쳤다. 그런데 학생들은 들은 척도 하지 않고 서로 울고불고하며 우기고 있다.

"제발 좀 그만하자!"

큰소리로 말하고는 밥 한술 뜨지 않은 식판의 음식들을 그대로 잔반통에 넣었다. 학생들에게 더 화를 내고 싶지 않아서, 교실을 잠시 벗어나 복도에서 심호흡을 해 보지만 짜증은 이미 화가 되었다. 꼬치꼬치 따지고 드는 학생들의 모습이 귀엽거나 대견해 보이지 않는다.

학생들의 감정 싸움을 들어 줄 여유가 없는 날, 지치고 힘들기도 했지만, 학생에게 괜한 짜증을 냈다는 생각에 또다시 짜증이 난다. 어떻게 하면 이 짜증들을 해결할 수 있을까 하는 생각보다는 짜증을 낸 것 자체가 짜증 나는 굴레와 같은 상황에, 하루를 무척 피곤하게 마무리하며 깊은 한숨을 쉰다.

평소에 학생들의 갈등 상황을 잘 해결해 왔고 그런 일에 그다지 피곤함을 느끼지 않았던 교사도 어느 순간 피곤함을 넘어 짜증을 느낀다. 듣는 것도 한두 번이지, 반복되는 학생들의 갈등 해결이 힘들어지는 한계 순간이 온 것이다. 그런 지점에 다다르자 학생들이 하는 말

자체가 짜증스러울 것이고 그 이후에는 자기 자신이 이것밖에 안 되나 싶어 이제는 자신에게 화가 나기 시작한다. 결국 자괴감에 큰 한숨을 내쉬게 된다.

자책은 자신의 행위에 초점을 맞춰 반추하면서 스스로를 책망하게 되는 감정이지만, 짜증은 자신의 행위를 표면적으로는 덮고 표현에 치중하게 되는 감정이다. 사실 근본적으로 문제가 되는 원인이나 욕구가 있지만, 짜증이라는 형식을 빌어 자책하거나 화를 내는 것이다.

짜증을 유발하는 원인은 사람마다 다를 수 있지만 짜증이라는 감정이나 상태의 표현 양상은 크게 다르지 않다. 배가 고파서 짜증이 날 수 있고, 배가 불러서 짜증이 날 수도 있다. 짜증은 무엇을 해서 발현된다기보다는 각자의 기준에 맞지 않을 때 발현된다고 보는 편이 더 설득력 있다.

사례의 교사는 학교에서 일상적으로 마주하는 학생들의 갈등이 유난히 힘들게 느껴졌다. 그래서 서둘러 자신이 바라는 바를 말하면서 학생들이 자신을 이해하고 따라 주기를 바랐다. 하지만 학생들은 교사의 바람과 다르게 행동했고 교사는 참다 못해 짜증이 올라왔다. 즉 교사가 하지 말라고 말했음에도 (나름 화내지 않고 정중하게 I-message로 표현) 학생들의 갈등은 전혀 해결되지 않았다. 교사의 마음속에서는 자신이 이렇게 진중하게 말했을 때, 학생들이 어느 정도는 들어야 한다는 기준이 있었을 것이다. 그 기준과 상황의 불일치가 짜증을 유발한 것이다.

이처럼 짜증은 자신의 기준과 현재의 상황이 다른 순간 발현된다.

교사의 짜증은 학생과의 관계뿐만 아니라 보호자, 동료 교사와의 관계에서도 나타나곤 한다. 정중하지만 반복적으로 무리한 요구를 하는 보호자를 만날 때, 선을 넘는 보호자의 요구나 말투에서, 업무 분장이나 학년 배정에서 바라는 대로 안 되고 자꾸 밀리는 느낌이 들 때, 했던 말을 반복해서 하는 회의에 억지로 참석할 때 짜증이 날 수 있다.

'지루함'과 '짜증'은 어디에서 올까

지루함은 너무 뻔하게 드러나는 감정 같은데, 어떤 상황에서 더 잘 지각되며 어떤 기제가 있을지 생각해 보면 과제 수준, 성취동기 같은 것이 떠오를 것이다. 지루함은 옥스퍼드 영어 사전에 의하면 1750년에 처음 나온 개념이다. 당시에는 기독교적 관점에서 보아, 신에 대한 관심과 흥미 부족으로 인한 게으름과 나태를 뜻하는 말로 사용되었다. 이후 신중심주의에서 점차 인간중심주의로 변하면서, 신에 집중되었던 관심은 개인의 삶과 성장으로 옮겨졌다. 따라서 따분함, 단조로움, 무흥미, 반복성, 지겨움과 같은 현대적인 의미가 부가되었다. 철학자들은 지속적인 정보의 범람과 기술 발전 등으로 삶에 여유 시간이 생겨나면서 사람들이 지루함을 더 많이 느낄 수밖에 없다고 보기도 하였다.

우선 지루함의 다양한 정의에서 공통점을 찾으면, 지루함을 감각적으로 살펴보았을 때 '낮은 자극'이 포함되어야 한다는 것이다. 지루함은 감정보다는 느낌에 가까우며 각성상태가 낮고 인지적으로도 자극이 낮은 불쾌한 상태이다. 지루함을 느끼면 시간이 느리게 가고 주의가 산만해지며 공상에 빠지는 것처럼 인지적 분리를 통해 지루함에서 벗어나려는 행동을 하는 경향이 있다고 본다. 결국 지루함이란, 부적절한 자극에 기인한 낮은 집중력과 긴장 상태, 불만족하거나 불쾌한 일시적 감정이다. 지루함의 핵심은 '낮은 각성'과 '불쾌한 상태'에 있다. 따라서 지루함은 개인의 만족감을 낮추어 부정적이고 혐오스러운 상태에 이르게 할 수도 있다. 개인은 이런 상태를 벗어나기 위해 새로운 대안을 추구하며 높은 각성상태를 이끌어 내기도 하는데, 결국 각성의 측면에서 볼 때는 욕구와 환경의 불일치로 설명된다.

만약 학교의 많은 구성원이 회의 시간을 지루하다고 느끼고 있다면, 구성원들이 학교 회의에 대한 불쾌한 시선을 가지고 있다고 볼 수 있다. 이러한 시선은 결국 학교 조직문화에 부정적인 영향을 끼칠 수밖에 없다. 한편, 긍정심리학자 칙센미하이Csikszentmihalyi는 '몰입'을 적정 수준의 자극을 찾고자 하는 개인이 자신의 능력과 일치하였을 때 갖게 되는 절정 경험이라고 보았다. 몰입에 도달했을 때, 짜릿함을 느끼는 유쾌한 상태가 되지만 그렇지 못한 경우에는 지루함을 느끼게 된다고 보아서 '몰입'을 '지루함'의 대척점으로 보았다.

지루함을 인접 정서, 유사 감정들과 비교해 보면 어떤 요인들로 구성되어 있는지 더 명확해진다. 러셀Russell의 유사성 추정 연구에 의하면 지루함은 낮은 각성과 불쾌함 측면에서 피곤함, 우울, 비참의 감정과 함께 묶이고 낮은 동기 측면에서 보았을 때 권태, 무관심과 함께 묶인다. 한편 지루함은 서양의 감정 기준에서는 '혐오disgust'에 해당되고 한국에서는 '슬픔sad'으로 분류되는 감정이다. 서양은 개인의 인식, 자의식에 대한 관심이 높은 문화적 특성이 있고, 한국은 관계 중심적 문화의 특성이 있다는 차이일 것이다.

짜증에 대해 주목하게 된 계기는 직무 스트레스 분야에 대한 연구에서 비롯되었다. 직무에 있어서 시간, 환경, 과업 성취 등의 압박과 사회적 상호작용이 강화되어 짜증이라는 심리적 질환이 생겨나게 되었다는 것이다. 독일의 라이프치히 대학의 연구 팀인 모어Mohr는 짜증을 심리적 긴장 상태나 징후로 보았으며 개인의 목표와 주어진 상황의 불일치에 따른 불확실성에 반응하는 것으로 정의하였다. 짜증은 목표 달성에 실패한 상황에서 목표를 달성하려는 노력이 멈춰지지 않아서 오는 정서적 과민성을 뜻하기도 한다.

짜증은 인지적 짜증(반추)과 정서적 짜증(과민성)으로 구별되는데, 인지적 짜증은 과도한 긴장이나 업무 과잉에서 오는 것을 뜻한다. 이는 단순히 목표 달성을 위한 노력과 책임감이 지나친 것으로 생각될 수도 있지만, 이런 상태는 자칫 부적응적인 감정을 증폭시키고 사고를 경직시켜 복잡한 상황에서 유연한 대처를 어렵게 만들고 오히려 문제 해결을 힘들게 한다. 정서적 짜증은 목표를 달성하기 위해 계속 노력하고 있음에도 불구하고, 그 동기를 잃어버리는 것에 대한 내적인 분노가 표현되는 현상으로 볼 수 있다. 정서적 짜증은 인지적 짜증보다 더 심각한 긴장 상태이다.

결국 짜증과 지루함 모두 심리적 이격, 불일치에 대한 반응이다. 지루함은 개인의 욕구와 주어진 상황의 불일치이며, 짜증은 개인의 목표와 결과의 불일치이다. 결국 이 두 가지 감정 모두 개인이 바라는 대로 되지 않을 때 느껴지는 감정이다. 다만 지루함을 느끼면 보다 낮은 각성과 낮은 흥미를 보이며, 짜증은 화나 분노, 스트레스 등의 행동으로 이어질 때가 많다는 것이 다르다. 뿐만 아니라 짜증은 지루함보다 신체 상태의 영향을 많이 받는다. 같은 상황이나 결과가 나오더라도 신체적으로 혹은 인지적으로 유연성을 발휘할 수 있으면 짜증을 느끼지 않고 수용할 수도 있다. 교사의 심신 건강이 좋은 상태라면 짜증 유발 인자가 자극을 주더라도 유연한 생각과 효과적인 대처로 이를 느끼지 못할 수 있는 것이다. 체력이 떨어지거나 감각기관이 예민하면 평소에 짜증스럽지 않았던 일에도 짜증이 날 수 있다. 실제로 불면이나 갑상선기능항진증을 겪는 사람의 경우 평소보다 짜증이 증가하는 것으로 보고되고 있으며, 저혈당이 있는 사람은 기운이 없거나 짜증의 빈도가 높다. 생활 습관 속에서도 짜증을 유발하는 인자를 키우는 경우가 있는데, 당류 섭취가 대표적이다. 물 흡수 부족, 탄수화물 과다 섭취는 감정 기복의 폭이나 짜증을 낼 수 있는 요인을 키우는 것으로 알려져 있다.

만성적인 지루함과 짜증이라면

지루함은 개인에게 의미 있는 자극이 있거나, 문제 해결의 동기가 높아야 해결될 수 있다. 조직 내에서 대다수 구성원이 지루함을 느낀다면, 구성원들의 자율성을 장려하여 동기와 의미를 부여해 주어야 할 것이다. 학습환경에서의 지루함은 실행 의도를 작성하여 복기하거나 목표 추구 행동을 하는 것으로 해결할 수 있지만, 특정 조직문화에서 오는 지루함은 이런 것을 강제할 수는 없다. 따라서 보다 민주적인 의사결정 과정과 이를 수용하는 조직문화를 형성하는 것이 필요하다.

학교생활 속에서 일상이 지루할 때가 있다. 학생들과 이야기를 나누는 것도, 가르치는 일도 더 이상 신이 나지 않을 수 있다. 동료들과 이야기를 나눠도 표면적인 이야기에 그치고 그냥 웃기는 하지만 재미가 없을 때도 있다. 이런 지루함이 일시적인 문제라면 일반적인 노력으로 해결되겠지만, 만성적으로 느껴지는 지루함이라면 그 원인에 대해서 꼭 한 번은 짚고 넘어가야 한다. '혹시 학교생활 속에서 교육의 의미를 찾기 힘들고, 행정적인 일들에 치여서 정서적으로 둔감해진 것은 아닌가? 교사로서의 삶에 불만족스러운 것은 아닌가?' 하는 등의 진단이 필요하다. 가령 첫 번째 이유라면, 자신이 어디에서 지쳐 있는지 살펴보는 것만으로도 회복할 수 있는 여유가 생기지만 두 번째 이유로 삶이 불만족스럽다면 교직의 어떤 면이 만족스럽지 않은지를 살펴보자. 보수, 열정, 성실, 여유, 삶의 의미, 지위, 사회적 인정, 삶의 환경, 성장 가능성, 안정성, 역동성, 자율성, 합리적 보상 등과 같은 개인의 직업적 가치가 현재의 교직 상황과의 불일치에서 오는 것은 아닌지 살펴볼 필요가 있다. 개인의 직업 가치관이 모두 같을 수는 없다. 자신이 가지고 있는 가치관의 우선순위를 따져 보고 우선순위와 실제와의 불일치 정도를 살펴보는 것만으로도 문제 해결의 시발점이 될 수 있다. 학교 조직문화의 경직성에서 오는 지루함이 아니라면, 좀 더 자신을 들여다보고 스스로가 무엇을 원하고 바라는지를 면밀하게 살펴보는 자기 이해의 작업이 필요하다.

지루함이 지속되는 것은 열정이 서서히 죽어 가는 것이다.

짜증은 원인과 종류가 다양한데, 가장 치명적인 것은 대인관계로 인한 짜증이다. 짜증을 일종의 전조 증상으로 볼 수 있는데, 제대로 표현도 못한 채 사람들과의 관계가 파괴되는 경우가 있다. 또 짜증이 나면 인지적으로 유연하지 못해 민감하고 신경증적인 상태가 되기 때문에 현재 상황을 확대해석하여 문제를 왜곡시키는 경우가 있다. 그래서 평소에 짜증 내지 않았던 일에 대해 갑자기 짜증을 내면 상대에게 크게 상처를 주거나 분노를 유발하게 될 수 있다. 스스로 짜증을 내고 있다고 느끼는 순간이 온다면, 이성과 감정을 분리하여 감정적인 단어를 배제하고 말하도록 해야 한다. 감정을 배제하고 사무적으로 말하는 것만으로도 상대가 느끼는 내 짜증의 강도를 낮출 수 있다. 마치 이 상황과 관계없는 사람처럼 거리를 두는 것이다. 물론 이렇게 대처해도 상대는 나의 짜증을 느낄 수 있다. 그러나 적어도 관계가 파괴되지는 않을 것이다. 어떤 일에 앞서 짜증이 난다면, 그 일은 지금 바로 처리하지 않아도 되는 일이라고 생각해 보자. 실제로도 그 일이 바로 처리하지 않아도 되는 일일 가능성이 크다. 앞선 사례의 경우에서도 교사가 밥한 술 뜨지 못하게 만드는 학생들의 갈등 상황을 꼭 식사 전에 해결해야 하는 일은 아니다. 책임과 책무에 지나치게 얽매이기보다는 조금은 여유롭게, 때로는 조금 뻔뻔해져도 괜찮다고 유연하게 생각해 보면 어떨까?

짜증은 내가 뭘 잘못해서 오는 게 아닌,
날 둘러싼 책임과 의무의 재촉일 뿐이다.

지루함이나 짜증이 어떤 방법으로도 사라지지 않고 오히려 그 빈도나 강도가 높아진다면 '소진burn out'을 의심해 볼 필요가 있다. 교사의 소진을 말할 때 '쉽게 짜증 난다, 의욕이 없다, 아무것도 하기 싫다' 식의 느낌을 대표적인 증상으로 말하기도 한다. 소진은 자신의 감정 표현과 내면 감정의 불일치에서 오는 경우가 가장 많다. 지루할 때 지루하다 말하지 못하고, 짜증이 나는 순간에도 친절한 교사가 되어야 한다는 강박관념이 마음속에 있는 것은 아닐까? 마음속의 말을 모두 겉으로 드러낼 수는 없지만, 조금은 덜 친절한 교사여도 된다. 마음속 감정을 인식하고 수용하는 것이 소진되지 않는 첫걸음이다.

내면과 표현의 불일치는 감정부조화를 일으키고
우리 자아는 그것을 들키지 않으려 또 에너지를 소비한다.

선생님을 위한 마음 챙김

짜증 날 때, 멈추고 떠올리면 진정되는 전략

선생님, 제가 한 학기에 한두 번 정도는 꼭 끙끙 앓아요. 그런 신체 증상은 저만 알고, 다른 분들은 전혀 모르거든요. 그럴 때 누가 툭 하고 던지는 농담에 짜증이 나거나, 학생들이 전혀 제 생각과는 다른 행동을 할 때 정말 속이 부글거리더라고요. 화가 나는 것도 아니고 그냥 짜증이 치밀어 오르는 제 모습이 너무 싫은데 어떻게 해야 할까요?

선생님 자신도 모르게 압박감을 많이 느끼며 학교생활을 하신 것 아닌가 싶어요. 다른 분들은 선생님께서 아픈 줄도 모르고 선 넘는 농담을 툭 던질 때, 선생님은 이걸 어떻게 받아넘겨야 할까 고민하면서 짜증이 나실 것 같아요. 선생님 이야기를 들어 보면, 평소에 선생님께서는 자신의 컨디션과 상관없이 늘 밝게 생활하셨을 것 같아요. 또 항상 잘 받아 주실 것 같고요.

맞아요. 그렇지만 가끔은 제가 무슨 만만한 사람이 된 거 같기도 해요. 학생들도 선생님들도 저를 편하다 못해 편리하게 생각하는 것 같기도 해요. 그런 생각이 들면서도 그래도 교사로서 친절해야지, 직장인으로서 다른 사람들과 원만히 잘 지내야지 하거든요. 불편한 마음을 표현하려 하다가도 잘되지 않아요.

일단 선생님께서는 '친절함'이라는 강점을 갖고 계시고, 다른 사람과 좋은 관계를 맺고 싶어 하는 욕구와 책임감이 강하신 것 같아요. 이런 선생님들은 사실 학교에서 참 보석 같은 존재인데, 아껴서 소중히 관계 맺어야 할 다른 분들이 그걸 잘 모르시는 것 같아요.

네, 맞아요. 저는 다른 사람을 이렇게 잘 배려하는데, 왜 사람들은 나를 배려하지 않을까 하는 고민을 하다가 어느 순간부터는 짜증이 확 나더라고요. 그러다가 슬퍼지기도 하고요.

선생님, 많이 고민되실 것 같아요. 보통은 다른 일들이나 사건이 생겨서 그것과 관련된 힘듦을 해결하기 위해 대화 방식을 바꾸는 방법을 쓰기도 하거든요. 그런데 선생님의 경우에는 특별한 사건이 있다기보다는 소소한 갈등들이 누적된 것이 원인이라서 더 짜증이 나실 것 같아요. 이런 경우는 대화 방법을 연습해도 다시 원상 복귀되는 경우가 많아요. 말본새를 조금 바꾼다고 해결될 문제가 아니라, 기본적으로 자신과 타인을 바라보는 것에 대한 시각의 변화와 통찰이 필요하거든요.

정말 말씀대로 딱히 콕 집어 기분 나쁜 것이 아니라서 늘 더 짜증스럽더라고요. 선생님께서 방금 말씀하신 '나와 다른 이를 바라보는 시각의 변화와 통찰'을 어떻게 만들 수 있을까요?

그럼 이것부터 한번 생각해 보죠. 사람들은 누구나 자기 자신에 대한 상과 개념이 있어요. 스스로 생각하는 신념 체계가 있는데 이를 보통 '자기개념(self-concept)'이라고 말해요. 자신에 대한 인식과 평가, 태도라고 할 수 있죠. 히긴스(Higgins,1989)는 이를 정리하여 '자기 불일치'를 이야기하며 자기개념을 제안했는데요, 이것은 크게 실제적 자아(actual self), 이상적 자아(ideal self), 의무적 자아(oughter self)로 나뉩니다. 실제적 자아는 자신의 실제 모습에 대한 생각을 뜻합니다. 이상적 자아는 이상적인 목표를 이룬 자아, 혹은 되고 싶은 자아를 뜻하죠. 의무적 자아는 '당위적 자아'라고도 하는데 반드시 해야 한다는 책임감과 관련된 자아를 뜻합니다. 이 세 가지 자아가 얼마나 일치하는지 혹은 불일치하는지에 따라 다양한 감정이 생겨난다는 것이죠. 자아가 불일치하는 것을 '자기 불일치'라고 하는데, 자기 불일치를 스스로 인식할 경우 보다 성장 지향적인 사람은 실제적 자아를 이상적 자아와 일치시키려고 노력하고, 낙관성이 높은 사람은 긍정적 측면을 부각시키며 불편한 감정을 조절하여 과업을 달성하려 합니다. 비관적인 사람은 현실이나 자기개념의 인식을 왜곡시키거나 회피하곤 합니다. 또한 이 3가지 자아를 바라보는 관점은 자신과 타인으로 나뉘어 있습니다. 즉, 내가 나를 보는 관점과 나를 보는 타인 관점이 있습니다. 예를 들어 내가 바라보는 실제의 자아와 이상적 자아가 불일치하면 실망, 슬픔, 불만이 발생합니다. 반면 타인이 바라보는 나의 실제 자아와 이상적 자아가 불일치하면 수치심이나 당황,

낙담을 하게 되는 거죠. 여기에서 핵심은 '의무적 자아'라고 할 수 있는데요, 내가 보기에 의무적 자아가 실제적 자아와 불일치할 경우 죄의식, 불안, 초조 등이 생기고, 타인이 보기에 의무적 자아와 실제적 자아가 불일치하는 경우에는 공포, 불안, 조마조마한 감정을 느끼곤 합니다.

아, 자아를 이렇게 3가지로 나누는 줄 몰랐어요. 그런데 실제적 자아, 이상적 자아, 의무적 자아라는 말을 들으니 좀 와닿습니다. 내가 바라는 모습이 현재 나의 모습과 일치하지 않는 것, 그리고 현재 해야 하는 것을 하는 자아와 실제 자아가 불일치하는 것이 불편한 감정들을 가져온다는 게 신기해요. 이해가 됩니다. 제가 제 자신을 어떻게 보고 있는지, 타인을 어떻게 보는지를 살펴보는 기회도 되지만, 실망이나 불만 등이 느껴질 때 내가 타인을 어떤 자아로 보고 있는지를 알 수 있는 근거가 되기도 하겠네요.

네, 선생님. 그렇게 생각이 발전되셨군요. 맞습니다. 이렇게 자신을 3가지 자아로 나눠서 '나는 어떤 자아들을 가졌나?'라고 질문을 던지며 한번 가만히 생각해 보세요. 선생님께서 바라시는 이상적 자아의 모습과 의무적 자아의 모습을 보면서 지금 내가 바라는 것과 책임감에 둘러싸여 있는 것들이 보이실 거고 이 모습들이 현재의 내 삶에서 정말 중요한 것인지 한번 생각해 볼 기회가 되실 거예요. 짜증이 나는 근본적인 원인을 보면서 이것을 내가 수용할 것인지 수용하지 않을 것인지를 선택할 수 있는 기회가 되기도 합니다. 이게 가장 중요한 지점입니다. 내가 나의 내면을 보며 스스로 선택한다는 것이

죠. 선생님께서 두 가지 자아의 차이에서 혼란스러웠던 모습을 확인하고 실제적 자아로 수용하려는 것이 있는지, 아니면 수용하지 않을지를 살펴보는 것입니다. 선생님의 자아는 어떠신가요?

선생님 말씀을 들으며 생각해 보니 저는 이상적 자아를 거의 의무적 자아처럼 생각해서 두 개가 일치하기를 바란 것 같아요. 예를 들어 어떤 상황에서도 모든 사람들에게 친절해야 된다는 의무적 자아가 있으면서 동시에 그것이 이상적인 교사의 모습이라 생각하는 이상적 자아였던 것 같아요. 그런 부분들로 인해서 힘들어지고 모든 사람에게 친절하지 못한 제 자신을 스스로 책망했던 건 아닌가 하는 생각이 드네요.

와, 선생님. 이 짧은 시간에 그것을 발견하고 선생님의 자아개념에 대한 통찰(insight)이 오셨다니 정말 반가웠을 것 같아요. 선생님 말씀대로 이상적 자아만으로도 벅찬데, 의무적 자아까지 작동하니 실제적 자아는 부담스러웠을 것 같지 않나요? 선생님께서 이 앞에 실제적 자아가 있다고 생각하시고 한 말씀 하신다면 어떤 말을 해 주고 싶으세요?

정말 부담스러웠을 것 같아요. 의무를 다 지키기도 힘든데, 그걸 이상적이라고 생각했으니 말이죠. 음, 제가 제 실제적 자아에게 말해야 하는 거죠?

네, 한번 해 보시겠어요? 이렇게 앞에서 초대하고 또 다른 나와 마주하는 건 쉽지 않거든요. 빈 의자일 뿐이지만 그동안 너무 애쓴 실제적 자아에게 어떤 말씀을 해 주고 싶은

가요? 어떻게 느껴지세요? 내가 나에게 해 주는 말입니다.

네…… 좀 지쳐 보여요, 너 많이 힘들었겠다. 하나만 따라가기도 힘든데, 의무적으로 해야 하는 일을 이상적이라고 여기고 다 하려니 얼마나 힘들었겠니? 정말 고생했어. 모든 것을 다 하지 않아도 돼. 의무적 자아와 이상적 자아를 조금 낮출게, 미안해.

선생님께서는 실제적 자아에게 많이 미안하셨군요?

네, 미안했어요. 한 학기에 한두 번씩 아픈 것도 너무 애써서 그런 것 같고요. 제 자신에게 너무 욕심만 냈지 저를 아끼지는 않은 것 같아서 제 자신에게 미안했어요.

그렇죠. 많은 분들이 선생님과 비슷한 증상으로 힘들어 하세요. 학생이 잘못한 일인데, 그것을 무비판적으로 받아 줘야만 한다고 생각하고 그것이 이상적이라고 여겨서 그러지 못한 자신에게 화를 내고 심리적인 벌을 주는 경우도 있고요. 그건 선생님들께서 성실하고 책임감이 강하며 노력하는 분들이라서 그렇습니다. 짜증이 올라오는 것은 자신을 조금 더 살펴봐 달라는 신호입니다. 누군가 자꾸 나에게 하는 선 넘는 행동을 무한대로 참을 수는 없다는 신호지요. 그렇다고 해서 싸울 수도 없는데 어떡해야 하나 생각하실 수도 있어요. 그럴 때는 넘어오면 안 되는 선을 보여 주는 방법이 있어요. 부당한 요구를 할 때 냉담하게 반응한다든지 하는 거죠. 그렇게 하는 것이 진짜 내 마음과 일치되는 것입니다.

하지만 보호자나 동료 교사에게 그랬다가 괜히 안 좋은 사람으로 찍힐까 걱정돼요.

물론 그런 걱정이 되는 것도 이해합니다. 그런데, 만약 그렇게 하지 않으시면 더 큰 내면의 상처로 선생님께서는 더 힘들어지시고, 그 힘든 것을 선생님께서 상대적으로 편하고 안전하게 여기는 소중한 누군가에게 풀어낼 수도 있죠. 그 소중한 누군가가 잘 받아주시면 좋지만, 그분도 힘들어질 수 있어요. 고무줄을 끝까지 당기면 끊어질 수밖에 없듯이 우리 마음도 너무 무한대로 늘려서 사용하면 결국 힘들어지는 것 같아요.

아, 정말 그렇군요. 그 짜증스러운 마음이 어딜 가지 않으니 그렇게 돌아다니다가 결국 제가 소중하게 생각하는 사람에게로 흘러가겠네요.

네, 불편한 감정들, 특히 짜증, 화 감정들은 조금 불편하더라도 그 짜증과 화의 원인이 되는 대상자와 직접 해결하지 않으면 돌고 돌아 결국 선생님이나, 선생님과 가까운 사람들에게 아픔으로 다가갈 수 있어요. 지금 당장 뭘 정하실 필요는 없어요. 다만 어떻게 내 자아의 경계를 보여 줄 것인가, 혹은 알게 할 것인가 생각해 보세요. 그리고 의무적 자아에 들어 있는 '모든 사람에게 어떤 상황에서도 친절하기'와 같은 것은 불가능에 가까운 명제이기 때문에 삭제하시는 것도 좋을 것 같아요. 어떠세요? 좀 도움이 되셨나요?

네, 선생님. 오늘 또 다른 저를 만난 기분에 좀 신기했어요. 선생님께서 말씀하신 자아의 경계부터 한번 살펴볼까 해요. 그래서 제

자아들에게 가끔 말도 걸고 위로도 하고 괜찮다고 토닥이기도 해야겠어요. 선생님, 감사합니다.

충분히 누릴수록
풍성해지는 화분

행복 happiness

5

"행복 감정은 늘 곁에 있는 오래된 벗이다.
이제 그 벗에게도 인사를 하고 함께 누리자."

만족과 기쁨을 느껴
흐뭇한 마음

행복 happiness

* 학생들이 내 수업에 몰입하고 있으며

   나와 하나의 마음으로 공부할 때 느끼는 뿌듯함.

* 마음 졸이던 일들이 속 시원히 해결되고 그로 인해 더 좋은 일들이

   생겼을 때의 짜릿함

* 학생과 보호자가 교사를 신뢰하고 교육에 적극 참여할 때

   느끼는 감정

교사가 가지는 행복은 무엇일까? 어떤 이는 "월급날이요."라고 말할 수도 있겠지만, 사실 교사의 행복이 월급에 있다고 하기엔 초봉 기준으로 보면 그 월급이 그리 많지 않다. 교사가 되기 위해 치열하게 뚫어야 하는 경쟁률을 생각하면 만족스러운 수준이 아닐 것이다. 그럼에도 불구하고 교사가 행복을 느낄 수 있는 이유는 결국 학생에게 있다. 교육자이기 때문에 학생과 연관된 일에서 행복감과 쾌 감정을 느끼는 것은 당연하다.

행복 감정은 편안함, 즐거움, 기쁨, 친밀감과 같은 것을 경험하면서 조합되는 감정이라고 할 수 있다. 교사는 학교생활 속에서 어떻게 행복감을 더 자주, 오랫동안 느낄 수 있을까?

더도 말고 덜도 말고 오늘만 같아라

"와, 딱 오늘 같은 날이 일주일만 계속 된다면!"

학생들을 보내고 난 후 연구실 소파에 앉아서 혼잣말로 읊조려 본다.

"김선생님, 무슨 좋은 일 있으셨어요? 표정이 정말 편안해 보이시는데요?"

"지난달까지 학생들이 자주 싸우고 그래서 제 영혼의 즙을 짜는 듯한 기빨림이 있었거든요. 그런데 이번 주에는 무슨 약속이라도 한 듯 학생들이 척척 잘해 주고 잘 따라와 주더라고요. 딱 오늘 같은 날이 계속되었음

좋겠단 생각을 하고 있었어요."

"정말 그럴 때 완전 뿌듯하잖아요. 가슴이 꽉 차는 듯한 기분. 말씀 들으니 저까지 기분 좋아지네요."

다음 주에는 상황이 다시 어떻게 돌변할지 모른다. 그래도 오늘의 기쁨을 충분히 누리고 싶다.

지난주까지만 해도 교사는 답답했을 것이다. 툭하면 싸우는 학생들을 화해시키는 것도 질렸을 것이다. 학생지도와 학습지도를 하면서 교사가 가장 지치고 힘들 때는 지도대로 잘되지 않았을 때이다.

그럴 때면 '다른 선생님들의 조언대로 해 봐도 나는 왜 잘 안 되지?', '우리 반 아이들은 왜 다 심리적인 문제가 있어 보이지?'라고 생각할 때도 있었을 것이다. 그러다가도 교사가 평소 꿈꾸던 교실의 모습이 눈앞에 펼쳐진 날, 세상 모든 게 아름다워 보이고 그간의 자신의 노고가 애틋하게 느껴질 것이다.

게다가 동료 교사의 지지까지 받으니 더욱 안심이 된다. 이런 말도 자칫 다른 교사로부터 시기나 질투받기 좋은 말이라는 걸 알기 때문이다. 자랑하고 싶은 것을 적당히 자랑해도 받아 줄 수 있는 직장 동료는 행복감을 더욱 오래 느낄 수 있게 해 주는 고마운 존재다.

역시 교사가 가진 최대 행복은 '학생'에 있다. 그것은 자기효능감에 기반한 편안함과 즐거움, 성취감과 기쁨의 연합체로 작동된 행복 감정이다. 비록 변화무쌍한 학생들의 모습이 내일은 어떻게 달라질지 모른다 하더라도 교사는 순간순간의 행복을 누리고 있다.

'행복'은 어디에서 올까

"행복이란 무엇인가요?"라는 질문에 명료하게 대답할 수 있는 사람은 생각보다 많지 않다. 고대의 소크라테스부터 많은 철학자들은 이 행복이라는 쾌 감정(긍정 감정)을 정의하기 위한 많은 논의를 해왔다. 그리고 "행복이란 무엇일까?"라는 질문은 지금까지도 계속되고 있다. 이는 각자의 기준과 조작적 정의가 다르기 때문인데, 한 가지 분명한 것은 행복의 주체가 '자신'이라는 것이다. 행복의 영어 단어 Happiness는 어떤 일이 일어난다는 뜻인 Happen에서 유래한 말이다. 즉 좋은 일은 자신 안에서 시작된다는 의미인데, 그런 점에서 행복은 외부로부터 우연히 찾아온 행운과는 구별된다. 심리학에서 말하는 행복은 한 사람이 추구하는 삶과 노력의 결과를 뜻한다. 이를 심리학 용어로 표현하면 '자기실현'이라고 할 수 있다. 자기실현에 필요한 요소로는 '자기수용, 자기 성장, 성격 통합, 자율성, 현실 인식, 환경적 숙달' 등이 있다. 여기에 여러 가지가 추가되어 '긍정적인 대인관계, 성장, 목적의식, 자율성, 천재성, 재능, 다중지능, 수용성' 등도 자기실현을 위해 필요한 요소라고 할 수 있다. 행복은 그 시대의 관심사를 반영하지만 불변하는 지점이 있다. 바로 '자기수용', '자기 통합'이라는 지점이다. 사람은 누구나 양가감정, top-dog(상전), under-dog(하인) 등을 가지고 있는데 이를 하나로 통합하여 자기수용을 이룰 때 행복을 느끼는 것이 아닐까?

행복이란 키워드에는 '주관적 안녕'이라는 구성 요소도 포함되어 있다. 즐거움, 만족감, 행복감을 우울, 슬픔, 불안보다 더 자주 느낄 때 주관적 안녕감이 생겨나고 삶의 만족도와 행복감이 높아진다. 그런데 간혹 이런 행복 감정들과 불쾌 감정들이 서로 연장선에 있어서 반대 개념으로 생각하는 경우가 있다. 행복 감정과 불쾌 감정은 서로 독립적이며 얼마든지 양가적으로 느낄 수 있는 감정들이다.

행복 감정은 지속 시간이 짧은 편이다. 우울이나 불안은 지속 시간이 길기 때문에 힘든 데 비해, 행복감은 휘발성이 강하다. 여러 가지 원인이 있겠지만 무엇보다도 개인이 그 감정을 알아차리고 그것을 충분히 누리는 시간이 짧은 이유가 클 것이다. 또한 급하고 중요한 다른 사건들이 튀어나오면 행복 감정들은 우선순위에서 밀리다가 사라진다. 사회가 복잡하고 바쁠수록 행복을 느낄 시간적 여유가 없는 것이다. 물론 바쁘고 복잡한 사회는 다이내믹해서 짜릿한 쾌감과 즐거움을 주기도 한다.

행복의 여부는 개인의 기준점, 상황, 의지적 활동 3가지 축으로 결정된다. 개인의 기준점은 유전 요인에 의해 결정되는 것이며, 상황은 나이, 성별과 같은 고정적인 외부 여건을 뜻한다. 의지적 활동은 개인이 선택한 자발적인 활동이다. 사실 행복은 50%의 유전과 40%의 개인 의지, 10%의 삶의 상황이 결정한다는 것이 류보머스키Lyubomirsky와 동료들의 주장이다. 행복에 미치는 유전의 영향이 생각보다 크다고 느낄지도 모르겠다. 하지만 사회적 환경이 완벽한 하버드대 학생 268명을 모아 60년 이상 연구한 그랜트 스터디와 같은 종단연구 결과를 고려해 보면, 한 사람의 일생에서 유전이 차지하는 것보다는 사

회, 경제, 문화적 맥락이 차지하는 요인이 더 실질적이고 큰 영향을
준다는 것을 알 수 있다.

행복감을 확장하려면

행복을 느끼는 것은 순간이기 때문에 이것을 확장하고 오랫동안
지속시키는 것은 중요하다. 몇 가지 긍정 경험은 개인이 느끼는 행복
감을 더 섬세하고 넓게 만들어 주는데, 이러한 긍정 경험에는 어떤
것이 있을까?

사람과의 관계, 사랑과 친밀감이 대표적인 긍정 경험이다. 사랑하는
감정을 느끼거나 유대감, 애착을 느끼는 것은 긍정적인 체험이다. 낭
만적인 사랑과 애정, 신체적인 흥분이 동반하는 것은 이기적인 사람
도 이타적으로 보이게 만드는 상당히 독특한 체험이라 할 수 있다. 이
와 비슷한 것으로는 친구들과의 우정, 타인에 대한 신뢰감 등이 있다.

친밀감을 느끼며 신뢰하는 친구가 있다는 것은
행복 중 행복이다.

또한 몰입 경험, 즉 플로우Flow가 있다. 매슬로우가 주장했던 절정
경험과 비슷한 경험이다. 고도로 집중한 상태에서 몰입에 빠지면 환
경과 자신이 연결되는 느낌이 든다. 최고의 기량을 발휘할 때 나오는

경험으로, 학교에서 수업할 때 학생들과 함께 몰입 경험을 해 본 교사는 수업의 매력에서 빠져나오기가 어렵다. 칙센미하이도 몰입 경험이 사람을 더 행복하게 만드는 중요한 요소이며, 적응을 돕는 요소라고 주장했다.

몰입할 수 있는 일 한 가지만 만들어 보자.

행복감은 인지적 해석(사고)으로 알아차려 지속된다. 인지적 해석으로는 개인이 추구하는 목표를 떠올리고 평가하는 1차적 해석이 있고, 그 상황에 대한 대처 방법을 평가하는 2차적 해석이 있다. 행복과 같은 긍정 정서는 개인이 스스로를 긍정적으로 사고할 때 생겨난다. 이를 위해 현실적인 목표와 그 목표를 이루기 위한 실천을 통해 행복감을 느끼는 것이 필요하다. 행복과 높은 상관관계가 있는 것으로는 직업 만족도, 낙관성, 자존감, 긍정 감정의 경험 빈도, 성실, 외향성, 정서적 안정성 등이 있다. 상관관계이기 때문에 인과성을 말하긴 어렵다. 하지만 우리의 행복 감정을 확장하기 위해서 무엇을 봐야 할지 힌트를 준다.

결국, 내가 가진 것에서 행복을 찾고 의미를 부여하는 것이
행복에 가닿는 지름길이다.

선생님을 위한 마음 챙김

행복한 감정은 이렇게 활용하세요.

선생님, 제가 가진 행복이 사라질까 봐 걱정돼요.

네, 너무 좋은 행복은 또 금방 사라질까 봐 두려울 수 있죠. 행복감이 떨어지면 상대적으로 더 우울해지기도 하고요. 그럴 때 행복에 집착하기도 해요.

아, 제가 행복에 집착을 하는 걸까요? 왠지 그 말을 들으니 슬픈데요.

행복이 어느 순간 갑자기 찾아왔듯, 또 어느 순간 갑자기 사라지겠지요. 분명한 것은 선생님이 바른 방법으로 추구했기 때문에 그 행복이 왔다는 사실입니다. 행복을 쫓는다고 해서 그것이 다 오는 게 아니거든요. 사실 모든 감정은 특정 경험들로 인해 나타났다가 사라지는데, 우리가 인위적으로 조절할 수 있는 범주가 좁기도 하고요. 행복이 떠나가는 것을 걱정한다는 건 어쩌면 그 행복을 더 누리지 못하고 떠나간 것일 수도 있습니다. 이미 사라진 것이지요. 그래서 걱정을 하고 계신 거예요. 만일 행복이 사라졌다면 다시 그 행복을 느끼실 수 있도록 복기하며 글로 써서 기록을 남겨 보세요. 그냥 이래서 행복했다 하는 단순 기록이 아니라 조금 자세히 기록하고 분석하는 것입니다.
'이런 행복이 왔는데, 행복이 오기 전까지 내가 힘들었던 것은 무엇이고, 어떻게 대처했

으며 이런 나의 성격적 강점이 작동하여 이 행복이 왔다고 생각한다.'
이런 식으로 행복이 오기까지의 과정을 자세히 다큐멘터리처럼 기록해 보는 것입니다. 기록하면서 점점 더 선생님이 가진 행복 촉진 자원들이 자주 활용될 것이고 그럼 하시는 일에서 더 자주 행복감을 느끼실 거예요.

행복했던 일 자체를 기록하는 게 핵심이 아니라, 그 행복을 이긴 제 자원을 찾는 것이 핵심이군요!

네, 맞습니다. 행복한 사실을 기록하는 것도 좋지만, 무엇이 선생님을 행복으로 이끌었는지 종합 분석을 해 보세요. 그럼 분명 다음 행복은 더 빨리 찾아올 것입니다. 행복은 선생님이 선택하시고 찾는 것이니까요.

거추장스러움 없이
가볍고 후련한 마음

홀가분함 lighthearted

* 큰 사고 없이 한 해를 마무리하며 학생들을 진급시키고

  진학시킬 때 드는 마음

* 졸업식을 마치고 추운 겨울 바람마저 시원하게 느껴질 때 드는,

  차분하면서도 들뜬 마음

* 밀렸던 Neis 입력과 검증 작업이 끝날 때,

  이번 학년도는 더 할 일이 없을 때 드는 속 시원한 마음

우리는 무엇인가를 풀어내는 것을 좋아한다. 화도 풀어야 하고 한(恨)도 풀어야 하고 오해도 풀어야 한다. "순리대로 풀자."라는 말도 자주 쓰고 어떤 것이든 차근차근 혹은 속 시원하게 풀어내고 싶은 욕구가 있다. '홀가분하다'는 것은 그 단어에서도 느껴지듯, 그동안 지고 있던 책임과 의무감에서 벗어나 후련한 상태, 여러 감정의 실타래가 시원하게 풀린 상태를 뜻한다. 홀가분함은 개인의 심리 상태나 정서 상태를 나타내는 말로 외국에서는 '마음이 편안하다'로 해석되기도 한다. 교사로서 홀가분해지는 순간은 언제일까?

홀가분한 하루, 1년을 요약해 본다

"와, 드디어 끝났다. 시원섭섭하다는 것이 이런 것 아닌가 싶어요. 정말 고생 많으셨어요."

"그러게요, 큰 사고 없이 잘 끝나서 다행이에요. 이제 정말 두 다리 쭉 펴고 쉴 수 있겠어요. 당분간이지만 말이에요. 오늘 하루는 오롯이 우리를 위해서 쉬어요."

졸업식이 끝나고 사진을 찍자는 학생과 보호자들의 요청에 응한 뒤에 교무실로 돌아왔다. '이제는 꽃다발을 드려도 되지요?' 라고 물으며 건네는 꽃다발을 들고 함께 사진을 찍는다.

그렇게 한 해가 갔다. 학생과의 일 년은 보이지 않는 긴장감들의 연속이다. 별다른 사고가 없어도 늘 긴장 상태를 유지하고 있다. 조금이라도 방심하면 크고 작은 사고가 터질 수 있기 때문에 늘 긴장한다. 세월호 사건 이후로 안전과 관련된 압박감도 수백 배는 커졌다. 오늘은 그런 모든 압박과 책임감에서 벗어날 수 있는 날, 홀가분한 날이다. 졸업식, 종업식은 1년 중 가장 행복한 날이 분명하다. 1년이 주마등처럼 지나가고 그렇게 졸업식 다음 날이면 또 새로운 학년, 새로운 업무 분장으로 설렘 가득한 하루가 시작된다.

졸업식을 마치고 대화하는 두 교사의 말 속에서 홀가분함이 느껴진다. 마침표를 찍을 때의 기분일 것이다. 1년 동안 읽었던 두꺼운 책의 마지막 장을 넘기고 책을 덮는 순간의 모습이 아닐까. 이 날은 '교사'라는 직업이 가지고 있는 책임감의 무게를 벗어던지고 그간의 노고들을 스스로 다독일 수 있는 날이다. 교사가 1년 중 다양한 마음을 가장 속성으로 느끼고 수용하는 날이 바로 졸업식, 종업식 날일 것이다. 교사의 진짜 마음은 졸업식, 종업식 날의 표정과 말로 알 수 있다. 다양한 감정들이 드러나고 행동이나 말 속에서는 갑자기 한 단계 더 성숙해진 모습도 보인다. 별 감정 표현을 안 하던 교사도 말과 행동에 기품이 느껴지고, 무엇이든 수용할 수 있는 여유가 느껴지는 날이 바로 이날이다. 이날의 주인공은 학생이겠지만, 사실 모든 교사가 이날의 주인공이다.

일 년 동안 크고 작은 사건 사고가 있었을 것이다. 다른 교사나 지인에게 말하지 않은 남모를 속앓이도 있었을 것이고 학생, 동료 교사, 보호자들로부터 알게 모르게 상처받거나 힘들었던 적도 분명 있었을 것이다. 교사라서 누구한테도 속 시원히 말하지 못하고 눌러 담았던 애씀, 혼자 삭힌 다양한 감정의 순간들이 있었을 것이다. 사람이 모여 있는 곳에서는 어디서나 상처받는 일들이 크고 작게 생겨나기 때문이다.

'홀가분함'은 어디에서 올까

홀가분함은 긍정적 감정에 속하지만 심리학적으로 분석한 연구 결과들을 찾기는 어렵다. 다만 책으로는 다양하게 소개되어 있다. 심리학적 틀에서 직접적으로 연구한 결과가 잘 보이지 않는 이유는 두 가지로 볼 수 있다.

긍정 감정, 쾌快 감정들은 그 본질적인 특성 때문에 연구자의 관심이 드물다. 이 감정들은 여러 가지 경험에 생기를 불어넣어 주는 역할을 한다. 예를 들어 '동기'와 같은 심리적인 에너지를 발생시켜서 일을 끝까지 수행하게 하는 것이다. 쾌 감정 역시 두려움이나 불안과 같은 불쾌 감정들과 마찬가지로 인간의 성장과 발전을 돕는다. 그러나 긍정심리와 관련된 논의가 이상심리학의 연구보다 수십 년 뒤에나 주목받게 된 이유와 마찬가지로, 홀가분함과 같은 긍정 감정은 급한 연구 소재가 아니었을 것이다. 우울이나 불안은 당장 뭔가 조치를 취해야만 하는 급박함이 있는 감정이지만, 홀가분함 같은 감정은 그것이 강하고 깊다고 해서 사람에게 크게 악영향을 끼치는 것은 아니기 때문이다. 또한 측정의 어려움도 있을 것이다. 홀가분함은 개인이 가진 모든 짐, 책임감, 시간을 압축해 놓았을 때 심리적으로 압박감을 갖고 있다가 바람직한 결과로 풀어냈을 때 가벼워지는 느낌이다. 이런 복잡한 구성 개념을 추출하기는 무척 어려운 일이 아닐까?

교사의 입장에서 '홀가분하다'는 말은 교사가 보낸 1년 동안의 감정을 모두 함축하며 학교라는 물리적 공간, 심리적 공간에서 느낄 수 있는 다양한 감정들(기쁨, 노여움, 슬픔, 즐거움, 사랑, 미움, 욕심)을 수용하고 이것을 떠나보내는 감정이다. 그래서 홀가분함을 느끼는 순간, 성취감과 더불어 다양한 감정을 수용하는 데서 속 시원함이 생긴다. 자신에게 수용된 감정은 내면에서 갈무리가 되어 자아 성장의 자양분이 된다. 그런 이유로 홀가분한 사람의 표정은 득도得度한 느낌도 나고, 들뜬 느낌도 나는 것이다.

심적으로 가벼우면 신체적으로도 가볍게 느껴지고 타인이 보기에도 (실제 몸무게보다) 가벼워 보인다. 이 말은 반대로 무거운 짐을 지고 있는 듯한 상황에 놓이면 실제 몸은 더 무겁게 반응하고 타인이 보기에도 무거워 보인다는 뜻이다. 따라서 '홀가분함'과 같은 긍정 정서는 우리 신체에도 긍정적인 영향을 줄 것이다. 다만 화, 공포, 분노, 불안과 같은 감정에 신체가 즉각적으로 반응하는 것에 비해, 쾌 감정은 심박동과 같은 움직임이 미미하게 변하는 수준으로 나타난다. 이로 미루어 볼 때, 쾌 감정은 생존과 관련 있다기보다는 생존 이후의 삶과 성장, 실현, 풍요로운 삶과 관련된 감정이라고 할 수 있다.

홀가분함을 오래 기억하려면

졸업식이나 종업식과 같은 큰 행사가 끝나면 홀가분함을 느낄 법한데 만약 그런 느낌이 없다면, 지나온 과정들 속에서 상처를 받았거나 마음이 소진되었다는 뜻일 수 있다. 정신 건강 차원에서 홀가분함을 느끼며 그간 느꼈던 복잡한 감정들을 떠나보내야 지속 가능한 에너지가 나올 수 있다. 특히 수학여행이나 체험학습과 같은 안전과 관련된 일정이 끝나면 압박감에서 벗어나 필시 홀가분함을 느끼게 되는데, 끝나도 계속 피곤하고 힘만 들었다면 아마도 그 과정이 고통스러웠을 것이다. 신체적인 피곤함이 몰려온 것이라면 푹 쉬는 것으로 재충전하면 되지만, 정서적인 피곤함이 있다면 그것이 어떤 감정인지를 살피고 분석해 보는 것이 필요하다.

홀가분함과 같은 감정은 자주 느끼는 감정이 아니다. 이런 감정을 기록으로 남겨 두고 그것을 오래도록 기억해 보자. 홀가분함은 특히 다양한 감정을 수용하는 역할을 하기 때문에 어떤 감정들이 홀가분한 대상에 들어가 있는지 살펴보고 그 감정들에게 수고했다는 말 한마디 해 주고 떠나보내는 것도 좋다. 홀가분함이 찾아오지 않았다면, 어쩌면 고통스러운 감정이 커졌을지도 모른다. 그런 감정을 톺아보며 수용하는 것은 내면이 더욱 유연해질 수 있는 기회가 된다.

홀가분함 속에 어떤 감정들이 있는지 살펴보고,
그 감정들에게 수고했다 이야기하자.

 홀가분함은 불편하고 불쾌한 감정을 함께 갈무리해 주는 기능을
한다. 그 불편한 감정들은 대부분 책임감과 압박감에서 왔을 것이다.
따라서 홀가분함을 보다 정확하게 분석하여 반추해 볼 필요가 있다.
불쾌 감정은 반추보다는 머물러 있으면서 수용하는 것이 필요하다.
특히 우울함이 느껴질 때는 반추하지 말라는 말이 있다. 왜냐면 반추
를 통해 더 우울해지게 만드는 왜곡된 증거를 찾는 경우가 있기 때문
이다. 다만, 내가 지금 우울하고 슬프다는 것을 알아채고 그 감정에
머물러 있으면서 우울감을 수용하여 새로운 감정이 들어올 수 있도
록 토닥이는 전략을 활용해야 한다. 그러나 홀가분함을 느낄 때는 그
동안 자세히 보지 못했던 불편한 감정들을 살펴보고, 결국 이렇게 홀
가분하게 수용되고 떠나보낸다는 것을 기억할 필요가 있다. 이렇게
홀가분한 이유가 무엇인지 생각해 보고 그것을 분석하자.

홀가분함의 크기와 이유를 반추해 보고
어떤 감정들이 갈무리되었는지 살펴보자.

선생님을 위한 마음 챙김

'난 부정적인가?' 라는 생각이 들 때 기억하세요.

선생님, 학교에서 생활하다 보면 사실 즐거운 일도 많은데 불편하고 부정적인 것만 기억하는 저를 발견했어요. 왜 나는 이렇게 부정적인가 싶은 생각이 들었는데 어떻게 하면 좋을까요? 아이고, 말하고 보니 또 반성 모드네요.

하하, 선생님께서는 반성을 잘하시는 게 강점이네요?

네? 저는 자꾸 반성하고 부정적으로만 생각하는 것 같아서 좀 지치거든요. 언뜻 무슨 말씀이신지 잘 이해가 안 돼요.

저는 선생님께서 반성하는 것이 강점으로 작용하고 있다고 느껴져요. 되돌아보고 곱씹어 보는 능력이 있으신 거죠. 되돌아보면서 자신이 부족했던 것, 혹은 아쉬웠던 것을 떠올려 보니 상대적으로 내가 해 놓은 것이 초라해 보이고 또 별것 아닌 것처럼 보일 수도 있어요. 그래서 선생님께서는 자신이 실제로 가진 것보다 적게 가지고 있다고 스스로를 낮추고 있을지도 모르고요.

정말 그렇네요. 이제 무슨 말씀인지 조금 알겠습니다. 더 자세히 듣고 싶어요.

네, 반성을 한다는 것은 현재와 과거를 비교해 보며, 내가 설정한 목표대로 되었는지 점검하는 것입니다. 다른 말로 하면 인지적 평가를 한다고 볼 수 있지요. 이런 기능은 한 개인이 자신이 바라는 대로 문제가 해결되고 있는지 살펴보고, 바라는 대로 안 되었다면 행동이나 전략을 수정하게 만들어요. 선생님은 부정적인 것을 기억하고 그것에 대해서 모니터링을 하는 것입니다. 다만, 선생님이 불편한 이유는 선생님 자신이 부정적인 시각으로 삶을 바라보고 있는 것은 아닌지 걱정이 되셔서 그렇죠.

맞아요. 자꾸 조바심이 들고 제가 무엇을 잘 못하고 있는 것은 아닌지 걱정하게 돼요.

그것은 선생님 잘못이 아니랍니다. 사회가 복잡하고 어지러운 구조를 갖고 있을수록 우리가 바라는 바를 성취하는 것이 더 복잡해지고 어려워질 수 있지요. 절차도 많아지고요. 생활의 편리를 위해 AI가 있지만 그것을 활용하기 위해서는 또 다른 학습을 해야 해서 오히려 편리함보다는 불편함을 감수하는 것을 편하게 여기는 것은 아닌가 싶더라고요. 이렇게 복잡할 때는 원래 조금 긴장하게 되어 있고, 실수를 줄이기 위해 반성하고 반추하며 모니터링을 통해 행동을 조절하려고 하죠. 그래서 그건 너무 당연한 과정으로 보여요. 이런 일련의 과정이 인지적으로 부담되면 반성하거나 반추하지 않고 그냥 포장해 버리는 경우가 많습니다. 오히려 그럴 때

문제가 발생하죠. 분명 잘못된 일이고 반성해 볼 법한 일인데도 아무 문제가 없다고 치부해 버리고 회피하는 상황이 되는 거예요. 따라서 선생님은 지금 잘하시고 계신 것이라 생각해요.

또, 선생님만 부정적인 것이 아니랍니다. 우리 인간의 감정 단어 중 70%가 부정적이고 불쾌한 감정 단어로 이루어져 있어요. 긍정 단어, 쾌 감정은 불과 30%밖에 안 됩니다. 이는 생존을 위한 전략들이 아직 유전정보로 남아 있어서 그런 것이라고 생각돼요. 학자들의 베이스에 따라 조금씩 달라지지만 불쾌 감정이 잘 인식되는 것은 반복되는 실수를 막으려는 심리적 기제라고 생각하시면 됩니다. 치명적인 실수를 두 번 해서 위험해지는 것보다는 그런 치명적인 실수를 경계하고 조심하는 것이 좋지 않을까요?

그렇게 이해하니 제 자신이 부정적인 사람이 될까 봐 걱정하지 않아도 된다는 생각이 들어요. 좋네요.

네, 선생님만의 강점은 반추, 반성 즉 메타인지를 적극 활용하시는 것이라 생각돼요. 선생님께서 조심하셔야 할 것은 선생님의 신념 체계가 일방적으로 자기 비난에 빠지지 않도록 반추해 보셔야 한다는 것이에요. 예를 들어 '조금 더 잘걸.' 하는 생각들이 자꾸 드는 것도 자기 비난의 일종입니다. 선생님께서는 이런 아쉬움이 느껴지면 '이렇게 하면 더 잘할 수 있겠다. 그럼 앞으로 이렇게 해 보자!' 라고 바꿔 생각하시고 새롭게 계획을 세워 보세요. 그럼 선생님이 가진 강점이 단점으로 작용하지 않고 장점으로 작동할 것입니다. 그리고 선생님이 잘한 것, 혹은 결과가 좋은 것, 행복한 것이 있다면, 그 원인을 분석해 주세요. 이는 선생님께서 잘하신 것에 대한 분석이기 때문에 순수하게 선생님이 이런 결과를 갖게 된 것을 분석해 주세요. 습관적으로 '이랬다면 더 잘했을 텐데.' 하는 마음이 들 수도 있어요. 그러나 이 역시 선생님의 높은 기준으로 자기 반성, 자기 비난으로 빠지게 될 수 있으니 잘한 점에 대한 분석은 그것이 최대치라고 생각하시고 분석해서 기록으로 남겨 두세요.

아, 정말 그랬어요. 습관적인 말, 생각, 어떻게 보면 그렇게 부정적인 것도 아니었는데 제 스스로가 그것을 제한했네요.

네, 사실 상황을 해석하는 것은 알고리즘이 형성되기 때문에 그것을 바꾸는 데는 좀 시간이 걸리죠. 앞서 말씀드린 몇 가지를 기억하시고 그것부터 시도해 본다면 선생님께서 조금 더 유연한 생각으로 행복한 감정을 누리시지 않을까 싶습니다.

선생님, 제 안의 강점을 찾아 주셔서 너무 감사해요. 저는 제 강점을 그동안 단점이라고 생각해 왔던 것 같아요. 앞으로 열심히 실천해 보겠습니다. 감사합니다.

내 감정라 마주하는
훈련 수업

화 마주하기

자신의 화, 분노 감정을 알고 그것이 보내는 핵심 메시지를 살펴봤다면, 이제는 상대방의 화, 분노를 분석하여 효과적으로 의사소통할 수 있는 감정 분석법에 대해 알아보자. 상대의 화, 분노를 분석하는 것은 상담이나 감정 코칭의 기본이며 자신과 타인의 감정에 대한 통찰을 얻는 방법이다. 다음 문장을 보고 상대의 감정을 분석하는 연습을 해 보자.

"아이가 작년에는 안 그랬는데 올해 이상해졌어요!"

많은 교사들이 1년에 한 번 정도는 보호자로부터 이런 식의 말을 듣는다고 한다. 이런 말을 들었을 때 어떻게 대응하는 것이 좋을까?

우선 학생이 작년보다 올해 이상해졌는지 사실 여부를 파악하고 얼마나 이상해졌는지를 밝혀내는 방법이 있을 것이다. 말하자면 팩트 체크를 하는 것인데 이 방법을 쓰면 속이 후련할 수는 있겠지만 이것으로 대화나 소통이 단절되거나 관계가 파괴될 수 있다. 그렇게 되면 결과적으로 교사가 힘들어지며 그 피해는 고스란히 학생에게 갈 수도 있다. 두 번째 방법은 보호자의 핵심 감정을 파악하고 이해하는 것이다. 그럼 보호자의 저 말 속에 담긴 핵심 감정은 무엇일까? 보호자가 정말 하고 싶었던 말은 무엇일까? 혹시 보호자의 이 말에서 연민의 감정을 느꼈다면 그것은 보호자의 핵심 감정을 마음으로 느긴 것이다. 반면 '보호자가 무슨 말을 하려는지 대충 알 것 같다'라고 건조하게 생각했다면, 감정을 분석할 수는 있지만 그것을 의사소통에 적용할 마음은 없는 상태라 할 수 있다.

화, 분노의 감정이 드러날 때 이 거친 느낌은 일단 상대를 무척 움츠리게 만들고 방어적인 태도로 만든다. 방어적인 태도를 버리고 효과적인 의사소통을 하고자 한다면 다음과 같이 〈감정 분석법〉을 활용해 보자.

1. "아이가 작년에는 안 그랬는데 올해 이상해졌어요!"라는 말에서 느껴지는 보호자의 감정이 무엇인지 최대한 많이 찾는다.
   ex) 화, 짜증, 분노, 원망, 실망, 안타까움, 슬픔, 속상함 등

2. 이 감정들은 무슨 말을 하고 싶은 것인지, 그 감정들이 진심으로 바라는 것은 무엇인지 찾아본다. (조건(상황)이 달라지더라도 살아남는 문장을 아래에서 찾는다.)

   ① 아이가 이상해진 것을 따지고 싶다. - 원망
   ② 아이가 이상해진 것을 담임 탓으로 돌리고 싶다. - 핑계
   ③ 아이가 학교생활을 잘 못하는 것 같아 걱정된다. - 하소연
   ④ 아이가 선생님을 만나 학교생활을 잘했으면 좋겠는데
   　어떻게 해야 할지 모르겠다. - 혼란
   ⑤ 아이가 선생님과 의미 있는 학교생활을 했으면 좋겠다. - 바람

①~⑤까지 진심이라고 생각되는 메시지를 정리했다. 사실 느껴지는 것 모두가 정답이다. 말하는 보호자도 자신이 바라는 바를 잘 모

르는 경우가 많기 때문이다. 이런 〈감정 분석법〉은 일단 많은 감정 단어를 활용하면서 인식하는 연습이 필수적이다. 다양한 감정 단어를 놓고 감정 찾기 연습을 하다 보면, 어느 순간 상대의 감정이 다양하게 보이기 시작한다. 그럴 때 상대의 애쓰는 모습에서 연민을 느끼게 되는 것이다. 이때 감정 분석을 통해 상대의 핵심 감정을 읽어 주면서 교사의 진심을 전달한다면, 자칫 마음의 상처로 끝날 수도 있는 상황을 의미 있는 대화로 마무리할 수 있다. 이 부분이 이해가 잘 되지 않거나, 머리로는 이해가 되지만 심정으로는 이해되지 않는다 하더라도 낙담할 필요는 없다. 이런 연습은 수준 높은 공감을 위한 것 중 하나이고, 이는 실제 장면에서 해 보면서 의도적으로 노력했을 때 가능한 것이다. 처음에는 논리적으로만 이해가 된다든지, ①, ②번만 느껴지는 것이 정상이다. (사실 ③번부터 경청에 의한 공감이 시작되는 것이고 ⑤번은 인지적 공감뿐만 아니라 정서적 공감까지 된 것이다.)

일반 심리상담 장면이라면 내담자의 욕구가 꽤 다양하겠지만, 학교 상담에서 만나는 보호자나 학생의 핵심 욕구와 감정은 거의 정해져 있는 편이다. 대부분 '좋은 학생이 되고 싶다', '학교생활을 잘하고 싶다'와 같은 것들이다. 안정적인 감정 상태에서는 이런 핵심 욕구나 감정을 쉽게 표현할 수 있지만, 불안과 걱정, 긴장이 많은 상태에서는 방어적인 말과 핑계로 포장되기 마련이다. 이런 상태에서는 깊이 있는 대화나 타협이 어렵기 때문에 논리적으로 접근하려고 한다면 상대의 방어적 태도를 더욱 공고하게 만든다. 내 마음이 어느 정도 상대의 감정을 살펴볼 여유나 의지가 있을 때 〈감정 분석법〉을 시도해 본다면, 상대의 화로 드러나는 거친 표현 속에서 진짜 감정이나 욕구가 보이는 순간이 온다. 이런 순간을 마주하면 그 이후로는 상대의 자극적인 말이나 행동에 조금은 초연해질 수 있는 기반이 마련된다.

나를 위한 한마디

"화, 분노에 함몰되면 나의 처절한 생존 본능이 튀어나온다. 안심하자. 지금은 누구도 나를 무시하거나 함부로 할 수 없다. 선을 넘는 사람은 거리를 두고, 선을 모르는 사람에게는 선이 있다고 알려 주면 된다. 화, 분노의 궁극적인 목적은 결국 하고 싶은 말을 하는 것이다."

나에게 화, 분노란

_____ 이다.

왜냐하면 _____ 때문이다.

화, 분노에 압도당하는 순간에 나는 이렇게 하겠다.

_____

억울 마주하기

억울한 감정을 표현하지 못하고 마음에 쌓아 두며 힘들어 하는 경우가 있다. 억울함을 어떤 이유로 표현하지 못하는지 살펴보면, 그것을 표현하는 데 주저하는 것에서 벗어나 좀 더 효과적으로 대처할 용기가 생긴다.

1. 억울함을 표현하지 못하는 이유는 무엇일까? 각 항목에 10점 만점으로 기록하고 선을 연결해 보자.
   (바라는 것의 우선순위를 확인하고 표현 여부를 선택한다.)

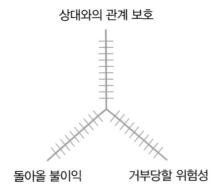

상대와의 관계 보호

돌아올 불이익   거부당할 위험성

2. 억울함을 자세히 분석해 객관화시켜 보자.

사건 개요	
억울한 이유	• 억울함을 누구에게 호소할 것인가? • 억울한 사건 소개 • 혹시 내 실수나 잘못이 있다면? • 불공정하다고 느끼는 것을 두 줄로 쓴다면? • 내가 이 상황에서 진심으로 바라는 것은?
억울함을 호소했을 때의 예상 결과	

나를 위한 한마디

"억울함은 내가 부당하게 대우받는 것에 대한 마음의 울림이
다. 공정하지 못한 대우와 피해를 볼 것이 예상되니 마음속에
서는 당황스럽고 혼란스럽다. 분하기도 하고 우울하기도 하
다. 억울함이 생긴 사건이나 상황을 자세히 살펴보고 억울함
을 풀어내자."

나에게 억울함이란

_____ 이다.

왜냐하면

_____ 때문이다.

억울함이 있다면 나는 이렇게 하겠다.

_____

우울과 슬픔 마주하기

우울과 슬픔은 타인에 의해 생기는 감정이기도 하지만, 불편한 사고 패턴이 반복되는 것이 원인이다. 따라서 우울을 불러오는 나의 사고 패턴을 찾아내 그것을 고치는 것이 효과적이다.

사건	ex) 수업 시간에 학생이(누가) 버릇없게(태도) 나에게 면박을 줘서(행동) 수치심이 들었다(나의 감정).
비합리적 사고	학생이 버릇없게 말한 것은 모두 교사인 내 탓이다.
역기능 순기능 결과	• 교사로서의 자신감과 학급운영에 대한 효능감이 떨어져서 점점 우울해진다. (역기능으로 작용할 경우) • 효과적인 대처 방법을 익히기 위해 무엇을 배워야 하는지 생각한다. 그리고 학습을 통해 자신감을 얻는다.(순기능으로 작용할 경우)
합리적 사고	• 학생이 예의를 갖춰 건의했으면 좋겠다. • 내가 부족한 부분이 무엇인지 찾아서 보완하고 학생이 예의를 갖춰 건의하도록 제안하겠다.
결과	• 학생에게 예의를 갖춰서 건의하는 방법을 지도한다. • 학급운영이나 생활지도에서 놓치고 있는 것은 무엇인지 스스로 점검하여 수정, 보안한다.

우울, 슬픔을 자극하는 나의 사고(신념) 분석 연습

'학생이 버릇없게 말한 것은 모두 교사인 내 탓이다.'가 비합리적신념인 이유는 모든 문제를 자신의 탓으로 돌리고 있기 때문이다. 그것이 교사의 탓일 수도 있지만, 그렇다고 해서 전부 교사의 잘못은 아니다. 비합리적신념의 대표적인 특징은 과대해석하고 일부를 전체로 생각하는 것이다.

엘리스는 우울에 대응하기 위한 합리적 정서행동치료를 이와 같은 방식으로 체계화하였다. 우울감은 개인을 더욱 불안하고 우울하게 하는 악순환을 만든다. 이러한 굴레를 끊어 내기 위해서는 자신 안의 비합리적 해석(사고)과 평가(신념)를 찾아내고 인식하여 사건을 해석하는 틀을 재구성해야 한다고 했다. 우울과 같은 불편한 감정 자체가 문제가 아니라, 이를 잘못 해석하여 그대로 수용하는 것이 문제가 되기 때문에 위와 같은 틀로 사고와 비합리적신념을 분석하면 우울의 부적응적인 면을 막는 데 도움이 된다.

* 앞서 제시한 틀은 엘리스가 제시한 틀을 수정한 것이다. 많은 교사가 일반적으로 유능하고 존경받는 훌륭한 교사가 되어야 한다는 당위적 신념을 가지고 있다. 직업적으로 자리 잡은 신념을 모두 반박하면 비합리적 사고 과정을 분석하기 어렵기 때문에 비합리적 사고의 결과에서 순기능적으로 작동하는 예를 찾아보도록 하여 활용도와 효과를 높일 수 있게 하였다.

"무엇인가 잃어버린 상실감과 슬픔으로 가득한 우울감이 찾아올 때, 이 말을 떠올려 보자. '차분하게 나를 반추하는 것보다 더 중요한 것은 앞으로 내가 잘할 수 있는 상상을 하는 것이다. 또한 내가 잘했을 때, 최고의 날을 보낼 때 나를 분석하고 그것을 떠올려 나에게 힘을 주고 싶다.' 우울은 내가 바라는 나에게 현재의 내가 하는 말이 전달되지 않았을 때 내리는 가랑비와 같다. 사람은 누구나 최선을 다하려 노력하지만 모든 사람이 매 순간 만족할 수는 없다. 내가 나에게 실망하는 날에는 '그럴 수도 있다'고 되뇌어 보자. 누구나 그럴 수 있다."

나에게 우울/슬픔이란

_____ 이다.

왜냐하면 _____ 때문이다.

우울/슬픔이 심해지면 나는 이렇게 하겠다.

_____

수치심과 죄책감 마주하기

수치심과 죄책감이 들면 과대하게 자신에 대한 부정적인 평가를 하여 문제를 재생산하는 경우가 많다. 감정의 크기를 알아차려 섬세하게 평가해 보는 훈련은 수치심과 죄책감을 과대 해석하지 않도록 한다.

1. 언제, 어떤 일로 수치심/죄책감을 느꼈나?

2. 그 당시에 처음 느꼈던 수치심/죄책감의 강도를 수직선에서 골라 표시하고 이후 시간의 흐름에 따라 감정의 강도가 어떻게 변화했는지 표시해 보자.

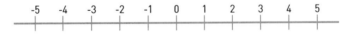

* 만약 시간이 지나면서 강도가 더 세졌다면 그 이유는 무엇일까?

3. 수치심/죄책감 때문에 흔들린다면 괄호 안의 설명을 참고해 적어 보자.

• 무시하기, 반박하기 (나를 수치스럽게 했던 상황이 내 잘못은 아니라는 것을 써 본다. 예를 들어 발표를 망쳤다면 오늘 컨디션이 안 좋아서 그렇다고 이유를 찾아 수치스럽게 한 상황을 무시, 반박한다.)

- 용기 내기 (죄책감이 들었을 때 무엇이 후회되고 잘못된 지점이었는지 살펴보고, 사과가 필요하다면 용기 내서 사과한다.)

- 원인 분석 (수치심과 죄책감이 들게 된 상황을 반추해 보고 어떤 촉발 요인이 있었는지 그 당시의 상황을 인물, 사건, 감정을 중심으로 재구성해 본다.)

나를 위한 한마디

"계속 나를 갉아먹고 주저하게 만들며 부끄럽게 만드는 것은 두려움 때문이 아니라, 내 마음에 나도 모르게 자리한 수치심 때문일 수 있다. 그 시작이 언제였는지 모르지만, 이제 그것을 끊어 낼 용기를 내 보는 것은 어떨까?"

나에게 수치심/죄책감이란

_____ 이다.

왜냐하면 _____ 때문이다.

나는 수치심/죄책감에 압도당할 때 이렇게 할 것이다.

_____

무기력 마주하기

무기력은 소소한 실패, 좌절로 학습되기도 하고, 누적된 애씀으로 인한 소진에서 오기도 한다. 평소의 마음 상태를 잘 체크해 보고, 감정 단어를 활용한 기록으로 무기력과 소진을 예방해 보자.

1. 마음속으로 이런 생각들이 계속 들면 소진이나 무기력이 될 수 있다.

- ☐ 이상하다, 왜 피곤이 안 풀리지?
- ☐ 지난번에는 괜찮았는데, 조금 지루하네.
- ☐ 에휴, 뭘 해도 안 되는데 말해서 뭐하겠어.
- ☐ 학교 옮길 때까지 그냥 가만히 있자.
- ☐ 괜히 했어. 이거 때문에 나만 힘들잖아.
- ☐ 학생의 이야기에 계속 화가 난다. 어떻게 하지?
- ☐ 정말로 아무것도 안 하고 싶다.
- ☐ 나는 관심도 없는데 왜 이리 말을 많이 하지?
- ☐ 나에게 말 좀 걸지 않았으면.
- ☐ 아, 이젠 짜증도 안 나네.

  * 내가 생각하는 소진/무기력의 생각들을 적어 보자.

- ☐ _____
- ☐ _____
- ☐ _____

2. 무기력과 소진을 막기 위해 할 수 있는 것들을 선택해 보자.

신체	□ 산책, 걷기(30분 이상) □ 요가, 필라테스, 기체조, 신체 유연성/근력 운동 □ 자전거, 등산, 러닝, 수영, 검도, 스쿼시 등 고강도 운동 □ 기타 :
심리	□ 독서, 영화, 공연 관람 □ 취미 활동 하나 만들기 (　　　　　　　　　　　) □ 창작 활동(동영상 제작, 글쓰기, 메이커 활동 등) □ 호흡, 이완, 심상 명상 □ 감정 일기 쓰기 □ 출근, 퇴근 전 아무것도 안 하고 눈 감고 5분 있기 □ 나의 진로 계획하기 : 새로운 것 배우기(전문성 기르기) □ 작은 성취를 위한 생활 계획하기 □ 기타 :
환경	□ 개인 환경 정리정돈하기(인간관계 환경, 물리적 환경) □ 학교 밖 교사 모임 또는 비교사 모임 경험해 보기 □ 퇴근 이후 학교 업무 차단 □ 무기력/소진을 느끼는 순간 잠시라도 이탈하기(학교 內) □ 힘들지 않을 소소한 여행 □ 꼭 가 보고 싶었던 여행 □ 생활 계획 수행 후 스스로 보상하기 □ 기타 :

3. 다양한 감정 단어를 활용하여 일기 쓰듯 나의 일상을 기록해 본다.

① 뒤의 〈부록〉에 나오는 감정 단어를 자주 읽어 본다.
(감정 표현을 자연스럽게 하기 위해 매우 중요하다.)

② 경험한 일에 대하여 내가 느끼는 감정을 최대한 많이 기록한다.

ex) 가끔은 내가 교사인지, 학생의 할머니가 된 건지 모르겠다. 힘든 아이들을 볼 때 화도 나지만 안타깝기도 하고 서글프고 속상하고 화나고 슬프고 자괴감도 든다. 가끔 나를 힘들게 하는 아이가 조금씩 성장하는 모습을 보면 뿌듯하고 행복하다. 아이가 점점 나에게 마음을 여는 느낌이 들어 기쁘다.

③ 일정 기간(한 달, 두 달) 동안 기록한 것을 살펴보면서, 내가 주로 느끼는 감정은 무엇인지 알아본다.

　

감정 일기는 정서 인식을 섬세하게 하고 그 감정을 명확하게 하여 스트레스, 화, 분노, 우울, 무기력을 느낄 때 그 감정들을 보살펴 줄 수 있는 감정 알아차림의 민감성을 높여 준다. 조금씩이라도 매일 쓰면 어느새 자신의 감정을 스스로 존중하게 된다. 이러한 존중은 교사로서의 효능감을 높이고, 이는 교사의 자존감과 교육활동에 대한 자신감으로 이어질 것이다. 국내외 많은 연구 결과들이 감정과 정서에 대한 정확한 알아차림의 중요성을 말하고 있다. 다른 무엇보다 이것이 스트레스 상황을 극복하는 데 가장 효과적인 심리 자산이라고 한다. 상담 센터에 찾아갈 시간이 없거나 다른 이유로 개인의 마음 건강을 놓치고 있다면 더욱 추천하는 방법이다. 꾸준히 해 보면 스트레스 대응의 효과가 높아지는 것을 느낄 것이다. 이는 바로 써서 즉각적인 효과를 볼 수 있는 즉효약은 아니지만, 꾸준히 훈련하여 체득되면 어느새 오랜 습관이 되어 자신에게 큰 도움이 될 것이다.

나를 위한 한마디

"내가 바꿀 수 없는 환경, 바뀌지 않는 것에 대해 화도 나고 서글프기도 하다. 그렇게 시간이 지나 어느 순간 무기력해지기도 했다. 그러나 퇴근 이후의 시간은 온전히 나를 위해 쓰기로 하자. 그리고 이 무기력에서 점차 탈출해 보자. 바로 지금 이 순간, 나는 한걸음 내디뎠다."

나에게 무기력/공감피로/공감만족이란

_____ 이다.

왜냐하면 _____ 때문이다.

나에게 무기력의 신호가 오면 이렇게 할 것이다.

_____

두려움 마주하기

공포와 두려움은 그 원인이 불분명할 때 더 강하게 느껴지고, 불안으로 전이된다. 학교생활에서 무엇이 두려운지 면밀히 살펴보면, 막연한 감정이었던 두려움을 해결할 수 있는 문제로 인식할 수 있다. 이런 훈련은 자기 이해를 넓히는 방법으로 대인관계에도 도움이 된다.

1. 나의 두려움은 무엇인지 떠올려 보자. (아래의 요약을 보며 앞서 언급한 공포, 두려움과 불안의 차이를 다시 회상해 본다.)

   공포와 두려움은 분명한 대상이 있고 그것이 사라지면 비교적 빠르게 누그러지지만, 불안은 뚜렷한 이유를 찾기 어려워 조급함, 안절부절 못하는 기분이 더 강하게 느껴진다. 또, 공포, 두려움을 느끼는 주체가 힘이 강할 때는 분노로 바뀌어 표현된다. 상대적으로 힘이 약할 때는 공포, 두려움, 슬픔으로 반응하게 된다.

   내가 두려운 것은
   - 다른 선생님이 나를 (   )한 사람이라고 생각할 때
   - 학생이 나를 (   )한 교사라고 평가할 때
   - 보호자가 나를 (   )한 교사라고 여길 때
   - 다른 사람의 기대를 충족시키지 못할 것 같다.
   - 다른 사람들의 두려움이 나에게 잘 전염되는 것 같다.

   * 위의 예시 이외에 생각나는 것이 있으면 빈칸에 꼭 적어 본다.

2. 나의 두려움은 어떤 모습인지 관찰해 보자.

지금 곰곰이 생각해 보니, 나의 두려움은 이런 모습이었다.
(* 천천히 생각해 보고 해당되는 모습에 O표하기)

□ 불안이 심해져 두려움이 된다.

□ 두려움이 심해져 불안이 된다.

□ 시도 때도 없이 한숨이 나온다.

□ 두려워지면 마음잡기가 힘들다.

□ 어딘가에 빨려들어 가는 느낌이다.

□ 심하게 방어적이고 소심해진다.

□ 생각하기가 힘들다.

□ 초조함이 심해진다.

3. 두려워도 용기를 낼 수 있다면 나의 어떤 바람 때문인지 탐색해 보자.
(* 예시에 없으면 빈칸에 직접 써 본다.)

□ 이해받고 싶어서   □ _____

□ 자유롭고 싶어서   □ _____

□ 존중받고 싶어서   □ _____

□ 진실되길 바라서   □ _____

□ 도전하고 싶어서   □ _____

□ 명확히 알고 싶어서   □ _____

□ 표현하고 싶어서   □ _____

□ 주체적이고 싶어서   □ _____

□ 굴레를 깨고 싶어서   □ _____

□ 공평하길 바라서   □ _____

□ 선한 영향력을 주고 싶어서   □ _____

"내 자신을 위축시키고 방어적으로 만든 두려움은 나를 보호하기 위한 감정일 뿐이다. 두려움에 매어 있지 않아도 된다는 걸 알면서도 잘 안 된다면 나를 힘들게 하는 이 패턴에서 벗어나서 내가 선택한 용기를 펼쳐 보자. 내가 선택하고 실천한 하나의 행동이 과거의 내가 아닌 현재의 나를 만들어 준다."

나에게 두려움, 공포란

_____ 이다.

왜냐하면

_____ 때문이다.

나는 두려움과 공포심이 들면 이렇게 할 것이다.

_____

불안과 걱정 마주하기

불안과 걱정은 구체적이지 않을 때 가장 다루기 힘들다. 강도가 어떤지, 어떤 변화가 있는지를 구체적으로 살펴보면 불안의 강도는 점차 낮아진다. 내 불안의 패턴을 이해하고 있으면 새로운 불안을 느끼더라도 이를 자신의 성장으로 이끌 자신감이 생긴다.

1. 나의 불안, 걱정 점수의 변화를 기록하자.

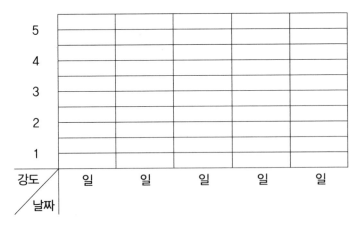

* 내 마음속에 불안과 걱정, 초조함 등이 지속된다면 5일간 5점 만점 기준의 꺾은선 그래프로 기록하여 변화를 본다.
* 4점 이상이 지속된다면, 전문가의 도움을 받아야 한다. 빨리 도움을 받을수록 좋다.
* 점수가 일정하지 않고 위아래로 요동친다면 불안과 걱정의 원인이 무엇인지 분석해서 해결한다.

＊불안과 걱정의 빈도도 같은 방식으로 써 본다. 하루에 일정 시간을 정해서 불안과 걱정을 얼마나 자주 느꼈는지 기록한다.

＊하루에 3번 정도(출근 후, 점심 시간, 퇴근 후) 기록하면 도움이 된다.

2. 다음의 질문에 답을 써 가면서 나의 불안을 분석해 보자.

① 내가 걱정하거나 불안해 하는 것은 무엇인가?

_____

② 불안, 걱정이 내 삶에 어떤 영향을 주고 있나?

_____

③ 불안하거나 걱정될 때 어떻게 해결하고 있나?

_____

④ 불안, 걱정의 근본적인 원인은 무엇이라고 생각하나?

_____

⑤ 불안, 걱정 속에 내가 집착하고 있는 것은 없나?

_____

3. 나의 불안, 걱정을 소개하는 글을 써 보자.

(＊내 불안의 알고리즘을 소개하기)

나의 불안은 마치 _____와 같다.

_____

_____

_____

_____

_____

나를 위한 한마디

"불안과 걱정이 드는 것은 나를 보호하려는 나의 방패들이 작동하기 시작했다는 뜻이다. 눈을 감고 방패 뒤에 숨어 있으면 나는 한 발짝도 움직이지 못하고 계속 숨어 있어야 한다. 나를 힘들게 하는 것이 무엇인지 분명하고 자세히 바라보자. 그것이 정말 나를 힘들게 할 수 있는 것인지 평가하자. 그 실체가 불분명하다면 과감히 무시하자. 내가 선택한 행동과 반응이 나의 마음을 결정한다."

나에게 불안, 걱정이란

_____ 이다.

왜냐하면 _____ 때문이다.

나는 불안, 걱정이 심해지면 이렇게 할 것이다.

_____

시기와 질투 마주하기

시기, 질투는 사회에서 암묵적으로 금기시되는 감정이기 때문에 은연중에 다른 형태로 표현될 때가 있다. 그러나 시기, 질투의 본질은 조금 더 나은 자신을 만들고 싶다는 욕구에 있다. 내 안의 시기, 질투의 모습을 살펴보며 좀 더 나은 자신을 만드는 상황을 만들어 보자.

1. 열등감이 느껴지는 순간과 대처 방식을 생각나는 대로 써 보자.

- 학교에서 나만 적응 못 하고 뒤처지는 것 같은 생각이 든다.
→ 어떤 장면에서 그런 생각이 드는가?
→ 나만의 생각인지 다른 선생님도 동의하는지 알아본다.
→ 내가 어떤 부분에 더 집중하고 싶은지 선택하고 무슨 노력을 해야 할지 살펴본다.

- _____
→ _____
- _____
→ _____
- _____
→ _____
- _____
→ _____

2. 시기, 질투의 에너지와 자부심의 에너지는 같은 선상에 있다. 현재 나의 에너지는 어디쯤 있는지 표시해 보자.

집착 · 짜증 ←——————————————————→ 목표 · 열정

계속 생각남 ←——————————————————→ 설렘

불안 · 지침 ←——————————————————→ 기대 · 생기 있음

냉소적인 생각 ←——————————————————→ 유연한 생각

자괴감 · 수치심 ←——————————————————→ 자신감 · 자부심

두근거림 ←——————————————————→ 차분한 호흡

3. 부러운 사람을 분석하여 내 안에 있는 자부심의 에너지를 활성화해 보자.

대상 :
- 부러운 것 :
- 그는 어떤 노력을 했나? :
- 내가 배울 수 있는 행동은 무엇인가? :
- 그에게 어떤 어려움이 있었나? :

"시기와 질투는 어릴 적부터 나를 위해 존재해 온 소중한 감정이다. 시기, 질투는 나의 능력을 발달시키는 에너지가 된다. 나는 지금 시기, 질투를 에너지로 활용하여 더 가치 있는 사람이 되고 싶다. 결과로 다른 사람과 나를 비교하지 않고, 과정으로 나 스스로에게 만족할 수 있는 삶을 살아가자. 충분히 할 수 있는 기회와 능력이 있으니 나는 준비만 하면 된다. 용기 내서 나 자신을 만나자."

나에게 시기, 질투란

_____ 이다.

왜냐하면

_____ 때문이다.

시기, 질투를 느끼면 나는 이렇게 할 것이다.

_____

지루함과 짜증 마주하기

지루함과 짜증은 모두 자신이 바라는 것과 현재의 상황이 맞지 않을 때 나오는 감정이다. 상황을 바꾸는 것은 쉽지 않지만, 자신의 현재 상태와 바라는 것이 무엇인지를 분석해 보는 것은 지루함과 짜증의 근본적인 원인을 탐색할 수 있는 기회가 된다.

1. 내가 가진 직업 가치관은 무엇일까?
   (커리어넷(www.career.go.kr)에 접속하여 대학/일반인용 진로 심리 검사 - 진로 가치관 검사를 실시한다.)

나의 직업 가치관

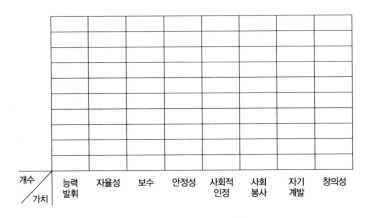

* 직업 가치관을 검사해 보는 의미 : 한 개인의 가치관은 지속적으로 변화한다. 특히 직업 가치관은 경험, 신념, 목표 등에 따라 계속 달라진다. 직업 가치관은 개인의 현재 직업적 선호도로, 자신의 직업 가치관이 많이 반영된 직업과 직무를 수행하면 직업적 만족감과 흥미를 끌어올릴 수 있다. 교직 속에서도 자신이 선호하는 직무가 직업 가치관에 포함될 수 있다. 자신의 직업 가치관을 살펴보면, 자신이 무엇을 바라고 원하는지 구체적으로 알 수 있어 선택과 집중이 가능해진다.

2. 언제 지루함과 짜증을 느끼는지 신체 상황과 촉발 상황을 자세히 기록해 보자.

	지루함	짜증
신 체 상 태	□ 피곤 정도 (　　점) □ 예민함　 (　　점) □ 수면의 질 (　　점) □ 식사의 질 (　　점) □ 손발의 땀 □ 두근거림 □ 기타	□ 피곤 정도 (　　점) □ 예민함　 (　　점) □ 수면의 질 (　　점) □ 식사의 질 (　　점) □ 손발의 땀 □ 두근거림 □ 기타
촉 발 상 황	□ 의미 없는 일로 시간을 보낼 때 □ 재미없는 일을 할 때 □ 내가 동의하지 않은 일을 해야 할 때 □ 기타 (　　　　　　　　　　) □ 기타 (　　　　　　　　　　) □ 기타 (　　　　　　　　　　)	□ 내 심기를 건드렸을 때 □ 타인의 잘못된 점을 볼 때 □ 강요당할 때 □ 결과물이 좋지 않을 때 □ 무시당할 때 □ 내가 부족해 보일 때 □ 기타 (　　　　　　　　　　)

"지루함과 짜증은 지금의 나를 돌봐달라는 조용하고도 은밀한 신호, 지금 여기의 나를 소중하게 여기고 의미 있는 시간을 보내라는 간절함의 신호이다. 지루함과 짜증은 시시각각 다르게 왔다가 어느 순간엔가 사라지기도 하지만, 이런 신호가 올 때 나를 위한 가장 슬기로운 선택은 무엇일지 생각해 본다."

나에게 지루함, 짜증이란

_____ 이다.

왜냐하면

_____ 때문이다.

지루함/짜증이 생기면 나는 이렇게 할 것이다.

_____

행복 마주하기

　행복을 늘릴 수 있는 자원을 찾아보자. 예를 들어 여가 생활을 통해 행복을 느낄 수 있다면 생활환경 자원에 여가를 써 두자. 내 생활의 전반적인 부분을 입체적으로 보고 어디에서 행복을 느낄지 찾아보는 것이 목적이다.

행복감 증진 자원 찾기

영역	행복에 기여할 수 있는 자원
개인 심리 자원	(성격, 적성, 능력, 동기 등)
생활 환경 자원	(물리적 환경, 사회적 환경)
학교 내 자원	(다른 사람과의 관계적 자원)

"행복한 감정은 오래도록 기억하자.
너무 금방 사라진다고 아쉬워하지 않아도 된다.
그것은 다시 나에게 찾아온다.
내 의지에 따라 자주 오는 것이 행복 감정이다."

나에게 행복이란

_____ 이다.

왜냐하면

_____ 때문이다.

행복을 오랫동안 기억하기 위해 나는 이렇게 하겠다.

_____

홀가분함 마주하기

홀가분하다는 것은 그동안 심적으로 부담스러웠던 책임감, 역할을 벗어던졌다는 것이다. 이 홀가분함을 살펴보며 내가 그동안 어떤 것에 압박감을 느꼈는지 자기 이해의 기회로 삼아 본다.

어떤 생각과 감정에서 홀가분해졌는지 마인드맵으로 그리기

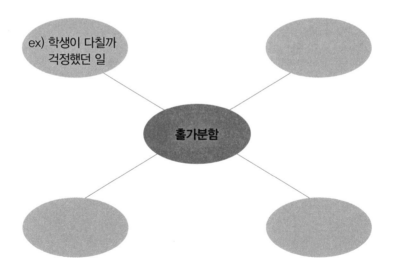

"홀가분함은 오랜 기간 동안 내가 책임감을 가지고 노력하며 애썼던 것들을 잘 마무리하고 이제 떠나보내는 것이다.
나 자신만을 위해서라면 이렇게까지 무겁지 않을 짐을 짊어지고 뚜벅뚜벅 걸어오며 힘겨워 했던 시간들로부터 이제 마음껏 홀가분함을 느껴 보자. 모든 것을 내려놓고 당분간은 나 자신을 위한 시간을 보내자. 충분히 그래도 된다. 고생 많았던 나 자신에게 박수를 보낸다."

나에게 홀가분함이란

_____ 이다.

왜냐하면

_____ 때문이다.

나는 홀가분함이 느껴지면 이렇게 할 것이다.

_____

부록

— 감정 단어 목록
— 교사 감정 분석

화 (anger)	슬픔 (sad)	두려움 (fear)	싫음 (disgust)	행복 (happiness)
거북하다	가련하다	걱정하다	가소롭다	감격하다
괘씸하다	가엽다	겁나다	가증스럽다	감동하다
밉다	갑갑하다	긴장되다	경멸스럽다	경이롭다
분노하다	고달프다	꺼림직하다	귀찮다	고맙다
분통 터지다	괴롭다	끔찍하다	답답하다	그립다
분하다	덤덤하다	난처하다	따분하다	기쁘다
성가시다	모멸스럽다	놀라다	민망하다	놀랍다
속상하다	무기력하다	당황하다	보기 싫다	당당하다
야속하다	비참하다	두렵다	버겁다	떳떳하다
얄밉다	서글프다	떨리다	불쾌하다	반갑다
어이없다	서럽다	망설이다	불편하다	벅차다
억울하다	슬프다	멋쩍다	수치스럽다	부럽다
언짢다	실망스럽다	무섭다	싫다	뿌듯하다
욱하다	쓸쓸하다	무안하다	아니꼽다	상쾌하다
원망스럽다	씁쓸하다	미심쩍다	어처구니없다	새롭다
화나다	아프다	부끄럽다	역겹다	설레다
황당하다	안타깝다	불안하다	지긋지긋하다	신기하다
	애석하다	심란하다	지루하다	신나다
	애틋하다	의심스럽다	짜증 나다	여유롭다
	열등감이 든다	의아하다	치가 떨리다	웃기다
	외롭다	조바심하다	치욕스럽다	유쾌하다
	우울하다	조심스럽다	피곤하다	자랑스럽다
	울컥하다	주눅 들다		자유롭다
	원통하다	징그럽다		재미있다
	절망하다			즐겁다
	지치다			통쾌하다
	창피하다			편안하다
	처량하다			행복하다
	한스럽다			홀가분하다
	한하다			흐뭇하다
	허망하다			흥겹다
	허무하다			흥미롭다
	허전하다			흥분되다
	허탈하다			
	혼란스럽다			
	힘들다			

내 감정을 돌보는 가장 기본적이고 강력한 방법은 바로 '감정 알아차리기'다. 감정을 알아차리기 위해 가장 먼저 해 볼 것은 감정 단어를 자주 읽어 보는 것이다. 이 감정 단어 목록에서 모르는 단어는 없을 것이다. 우리는 감정을 인식하고 표현할 때 무의식적으로 '좋다', '나쁘다'라는 가치판단 식의 감정 표현을 할 때가 있는데, 이는 감정 분석을 가로막아 결과적으로 감정을 회피하게 만든다. 감정 단어를 알고 있다고 하더라도 한 번씩 소리 내서 읽어 보는 것이 훨씬 효과적이다.

이 감정 단어 목록은 5개 영역(화, 슬픔, 두려움, 싫음, 행복)으로 분류한 것인데, 맥락에 따라서는 분류 영역이 달라질 수도 있다. 이는 사람마다 같은 상황에서도 다른 감정을 느낄 수 있기 때문이다. 따라서 이 5개의 영역이 절대적인 것은 아님을 기억하자.

여기서 알 수 있는 사실은 즐겁고 행복한 감정 단어보다 화나고 불편한 감정 단어가 월등하게 더 많다는 것이다. 그 이유는 인간이 부정적인 존재라서 그런 게 아니라 즐겁고 행복한 감정을 누리면 야생에서의 생존 확률이 떨어지기 때문이다. 대부분의 문화권에서 나타나는 공통적인 현상이다.

감정 단어 목록 활용법

1. 아침에 여유가 된다면 오늘 느끼고 싶은 감정 단어를 소리 내어 실감 나게 읽는다.
2. 일과를 마치고 난 후에 느껴지는 감정 단어를 3~5개 정도 찾는다. 찾은 감정 영역이 무엇인지 확인한다. 혹은 그날 가장 많이 느낀 감정 영역의 단어를 소리 내어 읽는다.
3. 불편한 감정이 다수 있다면 〈감정 마주하기〉에서 해당 감정을 찾아 연습해 본다.
4. 감정 일기를 간단하게 작성해 본다. 이때 감정 단어를 많이 활용하면 더 효과적이다.
5. 〈학생과의 대화〉 : 학생과의 대화 속에서 학생의 불편한 감정(화, 분노와 같은 감정 등)이 있다면 화 영역에서 감정을 2~3개 찾는다. 그 이후 다른 영역에서 감정을 1~2개씩 더 찾도록 한다. 왜 이 감정을 골랐는지 이야기한다. 활동을 하는 과정에서 화의 강도가 낮아지고, 다른 영역의 감정을 찾으면서 자신이 하고 싶었던 감정을 찾게 된다.

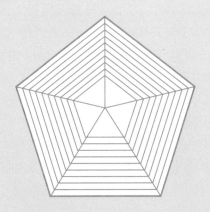

감정을 분석하면 내가 표현하고 싶은 감정을 정확하게 알 수 있다. 감정은 주로 복합적으로 느껴지지만 기억에는 한두 개의 감정만 남는다. 감정 분석이 필요한 상황에서 〈감정의 5각형〉을 활용해 보자.

1. 감정 분석 상황을 쓴다.(머리로 회상하지 않고 직접 작성하는 것이 매우 중요하다.)
2. 상황 속에서 느꼈던 감정 5가지를 찾는다.
3. 감정 5가지를 5각형 꼭짓점에 쓰고 꼭짓점과 중심이 연결된 선에 감정의 강도를 점으로 찍어 표시한다. (감정의 5각형은 꼭짓점과 도형의 중심까지 10칸으로 나뉘어 있다. 즉 10점이 가장 강도 높은 감정이다.)
4. 상황을 감정의 5각형으로 표시한 후, 내가 정말 바라는 것이 무엇이었는지 생각해 보고 이외의 감정은 없었는지 살펴본다.
5. 감정 5가지가 왜 선택되었는지 생각해 보고 그 이유를 써 본다.

* 이런 활동은 나와 비슷한 상황에 있는 다른 교사와 함께 하고 서로 소개해 주는 것이 효과
  적이다.
* 다른 교사와 함께 활동할 때는 5각형에 놓인 감정을 보며 질문하고 설명한다. 이런 대화를
  하다 보면 처음에 느꼈던 감정이 사라지고 다른 감정이 느껴질 때가 온다. 이 순간이 매우
  중요한데, 감정에 숨어 있던 속감정이 드러나는 순간이기 때문이다. 속감정은 말 그대로
  다른 감정 아래에 숨어 있는 감정을 말한다. 이 감정을 찾는 것이 필요하다. 왜냐하면 이
  감정이 진정으로 바라던 욕구와 연결되어 있기 때문이다. 이 감정이 가리키는 방향을 따라
  가면 무엇을 정말 바라는지 탐색해 볼 수 있다.

인간의 감정은 복잡하고 다양해서 말로도 글로도 모두 표현하고 설명할 수 없다. 때로는 말보다는 눈물로, 포옹으로, 악수로, 표정으로, 목소리의 떨림으로 감정이 전달되곤 한다. 이 책에서는 모든 감정을 소개하고 분석하는 것보다는 교사가 흔히 느끼는 감정 중에 핵심적인 감정, 근본적인 감정을 중심으로 살펴보고자 했다. 막연하게 자신의 감정을 잘 안다고 믿고 있던 것에서 한발 나아가 자신의 감정을 정확하게 바라볼 기준과 근거를 안내하고 싶었다. 이런 근거가 생기면 자신의 감정을 대할 때 조금 더 그 마음을 돌봐 줄 수 있는 여유가 생기기 마련이다.

감정은 늘 우리 마음 한곳에 자리하고 있다. 그렇기 때문에 감정을 공부한다는 것은 어쩌면 온전히 나에게 집중한다는 뜻일지도 모른다. 교사가 자신의 감정과 마음에 집중할 때, 교사의 효능감과 자존감은 더 높아질 수밖에 없다.

우리는 교과서로 책으로 계속 지식을 쌓으며 이성을 키워 왔지만, 그에 비해 감정은 100분의 1도 배우지 않았으니 감정을 다루기가 어려운 것은 너무 당연하다. 한 번에 모든 감정을 마스터하여 자유자재로 다루겠다는 것은 너무 '이성적인' 생각이다. 조금씩 내 감정을 알아차리는 연습을 하면서, 그동안 다람쥐 쳇바퀴 돌 듯 반복되던 과정과 결론에서 조금은 달라진 과정과 결론으로 이르는 시작점이 되길 바라며 이 책을 썼다. 많은 선생님들에게 이성에 비해 상대적으로 소외되었던 감정을 돌보고 마음 챙김의 기회가 되었으면 하는 바람이다.

본문에 소개된 사례들은 수년간 전국의 시도교육청 연수원에서 1정연수, 초임연수, 부장연수 강의를 통해 만난 선생님들의 사례들을 바탕으로 재구성했다. 강의가 끝나면 메일이나 전화로 어떻게 해야 할지 문의를 받아 왔던 사례들이다. 대부분 학교 내 인간관계나 진로에 대한 고민들이었다. 이런 선생님들의 고민을 듣고 함께 생각하다 보니 나도 함께 성장할 수 있었다. 이 책을 쓸 수 있었던 중요한 토대가 되었음을 밝힌다.

《교사 감정 사전》이라는 이름으로 계약서를 쓴 것이 2020년 이맘때였는데, 박사 학위 논문에 집중하느라 2년 늦게 나왔다. 나에게는 중요한 개인 사정이었지만 출판사 입장에서는 긴 시간이었을 것이다. 《교사 감정 사전》이라는 멋진 콘텐츠를 기획하여 제안하고, 수려하지 못한 글을 멋진 편집으로 재탄생시켜 주신 푸른칠판 송진아 대표님께 깊은 감사의 말씀을 드린다.

아울러 《교사 감정 사전》이 여러 학교급의 많은 선생님들에게 감정을 잘 돌볼 수 있는 작은 계기가 되고, 선생님들의 마음 챙김과 성장에 도움이 되길 바란다.

참고문헌

단행본

권석만 (2016). 우울증(2판). 학지사.

리사 펠드먼 배럿 (2017). 감정은 어떻게 만들어지는가?(최호영 옮김). 생각연구소.

마크브래킷 (2020). 감정의 발견. (임지연 옮김). 북라이프.

정옥분, 정순화, 임정하 (2007). 정서발달과 정서지능. 학지사.

주디스 올로프 (2012). 감정의 자유.(이유경 옮김). 물푸레.

최상진 (2000). 한국인 심리학. 중앙대학교출판부.

한민 (2022). 선을 넘는 한국인 선을 긋는 일본인. 부키.

James W.Kalat, Michelle N. Shiota (2007). 정서심리학. (민경환, 이옥경, 김지현, 김민희, 김수안 옮김). 센게이지러닝코리아.

Raymond J. Corsini, Danny Wedding (2007). 현대심리치료. (김정희 옮김). 박학사.

* 이밖에 처음에는 지식으로만 이해했지만 숙성 기간을 거쳐 통찰과 영감을 준 상담, 심리학 전공 서적이 많다. 지면상 일일이 다 소개하지 못하였다.

논문

김은진 (2013). 학업상황의 정서 조절이 학업성취도에 미치는 영향: 정서와 학습전략의 매개로. 경희대학교 대학원 박사학위논문.

박인조, 민경환 (2005). 한국어 감정 단어의 목록 작성과 차원 탐색. 한국심리학회지: 사회 및 성격, 19(1), 109-129.

이누미야 요사유키 (2009).주체성-대상성 자기와 긍정적 환상의 관계에 관한 한일비교 연구. 한국심리학회지: 일반, 28(1),115-146.

장성만 외8 (2007). 한국인의 우울증 진단기준의 특성. J Korean Neuropsychiatr Assoc Vol 46, No5.

최윤미 (2003). 한국 상담전문가의 역할과 직무 분석. 한국심리학회지: 상담 및 심리치료, 15(2), 179-200.

Aune, K. S., & Comstock, J. (1991). Experience and expression of jealousy: Comparison between friends and romantics. Psychological reports, 69(1), 315-319.

Beck, A. T. (1967). Depression: clinical, experimental and theoretical aspects.

Newyork: Heober.

Belton, T., & Priyadharshini, E. (2007). Boredom and schooling: a cross-disciplinary exploration. Cambridge Journal of Education, 37(4), 579-595.

Cohen-Charash, Y. (2009). Episodic envy. Journal of Applied Social Psychology, 39(9), 2128-2173.

Cox, B. J., Fleet, C., & Stein, M. B. (2004). Self-criticism and social phobia in the US national comorbidity survey. Journal of Affective Disorders, 82(2), 227-234.

Fauth, J., Gates, S., Vinca, M. A., Boles, S., & Hayes, J. A. (2007). Big ideas for psychotherapy training. Psychotherapy: Theory, Research, Practice, Training, 44(4), 384.

Figley, C. R. (Ed.) (2002). Treating compassion fatigue. Routledge.

Fischer, A. H., Rodriguez Mosquera, P. M., Van Vianen, A. E., & Manstead, A. S. (2004). Gender and culture differences in emotion. Emotion, 4(1), 87.

Hamachek, D. E. (1978). Psychodynamics of normal and neurotic perfectionism. Psychology: A journal of human behavior.

Harris, P. L. (2000). Correlates and characteristics of boredom proneness and boredom. Journal of Applied Social Psychology, 30(3), 576-598.

Hewitt, P. L., Flett, G. L., Turnbull-Donovan, W., & Mikail, S. F. (1991). The Multidimensional Perfectionism Scale: Reliability, validity, and psychometric properties in psychiatric samples. Psychological Assessment: A Journal of Consulting and Clinical Psychology, 3(3), 464.

Joinson, C. (1992). Coping with compassion fatigue. Nursing, 22(4), 116-118.

Kemper, T. D. (1987). How many emotions are there? Wedding the social and the autonomic components. American journal of Sociology, 93(2), 263-289.

Lyubomirsky, S., King, L., & Diener, E. (2005). The benefits of frequent positive affect: Does happiness lead to success?. Psychological bulletin, 131(6), 803.

Maslach, C., & Jackson, S. E. (1981). The measurement of experienced burnout. Journal of organizational behavior, 2(2), 99-113.

Russell, J. A. (1980). A circumplex model of affect. Journal of personality and social psychology, 39(6), 1161.

Scherer, K. R. (1997). The role of culture in emotion-antecedent appraisal. Journal of personality and social psychology, 73(5), 902.